KB204050

요한복음 해설서

그 동안 요한복음 속에 감추어져 있던
영적인 비밀들

둘로스 데우·C가 기록한 요한복음 해설서 속에는
그 동안 감추어져 있던 예수님의 신성과 인성이 분명하게 드러나 있고
하나님의 백성들이
하나님의 생명으로 거듭나는 과정이
보다 더 구체적으로 기록되어 있으며
하나님의 비밀인 그리스도를
분명하고 확실하게 드러내고 있습니다.

글·둘로스 데우·C / 시 . 이명자

진리의 샘터 의증서원

요한복음(해설서)

그 동안 요한복음 속에 감추어져 있던
영적인 비밀들

목 차

요한복음은 신약성서 사복음 중의 하나로 예수님의 제자 사도요한이 AD 90-98년경에 에베소에서 기록하였다고 전해오고 있습니다. 사복음은 모두 영적인 의미를 담고 있지만 특히 요한복음은 영적인 의미가 현저하게 나타나 있고 모두 비유와 비사 그리고 상징적인 의미로 되어 있다는 것이 특징이라 하겠습니다. 때문에 요한복음에 기록된 말씀들은 영안이나 영적인 감각이 없으면 보기가 난해하고 좀처럼 이해하기가 어렵다는 것입니다. 왜냐하면 거룩한 하나님의 말씀은 모두 영으로 기록되어있어 아직 육에 속한 죄인들은 볼 수가 없기 때문입니다.

그러므로 지금까지 수많은 신학자들과 목회자들이 요한복음 주석서와 강해서 그리고 해설서를 출간하였고 기독교인들은 열심히 보고 듣고 있지만 아직도 요한복음 속에 감추어져 있는 영적인 의미나 비밀들은 알 수가 없는 것입니다. 왜냐하면 예수님께서 아직 영으로 거듭나지 못한 죄인들은 영적인 세계, 즉 생명의 말씀은 "눈이 있어도 보지 못하고 귀가 있어도 듣지 못하고 마음이 있어도 깨닫지 못한다"고 말씀하고 있기 때문입니다. 이렇게 하나님의 말씀은 모두 비사와 비유로 되어 있는 영적인 말씀이기 때문에 아직 하나님의 생명으로 거듭나지 못한 자는 목회자나 신학 박사라 해도 볼 수도 없고 들을 수도 없는 것입니다.

그런데 하나님께서 부족한 종에게 영의 눈을 열어주셔서 요한복음 속에 감추어져 있는 영의 세계와 그 비밀들을 밝히 드러내어 보여주시고 기록하게 하신 것입니다. 그러므로 요한복음 해설서를 읽어보신다면 지금까지 사복음서에 감추어진 영적인 비밀은 물론 그동안 요한복음 속에 깊이 감추어져 있던 비밀들을 알게 될 것입니다. 특히 본 해설서는 원어를 중심으로 해설을 하였기 때문에 보는 이로 하여금 보다 진솔하고 생동감 있게 다가 올 것이라 생각합니다. 그런데 중요한 것은 그동안 듣고 보고 쌓아놓은 의식화된 신앙의 고정관념을 잠시 내려놓고 보아야 합니다. 왜냐하면 영으로 기록한 요한복음 해설서는 지금까지 듣고 보고 알고 있는 것과 다소의 차이가 있기 때문입니다.

요한복음 해설서는 특히 예수님의 신성과 인성 그리고 하나님의 백성들이 하나님의 생명으로 거듭나는 과정이 보다 구체적으로 기록되어 있습니다. 그리고 요한복음 해설서 안에는 하나님의 비밀인 그리스도가 분명하고 확실하게 드러나 있어 보는 이로 하여금 계시의 눈이 열리는 계기가 될 수도 있다는 것입니다. 그리고 요한복음 해설서에 담긴 소중한 말씀들은 예수님의 말씀과 같이 하나님의 백성들이 천국으로 가는 길이며 진리이며 생명으로 죄인들이 죄 사함을 받고 하나님의 아들로 거듭날 수 있는 보화중의 보화의 말씀입니다.

그러므로 이 해설서를 정독하신다면 신앙의 도움은 물론 하나님의 아들로 거듭나는 계기가 될 것이라 생각합니다. 저자는 이 요한복음 해설서를 통해서 하나님의 은혜와 사랑이 넘쳐서 모두가 영안이 열려 하나님의 아들로 거듭나기를 바라는 마음으로 이 글을 기록하였습니다.

이 글을 읽고 영접하는 분들에게 하나님의 축복이 함께하기를 하나님께 간구하는 바입니다.

둘로스 데우·C

촛불

자신을
태우지 않고는
불을 밝힐 수 없고
자신의
희생과 죽음이 없이는
어둠을 밝힐 수 없어라
희생하기 싫어도
어둠을 밝히기 위해
사라져 가며
그대의
온 몸을 태워 가는 날
그대의
어둠을 밝혀주리라

제1장

태초의 비밀과 하나님의 말씀

태초에 말씀이 계시니라 이 말씀이 하나님과 함께 계셨으니

이 말씀은 곧 하나님이시니라.

ʼΕΝ ἀρχῇ ην ὁ λόγος, καὶ ὁ λόγος ην πρὸς τὸν θεόν,

καὶ θεὸς ην ὁ λόγος.

[요한 복음 1장 1절] 태초에 말씀이 계시니라 이 말씀이 하나님과 함께 계셨으니 이 말씀은 곧 하나님이시니라

'ΕΝ ἀρχῇ ην ὁ λόγος, καὶ ὁ λόγος ην πρὸς τὸν θεόν, καὶ θεὸς ην ὁ λόγος.

[창세기 1장 1절] 태초에 하나님이 천지를 창조하시니라

1:1 בְּרֵאשִׁית בָּרָא אֱלֹהִים אֵת הַשָּׁמַיִם וְאֵת הָאָרֶץ

요한복음 1장 1절의 첫 단어 "태초"는 헬라어로 기록되어 있는 "아르케"와 창세기 1장 1절에 히브리어로 기록된 "레쉬(태초)"와 동일한 의미의 단어로 동일한 뜻을 가지고 있습니다. 태초는 시제의 뜻도 있지만 주로 "머리, 두령, 최고, 우두머리, 근본"이라는 의미로 원문에서 말하고 있는 진정한 뜻은 "시제"가 아니라 "존재"로 말씀하고 있습니다. 왜냐하면 하나님은 시공을 초월해 계신 분으로 시간이나 시제 안에 계신 분이 아니기 때문입니다. 그런데 한글성경이나 영어성경에 태초를 시제로 번역하여 어느 기점이나 시작하는 때로 오역을 해놓은 것입니다.

이렇게 태초는 시제가 아니라 근본 하나님이신 성부하나님을 말씀하고 있습니다. 그리고 엘로힘이라는 단어를 하나님이라고 번역을 해놓았는데 엘로힘이라는 단어는 단

수가 아니라 복수이기 때문에 하나님이 아니라 하나님들, 즉 하나님의 아들(성자)들을 말씀하고 있습니다. 때문에 창세기 1장 1절에 "태초에 하나님이 천지를 창조하시니라"라는 말씀을 원문으로 보면 "성부하나님 안에 있는 하나님의 아들들이 땅을 하늘로 창조하신다"는 뜻입니다. 왜냐하면 성부하나님께서 창조의 사역, 즉 구원과 심판을 직접 하지 않고 모두 아들에게 위임하셨기 때문입니다. 그러므로 성자하나님이신 예수님은 창세기 1장 1절의 말씀대로 땅을 하늘, 즉 땅에 속한 죄인들을 구원하여 하나님의 아들로 창조하기 위하여 이 세상에 오신 것입니다. 때문에 요한복음 1장 1절의 태초는 시제가 아니라 성부하나님을 말씀하고 있는 것입니다.

이렇게 태초는 시제가 아니라 존재로 성부하나님을 말씀하고 있으며 태초 안에 있는 말씀은 곧 말씀이 육신 되신 성자 하나님을 말씀하고 있는 것입니다. 그런데 성경 번역자들이 성부하나님을 태초로 번역을 해 놓았기 때문에 오늘날 기독교인들이 지금도 태초를 시제로 알고 있는 것입니다.

그러므로 요한복음 1장 1절의 진정한 뜻은 성부하나님 안에 말씀이 함께 계셨기 때문에 이 말씀이 곧 성자하나님이라는 뜻입니다. 이렇게 성자 하나님이신 예수님은 그의 육신 안에 하나님의 말씀이 임하여(성령의 잉태) 말씀이 육신되신 분으로 창세기 1장 1절의 하나님의 뜻에 따라 땅을 하늘로 창조하시기 위해 이 세상에 오신 것이며 따라서 땅에 속한 죄인들을 구원하여 하늘, 즉 하나님의 아들로 창조하시는 것입니다.

[요한복음 1장 2절-3절] 그가 태초에 하나님과 함께 계셨고 만물이 그로 말미암아 지은바 되었으니 지은 것이 하나도 그가 없이는 된 것이 없느니라.

요 1·2 οὖτος ην ἐν ἀρχῇ πρὸς τὸν θεόν.
요 1·3 Πάντα δι᾽ αὐτοῦ ἐγένετο, καὶ χωρὶς αὐτοῦ ἐγένετο οὐδὲ ἕν ὃ γέγονεν.

상기의 그는 말씀하나님 곧 성자하나님이신 예수님을 말씀하고 있습니다. 예수님은 성부하나님(태초) 안에서 하나님과 함께 계셨고 만물이 그로 말미암아 지은바 되었으니 지은 것이 그가 없이 된 것은 하나도 없다는 것, 즉 예수님이 짓지 않고서는 완성된 만물은 하나도 없다는 것입니다. 그런데 만물은 자연만물이 아니라 세상에 있는 존재, 즉 하나님의 백성들을 말씀하고 있습니다. 왜냐하면 예수님은 말씀으로 땅에 속한 죄인들을 구원하여 하나님의 아들로 창조하려고 오셨지 자연만물을 창조하시기 위해서 오신 분이 아니기 때문입니다. 그러므로 창세기 1장에 하나님께서 말씀으로 창조하신 천지창조 역시 자연만물을 창조하신 것이 아니라 땅의 존재, 즉 땅에 속한 죄인들을 하나님의 말씀으로 육일동안 하늘에 속한 존재, 곧 하나님의 아들로 창조하신다는 것을 비유로 말씀하신 것입니다.

이렇게 땅에 속한 죄인들을 구원하여 하나님의 아들로 창조하시는 분은 오직 예수님뿐이신 것입니다. 때문에 하나님께서 하나님의 백성들을 구원하는데 다른 이름, 즉 예수님 이외에 다른 말씀을 주신 적이 없다고 말씀하신 것이며 또한 예수님께서도 내가 길이요 진리요 생명이니 나로 말미암지 않고서는 아버지께로 갈 자가 없다고 말씀하신 것입니다. 성경에서 말씀하시는 예수님의 이름이나 여호와의 이름은 단순히 이름 석자를 말씀하는 것이 아니라 말씀, 곧 예수님의 말씀과 하나님의 말씀을 비유로 말씀하신 것입니다.

[요한복음 1장 4절-5절] 그 안에 생명이 있었으니 이 생명은 사람들의 빛이라 빛이 어둠에 비취되 어둠이 깨닫지 못하더라.

요 1·4 ἐν αὐτῷ ζωὴ ην, καὶ ἡ ζωὴ ην τὸ φῶς τῶν ἀνθρώπων·

요 1·5 καὶ τὸ φῶς ἐν τῇ σκοτίᾳ φαίνει, καὶ ἡ σκοτία αὐτὸ οὐ-κατέλαβεν.

그 안에 생명이 있었다는 것은 하나님의 말씀 안에 생명이 있었다는 것이며 말씀 안에 생명이 있었다는 것은 곧 예수님 안에 생명이 있었다는 뜻입니다. 그리고 이 생명은 사람들을 비취는 빛이며 어둠은 땅에 속한 하나님의 백성들을 말하고 있습니다. 이 빛이 어둠을 밝히고 있는데 어둠은 깨닫지 못한다고 말씀하고 있습니다. 그런데 "어둠이 깨닫지 못하다"라는 단어는 원어로 "우 카테라벤"으로 기록되어 있으며 진정한 뜻은 "영접하지 않았다"는 뜻입니다. 즉 참 빛이신 예수님이 어둠에 속한 죄인들을 구원하러 오셨으나 어둠에 속한 하나님의 백성들은 예수님을 영접하지 않았다는 것입니다.

하나님의 백성인 유대인들은 자신들을 구원하기 위해서 빛으로 오신 예수님을 믿지 않을 뿐만 아니라 오히려 이단으로 배척을 하고 핍박까지 한 것입니다. 유대인들이 예수를 믿지 않고 배척을 한 이유는 그들이 믿고 기다리는 예수는 말구유에서 태어나 오시는 초라한 인간예수가 아니라 권능과 능력을 가지고 위대하고 화려한 모습으로 구름을 타고 오시는 메시야이기 때문입니다. 그러나 예수님은 이사야 선지자를 통해서 말씀하신 바와 같이 고운 모양도 없고 풍채도 없기 때문에 우리가 보기에 흠모할 만한 아름다운 것이 아무것도 없는 평범한 인간의 모습으로 오신다고 말씀하고 있습니다. 때문에 예수님은 멸시와 천대를 받아서 사람들에게 싫어 버린바 되었다는 것입니다. 이러한 이사야 선지자의 예언의 말씀과 같이 예수님은 초라한 인간의 모습으로 오시기 때문에 예전이나 지금이나 하나님의 백성들에게 멸시와 천대를 받은 것입니다.

[요한복음 1장 6절-8절] 하나님께로서 보내심을 받은 사람이 났으니 이름은 요한이라 저가 증거하러 왔으니 곧 빛에 대하여 증거하고 모든 사람으로 자기를 인하여 믿게 하려 함이라 그는 이 빛이 아니요 이 빛에 대하여 증거하러 온 자라.

요. 1·6 Ἐγένετο ἄνθρωπος ἀπεσταλμένος παρὰ θεοῦ, ὄνομα

18

αὐτῷ Ἰωάννης.

요 1·7 οὗτος ηλθεν εἰς μαρτυρίαν, ἵνα μαρτυρήσῃ περὶ τοῦ φωτός, ἵνα πάντες πιστεύσωσιν δι᾿ αὐτοῦ.

요 1·8 οὐκ- ην ἐκεῖνος τὸ φῶς, ἀλλ᾿ ἵνα μαρτυρήσῃ περὶ τοῦ φωτός.

예수님이 오시기 전에 먼저 요한이라는 사람이 하나님으로 부터 나서 왔다고 말씀하고 있습니다. 요한이 온 것은 빛에 대해서 증거하여 모든 사람이 자기를 인하여 예수님이 하나님의 아들이라는 것과 죄인들을 구원하려고 오신 구원자라는 것을 믿게 하려는 것입니다. 왜냐하면 하나님의 백성들이 모세를 통하지 않고는 가나안 땅에 들어가지 못하는 것과 같이 요한을 통하지 않고는 예수님을 알 수가 없기 때문입니다. 요한은 빛이 아니며 단지 참 빛인 예수님에 대하여 증거하러 온 자라고 말씀하고 있습니다.

하나님께서 예수님 앞에 세례요한을 먼저 보내신 것은 어둠인 유대인들이 참 빛인 예수님을 모르기 때문에 요한을 통해서 예수님를 알고 믿을 수 있도록 준비시키기 위해서 보낸 것입니다. 그러므로 요한은 유대인들에게 참 빛, 즉 예수님에 대해서 올바로 알려주어 예수님이 하나님의 아들이며 구원자라는 것을 믿고 영접할 수 있도록 하기 위한 사역을 하신 것입니다. 때문에 요한은 광야에서 예수님이 오실 수 있도록 길을 평탄케 하라고 지금도 외치고 있는 것입니다.

[요한복음 1장 9절-13절] 참 빛 곧 세상에 와서 각 사람에게 비취는 빛이 있었나니 그가 세상에 계셨으며 세상은 그로 말미암아 지은바 되었으되 세상이 그를 알지 못하였고 자기 땅에 오매 자기 백성이 영접지 아니하였으나 영접하는 자 곧 그 이름을 믿는 자들에게는 하나님의 자녀가 되는 권세를 주셨으니 이는 혈통으로나 육정으로나 사람의 뜻으로 나지 아니하고 오직 하나님께로서 난 자들이니라.

요. 1·9 ην τὸ φῶς τὸ ἀληθινόν ὃ φωτίζει πάντα ἄνθρωπον ἐρχόμενον εἰς τὸν κόσμον.

요. 1·10 ἐν τῷ κόσμῳ ην καὶ ὁ κόσμος δι᾽ αὐτοῦ ἐγένετο, καὶ ὁ κόσμος αὐτὸν οὐκ ἔγνω.

요. 1·11 εἰς τὰ-ἴδια ηλθεν καὶ οἱ-ἴδιοι αὐτὸν οὐ-παρέλαβον·

요. 1·12 ὅσοι- δὲ ἔλαβον αὐτὸν ἔδωκεν αὐτοῖς ἐξουσίαν τέκνα θεοῦ γενέσθαι, τοῖς πιστεύουσιν εἰς τὸ ὄνομα αὐτοῦ

요 1·13 οἳ οὐκ ἐξ αἱμάτων οὐδὲ ἐκ θελήματος σαρκὸς οὐδὲ ἐκ θελήματος ἀνδρὸς ἀλλ᾽ ἐκ θεοῦ ἐγεννήθησαν.

각 사람에게 비취는 참 빛은 예수님을 말하며 세상은 어둠에 속한 하나님의 백성들을 말하고 있습니다. 예수님이 세상에 계시는데 원문을 보면 미완료 능동의 상태로 항상 계시다고 말씀하고 있습니다. 즉 예수님은 지금뿐만 아니라 앞으로도 지속적으로 영원히 계시다는 뜻입니다. 왜냐하면 예수님이 한시라도 안 계시면 하나님의 백성들이 죄 사함이나 구원을 받아 하나님의 아들로 창조 받을 수 없기 때문입니다. 이렇게 예수님은 세상에 항상 계셨으며 세상은 예수로 말미암아 지은바 되었으나 세상은 예수님을 알지 못하였고 예수가 자기 땅에 왔으나 자기 백성들이 영접하지 아니하였다고 말씀하고 있습니다.

메시야, 즉 예수님이 오시기를 학수고대하고 기다리던 하나님의 백성들이 왜, 무엇 때문에 하나님께서 구원자로 보내주신 예수님을 불신하고 영접하지 않았을까요? 그 이유는 예전의 유대인들이나 오늘날 기독교인들이 믿고 기다리는 예수는 성경적인 초라한 모습의 예수가 아니라 교리적이고 신화적이고 전통적인 권능과 능력이 무한하며 위대

21

하고 장엄한 전지전능한 예수이기 때문입니다. 그러나 예수님은 예전이나 지금이나 앞으로도 하나님께서 이사야 선지자를 통해서 말씀하신 대로 고운 모양이나 풍채도 없이 그리고 사람들이 흠모할 만한 아무것도 없는 초라한 모습으로 말구유에서 태어나 오십니다. 때문에 유대인들이나 오늘날 기독교인들은 이렇게 초라한 모습으로 오시는 인간 예수는 영접하지 않을 뿐만 아니라 멸시천대를 하는 것입니다.

그런데 만일 이렇게 초라한 인간예수를 영접하는 자 곧 예수님의 이름을 믿는 자가 있다면 하나님의 자녀가 되는 권세를 주신다고 말씀하고 있습니다. 그런데 예수님의 이름을 믿는 자들은 예수라는 이름 두 글자를 믿는 것이 아니라 예수님의 입에서 나오는 말씀을 믿고 영접하는 자들을 말하고 있습니다. 왜냐하면 하나님의 백성들이 구원을 받는 것이나 죄 사함을 받는 것은 예수님의 이름 두 글자가 아니라 예수님의 입에서 나오는 생명의 말씀이기 때문입니다.

즉 예수님의 음성을 직접 듣는 자가 살아나게 되며 또한 예수님 입에서 나오는 생명의 말씀, 곧 산 떡을 직접 받아먹는 자만이 살게 된다는 것입니다. 왜냐하면 하나님께서 예수님을 믿고 그 입에서 나오는 말씀을 영접하는 자들에게는 하나님의 자녀가 되는 권세를 주시겠다고 약속하고 있기 때문입니다. 이렇게 예수님을 구원자로 믿고 그의 말씀을 영접하는 자들은 하나님의 자녀가 되는 권세를 받게 되는데 이들은 혈통으로나 육정으로나 사람의 뜻으로 나지 아니하고 오직 하나님으로부터 난 자들이라 말씀하고 있습니다.

즉 지금도 오늘날 하나님께서 구원자로 보내 주시는 하나님의 아들을 구원자로 믿고 그 입에서 나오는 생명의 말씀을 영접한다면 하나님의 아들이 되는 특권을 주시겠다는 것입니다. 이렇게 오늘날의 예수님을 믿고 영접하여 하나님으로부터 낳음을 받은 자들이 바로 진정한 하나님의 아들이며 또한 이렇게 하나님의 아들로 낳음을 받은 자들은 예수님과 사도들과 같이 죄인들의 죄를 사해주며 죽은 영혼을 살려서 하나님의 아들을 만들 수 있는 자격을 갖추고 있는 자들인 것입니다.

[요한복음 1장 14절] 말씀이 육신이 되어 우리 가운데 거하시매 우리가 그 영광을 보니 아버지의 독생자의 영광이요 은혜와 진리가 충만하더라.

요 1·14 Καὶ ὁ λόγος σὰρξ ἐγένετο, καὶ ἐσκήνωσεν ἐν ἡμῖν, καὶ ἐθεασάμεθα τὴν δόξαν αὐτοῦ, δόξαν ὡς μονογενοῦς παρὰ πατρός, πλήρης χάριτος καὶ ἀληθείας.

말씀이 육신되어 우리 가운데 예수님이 거하신다는 자들은 다른 사람이 아니라 예수님을 믿고 그의 말씀을 영접하여 하나님의 아들로 거듭난 자들을 말하고 있습니다. 즉 예수님의 말씀을 믿고 영접하여 하나님의 생명으로 거듭나 예수님과 같이 말씀이 육신된 하나님의 아들들을 말하고 있는 것입니다. 이렇게 하나님의 아들로 거듭나면 그 때 예수님의 영광을 보게 되는데 그의 영광을 보니 아버지 독생자의 영광이요 은혜와 진리가 충만하더라는 것입니다. 그런데 독생자의 영광이라는 말씀은 번역이 오역된 것이며 진정한 뜻은 독생자의 영광이 아니라 예수님 안에 계신 유일하신 하나님의 영광이라는 것입니다. 왜냐하면 예수님은 하나님의 맏아들이지 독생자, 즉 외아들이 아니시기 때문입니다. 만일 예수님이 오직 한 분밖에 없는 하나님의 외아들이라면 오늘날 기독교인들은 절대로 하나님의 아들로 낳음을 받을 수 없고 따라서 하나님의 아들이 될 수가 없는 것입니다. 그러므로 예수님은 외아들이나 독생자가 아니라

맏아들이신 것입니다. 만일 하나님의 아들이 오직 예수님
뿐이라면 오늘날 기독교인들이 자신은 하나님의 아들이라
는 것은 모두 거짓이거나 가짜 아들이라는 것을 자인하고
있는 것입니다.

　때문에 오늘날 기독교인들은 친자는 아니지만 양자라
고 주장을 하고 있는데 양자는 짝퉁 상품과 같이 아버지의
씨를 받지 못한 자가 아들 노릇을 하고 있는 가짜 아들을
말하고 있는 것입니다. 하나님의 아들은 예수님 외에도 예
수님으로부터 낳음을 받은 열두 사도들이 존재하고 있으며
또한 사도바울이 말씀으로 낳은 디모데와 디도와 오네시모
같은 하나님의 아들들이 존재히고 있디는 것을 알아야 합
니다.

　[요한복음 1장 15절-17절] 요한이 그에 대하여 증거하여 외
쳐 가로되 내가 전에 말하기를 내 뒤에 오시는 이가 나보다 앞
선 것은 나보다 먼저 계심이니라 한 것이 이 사람을 가리킴이
라 하니라 우리가 다 그의 충만한데서 받으니 은혜위에 은혜러
라 율법은 모세로 말미암아 주신 것이요 은혜와 진리는 예수
그리스도로 말미암아 온 것이라.

요 1·15 Ἰωάννης μαρτυρεῖ περὶ αὐτοῦ, καὶ κέκραγεν, λέγων, Οὗτος ην ὃν εἶπον Ὁ ὀπίσω μου ἐρχόμενος, ἔμπροσθέν μου γέγονεν· ὅτι πρῶτός μου ην.

요 1·16 Καὶ ἐκ τοῦ- πληρώματος- αὐτοῦ ἡμεῖς πάντες ἐλάβομεν, καὶ χάριν ἀντὶ χάριτος·

요 1·17 ὅτι ὁ νόμος διὰ Μωσέως ἐδόθη, ἡ χάρις καὶ ἡ ἀλήθεια διὰ Ἰησοῦ χριστοῦ ἐγένετο.

세례요한은 지금 유대인들을 향해 예수님이 하나님의 아들이며 구원자라는 것을 증거하기 위해서 외치고 있는 것입니다. 요한은 "내가 전에 말하기를 내 뒤에 오시는 이가 나보다 앞선 것은 나보다 먼저 계신 것"이라 말하고 있는데 먼저 계셨다는 것은 곧 예수님이 요한보다 먼저 하나님의 아들로 거듭났다는 뜻입니다. 이어서 요한은 우리가 모두 예수님의 충만한데서 말씀을 받으니 은혜 위에 있는 은혜, 즉 말씀위에 있는 생명의 말씀이라는 것입니다. 그리고 율법은 모세로 말미암아 주신 것이며 은혜와 진리는 예수 그리스도로 말미암아 온 것이라 말씀하고 있습니다.

이렇게 애굽에서 제사장으로부터 받는 것은 유교병인 각종교리이며 광야로 나온 자들이 모세로부터 받는 것은 율법이며 가나안에 들어간 자들이 예수님으로부터 받는 것은 은혜와 진리, 곧 생명의 말씀인 것입니다.

오늘날 기독교인들이 하나님의 아들로 거듭나려면 먼저 애굽교회(교리)로부터 출애굽을 하여 광야로 나가야 하며 광야교회로 나온 자들은 모세의 율법을 통해서 시험과 연단을 받아야 하며 광야에서 시험에 합격한 자들은 가나안으로 들어가 예수님이 주시는 산 떡, 즉 생명의 말씀을 먹어야 하는 것입니다. 이렇게 좁고 협착한 생명의 길을 가야 하나님의 생명으로 거듭나서 하나님의 아들이 되는 것입니다.

[요한복음 1장 18절] 본래 하나님을 본 사람이 없으되 아버지 품속에 있는 독생하신 하나님이 나타내셨느니라.

요 1·18 θεὸν οὐδεὶς ἑώρακεν πώποτε· ὁ μονογενὴς υἱός, ὁ ὢν εἰς τὸν κόλπον τοῦ πατρὸς, ἐκεῖνος ἐξηγήσατο.

상기의 말씀은 지금까지 하나님을 본 사람이 없었는데 아버지 품속에 있는 아들을 통해서 하나님을 나타내셨다는 뜻입니다. 왜냐하면 하나님은 거룩한 영이시기 때문에 육이나 혼에 속한 죄인들은 볼 수가 없을 뿐만 아니라 하나님의 말씀조차도 들을 수가 없기 때문입니다. 그런데 지금까지 하나님의 백성들이 볼 수 없었던 하나님이 하나님의 아들이신 예수님을 통해서 나타내셨다는 것입니다. 때문에 아버지를 보여 달라는 빌립에게 예수님께서 나를 본 자는 아버지를 보았거늘 어찌하여 아버지를 보여달라 하느냐고 책망하시는 것입니다.

예수님 안에는 하나님의 세계와 하나님의 모든 비밀이 모두 들어 있기 때문에 사도바울이 예수그리스도를 하나님의 비밀이라 말씀하신 것입니다. 즉 하나님의 비밀은 모두 예수님 안에 감추어져 있다는 것입니다. 이렇게 하나님은 예전이나 지금이나 하나님으로부터 거듭난 하나님의 아들만이 볼 수 있는 것이며 하나님의 아들이라고 믿고 있는 자들은 볼 수가 없는 것입니다.

[요한복음 1장 19절-23절] 유대인들이 예루살렘에서 제사장들과 레위인들을 요한에게 보내어 네가 누구냐 물을 때에 요한의 증거가 이러하니라 요한이 드러내어 말하고 숨기지 아니하니 드러내어 하는 말이 나는 그리스도가 아니라 한대 또 묻되 그러면 무엇, 네가 엘리야냐 가로되 나는 아니라 또 묻되 네가

그 선지자냐 대답하되 아니라 또 말하되 누구냐 우리를 보낸 이들에게 대답하게 하라 너는 네게 대하여 무엇이라 하느냐 가로되 나는 선지자 이사야의 말과 같이 주의 길을 곧게 하라고 광야에서 외치는 자의 소리로라 하니라.

요 1·19 Καὶ αὕτη ἐστὶν ἡ μαρτυρία τοῦ Ιωάννου, ὅτε ἀπέστειλαν οἱ Ιουδαῖοι ἐξ Ιεροσολύμων ἱερεῖς καὶ Λευίτας, ἵνα ἐρωτήσωσιν αὐτόν Σὺ τίς εἰπεν.

요 1·20 Καὶ ὡμολόγησεν καὶ οὐκ- ἠρνήσατο, καὶ ὡμολόγησεν, Ὅτι οὐκ εἰμὶ ἐγὼ ὁ χριστός.

요 1·21 Καὶ ἠρώτησαν αὐτόν, Τί οὖν Ηλίας εἶ συ καὶ λέγει, Οὐκ- εἰμί. Ὁ προφήτης εἶ συ Καὶ ἀπεκρίθη, Οὔ.

요 1·22 Εἰπον ουν αὐτῷ, Τίς εἶνα ἀπόκρισιν δῶμεν τοῖς πέμψασιν ἡμᾶς· τί λέγεις περὶ σεαυτοῦ

요 1·23 Έφη, Εγὼ φωνὴ βοῶντος ἐν τῇ ἐρήμῳ, Εὐθύνατε τὴν ὁδὸν κυρίου· καθὼς εἰπεν Ησαΐας ὁ προφήτης.

상기의 말씀은 광야에서 외치는 요한의 소리가 유대인들에게 전파되는 것을 보고 예루살렘에 있는 유대인들이 제사장과 레위인들을 요한에게 보내어 요한의 정체를 알아

보려는 장면입니다. 제사장과 레위인들이 요한에게 네가 누구냐고 물을 때 요한은 자신을 밝히 드러내어 하는 말이 나는 그리스도가 아니라고 대답을 하고 있습니다. 왜냐하면 유대인들이 학수고대 기다리고 있는 것은 메시야, 즉 구원자 예수 그리스도이기 때문입니다. 요한이 자신은 그리스도가 아니라는 말을 듣고 그러면 엘리야냐 그도 아니면 그 선지자냐 라고 묻고 있는 것입니다.

그런데 요한은 엘리야도 아니고 선지자도 아니며 요한은 단지 이사야 선지자의 말과 같이 주님이 오시는 길을 곧게 하라고 광야에서 외치는 소리라고 대답을 하고 있습니다. 요한이 광야에서 예수님을 증거하며 주의 길을 평탄케 하라고 외치는 것은 하나님의 백성들이 요한의 외침이나 가르침을 듣지 않고는 예수님을 알아 볼 수가 없고 따라서 예수님이 구원자라는 것을 믿고 영접할 수 없기 때문입니다. 왜냐하면 초등학생이 대학을 가려면 중, 고등학교를 거쳐야 하는 것과 같이 애굽교회의 교인들이 가나안에 계신 예수를 만나려면 반드시 출애굽을 하여 광야의 모세를 통해 요단강으로 나아가야 하며 요단강에서 요한의 외침을 듣고 가르침을 받아야 비로소 가나안으로 들어가 예수님을 만날 수 있기 때문입니다.

[요한복음 1장 24절-28절] 저희는 바리새인들에게서 보낸 자라 또 물어 가로되 네가 만일 그리스도도 아니요 엘리야도 아니요 그 선지자도 아닐찐대 어찌하여 세례를 주느냐 요한이 대답하되 나는 물로 세례를 주거니와 너희 가운데 너희가 알지 못하는 한 사람이 섰으니 곧 내 뒤에 오시는 그이라 나는 그의 신들메 풀기도 감당치 못하겠노라 하더라 이 일은 요한의 세례 주던 곳 요단강 건너편 베다니에서 된 일이니라.

요 1·24 Καὶ οἱ ἀπεσταλμένοι ησαν ἐκ τῶν Φαρισαίων.

요 1·25 καὶ ἠρώτησαν αὐτὸν καὶ ειπον αὐτῷ, Τί ουν βαπτίζεις, εἰ σὺ οὐκ-εἶ ὁ χριστὸς, οὔτε Ἡλίας, οὔτε ὁ προφήτης.

요 1·26 Ἀπεκρίθη αὐτοῖς ὁ Ἰωάννης λέγων, Ἐγὼ βαπτίζω ἐν ὕδατι· μέσος- δὲ ὑμῶν ἔστηκεν ὃν ὑμεῖς οὐκ- οἴδατε·

요 1·27 αὐτός ἐστιν ὁ ὀπίσω μου ἐρχόμενος, ὃς ἔμπροσθέν μου γέγονεν· οὗ ἐγὼ οὐκ εἰμὶ ἄξιος ἵνα λύσω αὐτοῦ τὸν ἱμάντα τοῦ ὑποδήματος.

요 1·28 Ταῦτα ἐν Βηθαβαρᾷ ἐγένετο πέραν τοῦ Ιορδάνου, ὅπου ην Ἰωάννης βαπτίζων.

상기의 말씀은 제사장들과 레위인들이 보낸 자가 요한

에게 네가 그리스도도 아니요 엘리야도 아니요 그 선지자도 아닌데 어떻게 세례를 주느냐고 묻는 것입니다. 이 질문에 요한은 나는 물로 세례를 주지만 너희 가운데 너희가 알지 못하는 한 사람이 섰으니 곧 너희가 기다리고 있는 그이, 즉 메시야라 대답을 하고 있습니다. 이어서 요한은 나는 물로 세례를 주거니와 내 뒤에 오시는 이는 불과 성령으로 세례를 주시는 하나님의 아들로 나는 그의 신들메 풀기도 감당하지 못한다고 말하고 있습니다. 요한의 말과 같이 세례는 요한이나 오늘날 목회자들이 주는 물세례가 있고 예수님이 주시는 성령세례가 있습니다.

성경에서 말씀하고 있는 물과 성령은 물과 생수로 비유하여 말씀하고 있습니다. 그런데 물은 말씀을 말하며 생수는 생명의 말씀을 비유하여 말씀하고 있는 것입니다. 요한복음 4장에 예수님께서 수가성 우물가로 물을 길러온 여인에게 이 물을 먹는 자마다 다시 목마르려니와 내가 주는 물은 영원히 목마르지 않다고 말씀하신 물이 곧 생수, 즉 생명의 말씀을 말하는 것입니다. 오늘날 교회에서 목사님들이 주는 말씀은 물이며 예수님이나 사도들 그리고 오늘날 하나님의 생명으로 거듭난 아들이 주는 말씀은 생수인 것입니다.

이어지는 말씀은 요한이 나는 그의 신들메 풀기도 감당할 수 없다고 말하고 있습니다. 그런데 "신들메"라는 단어는 원어에 "신 끈"을 말하고 있기 때문에 요한은 그의 신발 끈도 풀지 못한다는 뜻입니다. 즉 요한은 신발 끈을 풀지 못하지만 내 뒤에 오시는 예수는 신발의 끈을 능히 풀 수 있다는 것입니다.

문제는 신발은 영적으로 무엇을 상징하며 신 끈을 푼다는 뜻은 무엇을 비유하여 말씀하는지 알 수가 없다는 것입니다. 그런데 신은 말씀을 비유한 것이며 신 끈을 푼다는 것은 곧 하나님의 말씀을 영적으로 푼다는 뜻입니다. 왜냐하면 영적인 하나님의 말씀은 밭에 감추어놓은 보화와 같아서 영안이 없으면 풀 수 없는 것은 물론 볼 수도 없기 때문입니다.

[요한복음 1장 29절-31절] 이튿날 요한이 예수께서 자기에게 나아오심을 보고 가로되 보라 세상 죄를 지고 가는 하나님의 어린 양이로다 내가 전에 말하기를 내 뒤에 오는 사람이 있는데 나보다 앞선 것은 그가 나보다 먼저 계심이라 한 것이 이 사람을 가리킴이라 나도 그를 알지 못하였으나 내가 와서 물로 세례를 주는 것은 그를 이스라엘에게 나타내려 함이라 하니라.

요 1·29 Τῇ ἐπαύριον βλέπει ὁ Ἰωάννης τὸν Ἰησοῦν ἐρχόμενον πρὸς αὐτόν, καὶ λέγει, Ἴδε ὁ ἀμνὸς τοῦ θεοῦ, ὁ αἴρων τὴν ἁμαρτίαν τοῦ κόσμου.

요 1·30 οὗτός ἐστιν περὶ οὗ ἐγὼ ειπον Ὀπίσω μου ἔρχεται ἀνήρ, ὃς ἔμπροσθέν μου γέγονεν, ὅτι πρῶτός μου ην.

요 1·31 κἀγὼ οὐκ- ᾔδειν αὐτόν· ἀλλ᾽ ἵνα φανερωθῇ τῷ Ἰσραὴλ, διὰ- τοῦτο ηλθον ἐγὼ ἐν τῷ ὕδατι βαπτίζων.

이튿날 요한은 예수께서 자기에게 나오심을 보고 유대 인들에게 말하되 보라 세상 죄를 지고 가는 하나님의 어린 양이라 말하고 있습니다. 이 말씀 때문에 오늘날 기독교인 들은 모두 죄 사함을 받았다고 믿고 있으며 감리교에서는 만인 구원설까지 주장하고 있는 것입니다. 즉 예수님께서 세상의 모든 죄, 곧 세상 사람들의 모든 죄를 지고 가셨기 때문에 모두 죄에서 해방되었다는 것입니다. 만일 예수님 께서 하나님백성들의 죄 뿐만 아니라 세상사람들의 모든 죄를 지고 가셔서 신자나 불신자나 모두 죄 사함을 받았다 면 기독교인들이 무엇 때문에 세례를 받으며 또한 무엇 때 문에 날마다 죄를 회개하고 있는지 알 수가 없습니다. 왜냐 하면 세례는 죄인들이 받는 것이며 회개도 죄인들이 하는 것이기 때문입니다.

　그러므로 이 말씀은 번역이 잘못된 것이라 사료됩니다. 즉 예수님께서 세상의 죄를 "지고가다"라는 단어는 원어에 "아이로"로 기록되어 있는데 뜻은 지고 가다라는 의미보다 "들어 올리다, 높이다, 드러내다"라는 의미입니다. 그러므로 예수님께서 세상의 죄를 지고 가신 것이 아니라 세상의 죄를 모두 드러낸다는 의미로 해석을 해야 합니다. 왜냐하면 예수님은 이 세상에 오셔서 유대인들이나 바리새인들, 특히 제사장과 서기관들의 잘못된 신앙과 거짓된 말씀 그리고 그들의 죄를 모두 드러내셨기 때문입니다. 예수님께서 유대인들이나 제사장들에게 이단으로 배척을 당하고 핍박을 당하다가 결국 죽게 된 것은 이들의 잘못과 죄를 모두 드러내셨기 때문입니다.

　그러므로 예수님은 세상의 죄를 지고 가심으로 세상 사람들의 죄를 모두 사해주신 것이 아니라 세상의 죄를 모두 밝히 드러내신 것입니다. 때문에 예수님은 유대인들을 향해 회칠한 무덤 같다고 말씀하시며(마태복음 23장 27절) 바리새인과 서기관들에게는 독사의 자식이라 질책을 하신 것입니다.(마태복음 3장 7절) 또한 영적지도자들에게 너희는 천국 문을 닫아놓고 너희도 들어가지 않고 들어가려는 자들도 못 들어가게 하면서 교인하나를 얻으면 배나 더 지옥자식이 되게 한다고 질책을 하신 것입니다.(마태복음 23장13-15절) 또한 예수님은 하나님의 백성들인 유대인들에게 내가 세상에 화평을 주러 온 줄로 생각하지 말라고 하시면서 화평이 아니요 검을 주러왔으며 너희를 분쟁케 하려고 왔으며 불을 던지러 왔다고 말씀하신 것입니다. (마태복음 10장 34절)

이렇게 예수님은 유대인들은 물론 오늘날 기독교인들의 잘못된 신앙과 죄들을 모두 드러내고 계신 것입니다. 때문에 예수님은 유대인들에게 항상 배척을 당하고 핍박을 받으시다가 결국은 죽임을 당하게 되신 것입니다. 그러므로 예수님은 이 세상에 오셔서 세상의 죄를 지고 가신 것이 아니라 세상 사람들, 특히 바리새인과 제사장(목사)들의 죄를 모두 드러내신 것입니다.

이어지는 말씀은 요한이 계속해서 내 뒤에 오시는 예수님에 대하여 말씀하면서 나도 예수를 모르지만 내가 와서 너희에게 물로 세례를 주는 것은 예수님을 이스라엘백성들에게 나타내려는 것이라 말씀하고 있습니다. 세례 요한이 광야에서 유대인들을 향해 외치며 물로 세례를 주는 것은 예수를 모르는 이스라엘백성들에게 예수님이 하나님의 아들이며 구원자라는 것을 증거하고 드러내어 예수님의 말씀을 듣고 영접하도록 하기 위함인 것입니다.

믿기만 하여 천국을 쉽게 들어가려는 자들은 절도요 강도라고 말씀하는 것입니다.

그러므로 하나님의 백성들이 진정한 천국을 들어가려면 하루속히 넓고 평탄한 멸망의 길에서 벗어나 좁고 협착한 생명의 길로 나아가야 합니다. 그 길은 바로 하나님이 제시하고 계신 애굽과 광야를 거쳐 가나안으로 들어가는 길이요, 교리신앙에서 벗어나 십계명과 율법을 통해 진리로 나아가는 길입니다. 이러한 과정을 통하여 하나님의 아들로 실제 거듭난 자들이 바로 하나님이 계신 천국으로 들어가는 것입니다.

그러므로 오늘날 기독교인들도 하나님의 생명으로 거듭나 천국으로 들어가려면 하루속히 다른 하나님, 즉 교리와 기복의 하나님을 벗어버리고 율법과 모세가 계신 광야로 나아 가야합니다. 그리고 힘이 들고 어려워도 믿음의 조상들이 걸어가신 길, 즉 예수님과 사도들이 고난의 십자가를 지고 걸어가신 길을 따라서 묵묵히 걸어가야 합니다.

[요한복음 1장 32절- 34절] 요한이 또 증거하여 가로되 내

가 보매 성령이 비둘기 같이 하늘로서 내려와서 그의 위에 머물렀더라 나도 그를 알지 못하였으나 나를 보내어 물로 세례를 주라 하신 그이가 나에게 말씀하시되 성령이 내려서 누구 위에 든지 머무는 것을 보거든 그가 곧 성령으로 세례를 주는 이인 줄 알라 하셨기에 내가 보고 그가 하나님의 아들이심을 증거하였노라 하니라.

요 1·32 Καὶ ἐμαρτύρησεν Ἰωάννης λέγων, Ὅτι τεθέαμαι τὸ πνεῦμα καταβαῖνον ὡσεὶ περιστερὸν ἐξ οὐρανοῦ, καὶ ἔμεινεν ἐπ᾽ αὐτόν.

요 1·33 κἀγὼ οὐκ- ᾔδειν αὐτόν· ἀλλ᾽ ὁ πέμψας με βαπτίζειν ἐν ὕδατι, ἐκεῖνός μοί εἰπον, Ἐφ᾽ ὃν ἂν ἴδῃς τὸ πνεῦμα καταβαῖνον καὶ μένον ἐπ᾽ αὐτόν, οὗτός ἐστιν ὁ βαπτίζων ἐν πνεύματι ἁγίῳ.

요 1·34 κἀγὼ ἑώρακα, καὶ μεμαρτύρηκα ὅτι οὗτός ἐστιν ὁ υἱὸς τοῦ θεοῦ.

요한은 계속해서 예수님에 대하여 증거하여 말하는데 내가 보니 성령이 하늘에서 비둘기 같이 내려와서 예수님의 위에 머물렀다는 것입니다. 요한은 "나도 예수를 알지 못하였으나 나를 보내어 물로 세례를 주라 하신 그이가 나에게 말씀하시되 성령이 내려 누구 위에든지 머무는 것을 보거든 그가 곧 성령으로 세례를 주는 이 인줄 알라"고 말씀하셨습니다. 요한을 보내어 세례를 주라고 하신 그이는 성령, 곧 하나님을 가리키는 것입니다. 때문에 요한이 예수님 위에 성령이 임하는 것을 보고 그가 하나님의 아들이심을 알고 예수님이 곧 구원자라는 것을 증거하게 되었다고 말씀하시는 것입니다.

예수님에게 성령이 하늘에서 내렸다는 것은 성령이 임하였다는 것이며 성령이 임하였다는 것은, 곧 성령이 잉태되어 하나님의 아들이 되었다는 뜻입니다. 만일 예수님이 마리아의 배속에 성령으로 잉태되어 예수가 태어났다면 예수님의 몸이 모두 성령 자체인데 예수님에게 다시 하늘에서 성령이 임하였다는 것은 언어도단입니다. 왜냐하면 성령은 아직 성령을 받지 못한 죄인들에게 임하는 것인데 성령으로 잉태된 예수님에게 다시 성령이 임하게 되었다고 말씀하고 있기 때문입니다. 그러므로 마태복음 1장에 마리아에게 일어난 성령의 잉태는 예언이며 예수님에게 실제 성령이 잉태된 시점은 요단강에서 세례요한으로부터 세례를 받을 때입니다.

예수님이 마리아에게서 성령이 잉태되어 태어나지 않았다는 또 다른 증거는 예수님이 30세가 되어 요단강에서 세례요한으로부터 세례를 받은 후 하나님께서 하나님의 아들로 인정 하셨다는 것입니다.(누가복음3장21-23절) 이렇게 세례는 죄인들이 받는 것이며 거룩한 하나님의 아들은 세례를 받을 수도 없고 받아서도 안 되는 것인데 예수님이 요한에게 세례를 받았다는 것은 곧 예수님도 세례받기 전에는 우리와 같은 죄인이었다는 것을 말해주는 것입니다. 즉 예수님은 요단강에서 세례요한으로부터 세례를 받은 후 하나님의 아들로 거듭나서 이때부터 유대인들을 향해 회개하라 천국이 가까이 왔다고 외치면서 성령으로 세례를 주기 시작하신 것입니다.

　　성령으로 잉태된 예수님께서 30세가 되도록 구원의 사역을 전혀 할 수 없었던 것은 예수님도 30세 이전에는 육신으로 태어난 지극히 평범한 보통사람이었다는 것을 말해주는 것입니다.

[요한복음 1장 35절- 39절] 또 이튿날 요한이 자기 제자 중 두 사람과 함께 섰다가 예수의 다니심을 보고 말하되 보라 하나님의 어린 양이로다 두 제자가 그의 말을 듣고 예수를 좇거

늘 예수께서 돌이켜 그 좇는 것을 보시고 물어 가라사대 무엇을 구하느냐 가로되 랍비여 어디 계시오니이까 하니 (랍비는 번역하면 선생이라) 예수께서 가라사대 와 보라 그러므로 저희가 가서 계신데를 보고 그 날 함께 거하니 때가 제 십시쯤 되었더라.

요 1·35 Τῇ ἐπαύριον πάλιν εἰστήκει ὁ Ἰωάννης, καὶ ἐκ τῶν- μαθητῶν- αὐτοῦ δύο.

요 1·36 καὶ ἐμβλέψας τῷ Ἰησοῦ περιπατοῦντι, λέγει, Ἴδε ὁ ἀμνὸς τοῦ θεοῦ.

요 1·37 Καὶ ἤκουσαν αὐτοῦ οἱ δύο μαθηταὶ λαλοῦντος, καὶ ἠκολούθησαν τῷ Ἰησοῦ.

요 1·38 στραφεὶς δὲ ὁ Ἰησοῦς, καὶ θεασάμενος αὐτοὺς ἀκολουθοῦντας, λέγει αὐτοῖς,

요 1·39 Τί ζητεῖτε Οἱ- δὲ ειπον αὐτῷ, Ραββί, ὃ λέγεται ἑρμηνευόμενον διδάσκαλε, ποῦ μένεις Λέγει αὐτοῖς, Ερχεσθε καὶ ἴδετε. Ηλθον καὶ ειδον ποῦ μένει· καὶ παρ' αὐτῷ ἔμειναν τὴν ἡμέραν ἐκείνην· ὥρα δὲ ηώς δεκάτη.

이튿날이 되어 요한은 자기 제자 중 두 사람과 함께 있다가 예수의 다니심을 보고 말하되 보라 하나님의 어린 양이라고 말하고 있습니다. 그런데 30세가 되어 어른이 되신 예수님을 보고 왜 어린양이라고 말할까요? 그 이유는 예수님은 육신이 태어 난지는 30년이 지나 이미 어른이 되어 있지만 영은 지금 성령으로 갓 태어난 어린아이의 상태이기 때문입니다. 예수는 어린 영을 말하고 그리스도는 장성한 영을 말하는 것입니다. 때문에 사도바울은 예수의 영에 머물지 말고 그리스도의 장성한 분량까지 자라라고 말씀하시는 것입니다.

요한의 두 제자가 그가 곧 하나님의 어린 양이라는 요한의 말을 듣고 예수님을 좇아가고 있는데 예수께서 돌아서서 요한의 두 제자가 자신에게 오는 것을 보시고 물어 가라사대 너희가 무엇을 구하느냐고 묻는 것입니다. 요한의 두 제자는 예수님께서 너희가 무엇을 구하느냐는 말씀을 듣고 말하되 랍비(선생님)여 어디 계십니까? 라고 묻고 있습니다. 요한의 두 제자의 말을 들으신 예수님은 그러면 와서 보라고 말씀하고 있습니다. 오늘날 기독교인들은 예수를 믿고 찾는 목적은 대부분이 예수님께 무엇을 구하거나 얻으려고 찾고 있습니다.

그런데 요한의 제자들은 예수님이 어디 계시냐며 예수

님을 찾고 있는 것입니다. 이렇게 오늘날 기독교인들도 예수님께 무엇을 구하기 전에 먼저 예수님이 어디 계신가를 찾고 알아야 합니다. 왜냐하면 예수님을 먼저 만나야 예수님께서 주시고자 하는 것을 알 수 있고 또한 얻을 수 있기 때문입니다. 만일 다른 예수나 삯꾼목자를 통해서 구한다면 하나님께서 주시고자 하는 것은 절대로 얻을 수 없습니다. 그런데 요한의 제자들은 지금 앞에 계신 예수님을 보고도 모르기 때문에 예수님을 찾고 있는 것입니다.

예수님은 자신을 찾고 있는 요한의 두 제자에게 와서 나를 보라고 말씀을 하고 있습니다. 요한의 제자들이 예수님께 다가가서 직접 보고 확인한 후 예수님과 함께 거하니 때가 제 십시쯤 되었더라고 말씀하고 있습니다. 때가 제 십시가 되었다는 것은 요한의 제자가 예수님을 만날 때가 되었다는 의미입니다. 요한의 제자들이 예수님을 찾을 수 있고 만날 수 있었던 것은 그 동안 요한의 가르침을 받았기 때문입니다. 만일 이들이 요한의 가르침을 받지 않았다면 예수를 찾지도 않고 만날 수도 없었다는 것을 알아야 합니다. 이렇게 광야에서 주님이 오시는 길을 예비하게 하고 그의 첩경을 평탄하게 하시는 세례 요한의 외침이나 가르침은 매우 중요한 것입니다.

세례요한이 주의 길을 예비하며 첩경을 평탄케 했다는 것은 그동안 유전과 교리 그리고 율법으로 굳어진 신앙을 하나님의 말씀으로 모두 깨고 부수어 예수님의 말씀을 들을 수 있도록 준비시켰다는 뜻입니다. 그러므로 오늘날 기독교인들도 예수님을 믿고 그의 입에서 나오는 말씀을 들으려면 애굽의 유전과 교리신앙에서 벗어나 광야로 나아가 모세의 율법을 거처 요한의 가르침을 받아야 하는 것입니다.

[요한복음 1장 40절- 42절] 요한의 말을 듣고 예수를 좇는 두 사람 중에 하나는 시몬베드로의 형제 안드레라 그가 먼저 자기의 형제 시몬을 찾아 말하되 우리가 메시야를 만났다하고 (메시야는 번역하면 그리스도라) 데리고 예수께로 오니 예수께서 보시고 가라사대 네가 요한의 아들 시몬이니 장차 게바라 하리라 하시니라(게바는 번역하면 베드로라)

요 1·40 Ην Ἀνδρέας ὁ ἀδελφὸς Σίμωνος Πέτρου εἷς ἐκ τῶν δύο τῶν ἀκουσάντων παρὰ Ἰωάννου, καὶ ἀκολουθησάντων αὐτῷ

요 1·41 εὑρίσκει οὗτος πρῶτος τὸν ἀδελφὸν τὸν- ἴδιον

Σίμωνα, καὶ λέγει αὐτῷ, Εὑρήκαμεν τὸν μεσσίαν, ὅ ἐστιν μεθερμηνευόμενον ὁ χριστός·

요 1·42 καὶ ἤγαγεν αὐτὸν πρὸς τὸν Ἰησοῦν. ἐμβλέψας- δὲ αὐτῷ ὁ Ἰησοῦς ειπεν, Σὺ εἶ Σίμων ὁ υἱὸς Ἰωνᾶ· σὺ κληθήσῃ Κηφᾶς, ὃ ἑρμηνεύεται Πέτρος.

요한의 말을 듣고 예수를 좇는 두 사람 중에 하나는 시몬 베드로의 형제 안드레라 말씀하고 있습니다. 안드레는 예수를 만난 후 먼저 자기의 형제 시몬을 찾아가 우리가 메시야를 만났다고 말합니다. 왜냐하면 시몬 베드로도 그동안 예수님을 찾고 기다리고 있었기 때문입니다. 이들은 신앙생활을 하면서 학수고대 기다리며 찾은 것이 세상의 물질이나 돈이 아니라 오직 하나님께서 구원자로 보내주시는 예수님이었던 것입니다. 그런데 이들이 그렇게 기다리고 찾던 예수님이 지금 그들 앞에 계시다는 것과 그 예수님을 만난다는 기쁨이 얼마나 컸을까요?

안드레는 베드로를 데리고 예수께로 가니 예수께서 보시고 가라사대 "네가 요한의 아들 시몬이니 장차 게바라 하리라"고 말씀하십니다. 게바는 곧 베드로라는 뜻인데 시몬은 예수님의 말씀대로 예수님을 구주로 믿고 그의 말씀을 들고 훈련을 열심히 받아 시몬이 거듭나서 베드로가 된 것입니다. 안드레와 시몬은 그렇게 기다리고 찾던 예수님을 만난 후 그의 집과 아내와 전토를 버리고 예수님을 따르며 가르침을 받아 하나님의 아들로 거듭나서 사도들이 된 것입니다.

[요한복음 1장 43절- 45절] 이튿날 예수께서 갈릴리로 나가려 하시다가 빌립을 만나 이르시되 나를 좇으라 하시니 빌립은 안드레와 베드로와 한 동네 벳세다 사람이라 빌립이 나다나엘을 찾아 이르되 모세가 율법에 기록하였고 여러 선지자가 기록한 그이를 우리가 만났으니 요셉의 아들 나사렛 예수니라.

요 1·43 Τῇ ἐπαύριον ἠθέλησεν ὁ Ἰησοῦς ἐξελθεῖν εἰς τὴν Γαλιλαίαν· καὶ εὑρίσκει Φίλιππον καὶ λέγει αὐτῷ, — Ἀκολούθει μοι.

요 1·44 Ἦν δὲ ὁ Φίλιππος ἀπὸ Βηθσαϊδά, ἐκ τῆς πόλεως Ἀνδρέου καὶ Πέτρου.

요 1·45 Εὑρίσκει Φίλιππος τὸν Ναθαναὴλ καὶ λέγει αὐτῷ Ὃν ἔγραψεν Μωσῆς ἐν τῷ νόμῳ καὶ οἱ προφῆται, εὑρήκαμεν, Ἰησοῦν τὸν υἱὸν τοῦ Ἰωσὴφ τὸν ἀπὸ Ναζαρέτ.

이튿 날 예수님께서 갈릴리로 가려다가 빌립을 만나 이르시되 나를 좇으라고 말씀하고 있습니다. 빌립은 안드레와 베드로와 한 동네 살고 있는 벳세다 사람이라 말씀하고 있습니다. 그런데 빌립이 안드레와 베드로와 함께 한 동네에 사는 벳세다 사람이라고 말하는 것은 이들이 한 마을에 살았다는 의미가 아니라 이들은 모세의 율법과 유대교의 교리를 벗어나 진리를 따라 생명의 좁은 길을 함께 가며 고기를 잡고 있는 어부라는 것을 말해주는 것입니다. 왜냐하면 벳세다라는 뜻은 고기 잡는 사람, 즉 어부를 말하기 때문입니다. 그런데 이들이 잡은 물고기는 바다나 호수에서 살아가는 물고기가 아니라 애굽에서 신앙생활을 하고 있는 하나님의 백성들을 비유하여 말씀하신 것입니다.

왜냐하면 하나님께서 애굽교회의 교인들, 즉 오늘날 세상교회에서 신앙생활을 하고 있는 기독교인들은 모두 물고기로 비유하여 말씀하고 있기 때문입니다. 오늘날 기독교인들이 차량 후면이나 건물에 물고기 표시를 하는 것은 자신들은 기독교인이며 물고기의 상태라는 것을 나타내고 있는 것입니다. 이렇게 예수님의 제자들이 낚았던 물고기는 실제 물고기가 아니라 애굽의 교리와 기복신앙에 매여 종 노릇하고 있는 영혼들을 비유하여 말씀한 것입니다. 때문에 예수님께서 제자들에게 이제부터는 고기 낚는 어부에서 벗어나 사람을 낚는 어부가 되라고 말씀하신 것입니다.

예수님을 만나게 된 빌립은 나다나엘을 찾아가서 모세가 율법에 기록하였고 여러 선지자가 기록한 그이를 만났는데 그는 요셉의 아들 예수라는 것입니다. 문제는 유대인들이나 바리새인들도 모르고 제사장이나 레위인들도 몰라본 예수님을 빌립이 어떻게 알 수 있었느냐는 것입니다. 그런데 빌립은 지금 나다나엘에게 모세가 율법에 기록하였고 여러 선지자가 기록한 메시야를 만났다고 분명하게 말하면서 그는 곧 요셉의 아들 나사렛 예수라 말하고 있는 것입니다. 빌립이 예수를 알 수 있었던 것은 그동안 모세의 율법은 물론 여러 선지자들이 기록한 선지서들을 모두 보고 알았기 때문에 오실 메시야에 대해서 잘 알고 있었던 것입니다.

왜냐하면 모세의 율법이나 선지서들은 모두 오실 메시야, 즉 하나님의 아들인 예수님에 대해서 기록하고 있기 때문입니다. 유대인들이나 오늘날 기독교인들이 성경을 열심히 보며 연구를 하면서도 하나님께서 보내주시는 하나님의 아들을 모르는 것은 영안이 열리지 않았기 때문이며 또한 성경을 육적인 눈으로 욕심에 따라 보기 때문입니다. 예수님께서 자신을 몰라보는 하나님의 백성들에게 말씀하시기를 너희가 모세를 알았더면 나를 알았을 터인데 나를 모르는 것은 곧 모세를 모르기 때문이라는 것입니다.

그런데 안타깝게도 오늘날 기독교인들 역시 모세도 모르고 율법도 모르고 있습니다. 왜냐하면 삯꾼목자들이 예수님께서 오셔서 모세의 율법을 모두 폐하셨다고 가르치고 있기 때문입니다. 그런데 예수님은 율법을 폐하러 오신 것이 아니라 율법을 더 완전케 하려고 오신 것입니다. 때문에 율법에 간음하지 말라고 하였지만 예수님은 간음을 하지 않았어도 마음에 음욕만 품어도 이미 간음한 것이라 말씀하시며 또한 율법에 살인하지 말라 하였지만 나는 형제에게 노하기만 해도 심판을 받게 되며 그리고 형제에게 미련한 놈이라고 정죄만 해도 지옥불 속에 들어간다고 엄히 말씀하고 있는 것입니다.(마태복음 5장 22절)

이와 같이 예수님은 율법을 폐하러 오신 것이 아니라 더 완전하게 하기 위해서 오셨다고 분명하게 말씀하고 있는데 삯꾼목자와 거짓 선지자들이 율법을 모두 폐해 버린 것입니다. 때문에 오늘날 기독교인들도 하나님께서 구원자로 보내주시는 오늘날의 예수를 모르고 있는 것입니다. 그런데 빌립이 예수님을 알아보는 것은 율법은 물론 선지서들도 모두 잘 알고 있었기 때문입니다.

[요한복음 1장 46절- 48절] 나다나엘이 가로되 나사렛에서 무슨 선한 것이 날 수 있느냐 빌립이 가로되 와 보라 하니라 예수께서 나다나엘이 자기에게 오는 것을 보시고 그를 가르켜 가라사대 보라 이는 참 이스라엘 사람이라 그 속에 간사한 것이 없도다 나다나엘이 가로되 어떻게 나를 아시나이까 예수께서 대답하여 가라사대 빌립이 너를 부르기 전에 네가 무화과나무 아래 있을 때에 보았노라.

요 1·46 Καὶ ειπεν αὐτῷ Ναθαναήλ, Ἐκ Ναζαρὲτ δύναταί τι ἀγαθὸν ειναι Λέγει αὐτῷ Φίλιππος, Ἔρχου καὶ ἴδε.

요 1·47 Ειδεν ὁ Ιησοῦς τὸν Ναθαναὴλ ἐρχόμενον προς αὐτόν, καὶ λέγει περὶ αὐτοῦ, Ἴδε ἀληθῶς Ισραηλίτης. ἐν ᾧ δόλος οὐκ- ἔστιν.

요 1·48 Λέγει αὐτῷ Ναθαναήλ, Πόθεν με γινώσκεις Ἀπεκρίθη ὁ Ιησοῦς καὶ ειπεν αὐτῷ, Πρὸ τοῦ σε Φίλιππον φωνῆσαι, ὄντα ὑπὸ τὴν συκῆν, ειδον σε.

빌립이 예수님을 만났다는 말을 들은 나다나엘은 나사

렛에서 무슨 선한 것이 날 수 있느냐고 반문하고 있습니다. 왜냐하면 나다나엘은 예수님이 태어나시는 곳은 갈릴리의 나사렛이 아니라 유대 베들레헴이라는 것을 이미 알고 있었기 때문입니다. 나다나엘이 갈릴리의 나사렛에서 무슨 선한 것이 날 수 있느냐고 말한 것은 갈릴리 나사렛은 율법과 교리를 중심으로 신앙생활을 하는 곳이며 또한 유대인들과 사마리아인들이 함께 사는 곳으로 하나님의 아들은 삯꾼목자들이 말씀을 가지고 장사하는 애굽교회나 광야교회에서는 태어 날 수가 없기 때문입니다. 이와 같이 거룩한 하나님의 아들은 베들레헴(떡집), 즉 참 목자가 있고 생명의 말씀이 있는 기룩한 집(성전)에서만 태어나는 것입니다.

나다나엘이 하는 말을 들은 빌립은 그러면 메시야인지 아닌지 네가 직접 가서 확인해 보라고 하여 나다나엘은 예수께로 가게된 것입니다. 그런데 예수님은 나다나엘이 자기에게 오는 것을 보시고 나다나엘은 참 이스라엘 사람이라고 말씀하십니다. 왜냐하면 나다나엘의 마음속에는 간사한 것이 없기 때문이라는 것입니다.

예수님의 말씀을 들은 나다나엘은 놀라서 예수님에게 어떻게 나를 알고 계시냐고 묻는 것입니다. 그런데 예수님은 나다나엘에게 빌립이 너를 부르기 전에 네가 무화과나무 아래에 있을 때부터 너를 보고 알았다고 말씀하시는 것입니다.

　예수님이 나다나엘에게 간사함이 없다고 말씀하신 것은 나다나엘이 무화과나무 아래 있었기 때문입니다. 무화과나무는 꽃이 피지 않고 열매를 맺는 나무로 순수하고 진실한 존재 곧 참 이스라엘사람인 모세와 세례요한을 비유한 것입니다. 그러므로 예수님은 나다나엘이 요한과 함께 있는 것을 보시고 간사함이 없다고 말씀하신 것입니다. 왜냐하면 세례요한은 애굽의 교리와 기복신앙에서 벗어나 광야에서 모세의 율법을 통한 시험과 연단을 모두 마치고 요단강을 건너온 정결한 자이기 때문입니다. 이와 같이 오늘날 대부분이 삯꾼목자를 따라 넓고 평탄한 멸망의 길을 가고 있지만 극소수 이지만 지금도 세례요한과 같은 참 목자를 따라 좁고 협착한 생명의 길을 가는 자들이 있는 것입니다.

　[요한복음 1장 49절- 51절] 나다나엘이 대답하되 랍비여 당신은 하나님의 아들이시요 당신은 이스라엘의 임금이로소이다 예수께서 대답하여 가라사대 내가 너를 무화과나무 아래서 보았다 하므로 믿느냐 이보다 더 큰 일을 보리라 또 가라사대 진실로진실로 너희에게 이르노니 하늘이 열리고 하나님의 사자들

이 인자 위에 오르락내리락하는 것을 보리라 하시니라.

요 1:49 Ἀπεκρίθη Ναθαναήλ καὶ λέγει αὐτῷ Ῥαββί, σὺ εἶ ὁ υἱὸς τοῦ θεοῦ, σὺ εἶ ὁ βασιλεὺς τοῦ Ἰσραήλ.

요 1:50 Ἀπεκρίθη Ἰησοῦς καὶ εἰπεν αὐτῷ Ὅτι εἰπον σοι, Εἰδολ σε ὑποκότω τῆς συκῆς, πιστεύεις μείζω τούτων ὄψει.

요 1:51 Καὶ λέγει αὐτῷ Ἀμὴν ἀμὴν λέγω ὑμῖν, ἀπ᾽ - ἄρτι ὄψεσθε τὸν οὐρανὸν ἀνεῳγότα, καὶ τοὺς ἀγγέλους τοῦ θεοῦ ἀναβαίνοντας καὶ καταβαίνοντας ἐπὶ τὸν υἱὸν τοῦ ἀνθρώπου.

예수님의 말씀을 들은 나다나엘은 예수님에게 랍비여 당신은 하나님의 아들이시며 당신은 이스라엘의 임금이라고 말씀드리고 있습니다. 나다나엘은 빌립에게 나사렛에서 무슨 선한 것이 나오느냐고 예수님을 불신했지만 예수님을 직접보고 말씀을 들어보니 예수님이 바로 하나님의 아들이라는 것과 이스라엘의 왕이라는 것을 알게 된 것입니다.

나다나엘이 예수님의 음성을 듣고 하나님의 아들이라는 것을 알 수 있었던 것은 나다나엘이 출애굽하여 광야를 거쳐 요단강을 건너온 육축(양)의 존재이거나 요한과 같은 여자의 상태라는 것을 말해주고 있는 것입니다.

53

나다나엘이 하는 말을 들으신 예수님은 나다나엘에게 내가 너를 무화과나무 아래서 보았다하므로 믿느냐 이보다 더 큰 일을 볼 것이라 말씀하시면서 진실로진실로 너희에게 이르노니 하늘이 열리고 하나님의 사자들이 인자 위에 오르락내리락 하는 것을 보리라고 말씀을 하시는 것입니다.

　예수님께서 너희가 더 큰 일을 보리라고 말씀하시는 것은 앞으로 너희가 하늘의 문, 즉 영안이 열리면 하나님의 사자들이 인자 위에서 오르락내리락 하며 하나님의 사역을 하고 있는 것을 너희들도 보게 된다는 뜻으로 말씀하신 것입니다.

　영안이 열린다는 것은 하나님의 생명으로 거듭나 계시의 눈이 열려 하나님의 아들이 된다는 뜻입니다. 이 말씀대로 예수님을 믿고 따르며 가르침을 받았던 예수님의 제자들은 하나님의 생명으로 거듭나 하나님의 아들들이 되어 사도들이 된 것입니다.

　그러므로 오늘날 기독교인들도 삯꾼목자에게서 하루속히 벗어나 하나님께서 구원자로 보내주시는 참 목자를 따라 섬기며 그 입에서 나오는 말씀을 믿고 영접하면 하나님의 생명으로 거듭나 하나님의 아들이 될 것입니다.

영혼의 메아리

그대 진실한
영혼의 메아리가
내 가슴에 울려오네

언제나 그대와 내가
사랑으로 하나가 되어
그리움을 잊을까

사랑안에 함께 거할때까지
그날이 속히 오기까지
오래 참고 기다리리

영혼의 입맞춤으로
하나가 되어지는 날
그리움도 기다림도 없는
평안한 안식에서
영원히 함께 살게 되리라

제2장
가나 혼인 잔치

사흘 되던 날에 갈릴리 가나에 혼인이 있어

῍ Καὶ τῇ ἡμέρᾳ τῇ τρίτῃ γάμος ἐγένετο ἐν Κανᾷ τῆς
Γαλιλαίας· καὶ ην ἡ μήτηρ τοῦ Ιησοῦ ἐκεῖ.

[요한복음 2장 1절-4절] 사흘 되던 날에 갈릴리 가나에 혼인이 있어 예수의 어머니도 거기 계시고 예수와 그 제자들은 (혼인에)청함을 받았더니 포도주가 모자란지라 예수의 어머니가 예수에게 이르되 저희에게 포도주가 없다하니 예수께서 가라사대 여자여 나와 무슨 상관이 있나이까 내 때가 아직 이르지 못하였나이다.

요 2·1 Καὶ τῇ ἡμέρᾳ τῇ τρίτῃ γάμος ἐγένετο ἐν Κανᾷ τῆς Γαλιλαίας· καὶ ην ἡ μήτηρ τοῦ Ἰησοῦ ἐκεῖ.

요 2·2 ἐκλήθη- δὲ καὶ ὁ Ἰησοῦς καὶ οἱ μαθηταὶ- αὐτοῦ εἰς τὸν γάμον.

요 2·3 καὶ ὑστερήσαντος οἴνου λέγει ἡ μήτηρ τοῦ Ἰησοῦ πρὸς αὐτόν, Οινον οὐκ- ἔχουσιν.

요 2·4 Λέγει αὐτῇ ὁ Ἰησοῦς, Τί ἐμοὶ καὶ σοί, γύναι οὔπω ἥκει ἡ- ὥρα- μου.

예수님께서 가나 혼인잔치에 물로 포도주를 만드신 최초의 표적은 유독 요한복음에만 기록되어 있습니다. 오늘날 기독교인들은 이 표적을 예수님께서 단순히 물로 포도주를 만드셨다는 것 이외에는 별로 관심이 없습니다. 그러나 이 표적 안에는 놀라운 하나님의 비밀, 즉 죽은 영혼이 하나님의 아들로 거듭나는 과정이 구체적으로 기록이 되어 있습니다. 마태복음에는 예수님이 태어나는 과정을 아브라함에서 다윗까지 열네 대, 다윗에서부터 바벨론까지 열네 대, 바벨론에서 예수가 태어나기 까지 열네 대, 곧 사십 이 대 만에 예수가 태어난다는 것을 말씀하고 있습니다. 그런데 요한복음에는 하나님의 아들이 태어나는 과정을 두세 통 드는 돌 항아리 여섯 개를 등장시켜 물이 포도주로 변하는 사건, 즉 죽은 영혼이 하나님의 말씀을 통해서 하나님의 아들로 거듭나는 과정을 기록하고 있는 것입니다.

이렇게 가나 혼인잔치 속에는 놀랍게도 땅이 하늘로 창조되는 과정, 즉 어둠에 속한 하나님의 백성들이 말씀을 통해서 하나님의 아들로 거듭나는 과정이 모두 담겨져 있다는 것입니다. 이렇게 예수님이 행하시는 표적이나 말씀은 모두 비유와 비사로 하나님의 깊은 뜻이 담겨져 있는 것입니다. 이제 예수님이 물로 포도주를 만드신 사건의 영적인 의미와 뜻을 알아보기로 하겠습니다.

이틀이 지나 사흘이 되던 날에 갈릴리 가나에 혼인잔치가 있다고 말씀하고 있습니다. 이틀 날은 사람들이 혼인을 준비하는 날이고 사흘 날은 신랑과 신부가 혼인잔치를 하는 날을 비유하여 말씀하고 있는 것입니다.

오늘날 기독교인들이 예수님은 신랑이고 자신들은 신부라 말하면서 예수님이 오시면 공중에서 혼인잔치를 한다고 기다리고 있습니다. 그런데 예수님은 예수를 믿는다해서 아무나 신부로 인정하고 혼인을 하지 않는다는 것입니다. 예수님이 결혼하려는 신부는 마리아와 같은 정결한 처녀만을 신부로 맞이하여 혼인을 한다는 것입니다.

즉 신부는 정결한 몸은 물론 세마포가 준비되어 있어야 하고 안에는 기름준비가 되어있어야 합니다. 이렇게 예수님은 결혼할 준비를 갖춘 성결한 처녀와 하는 것이며 아직 철모르는 어린아이나 더러운 여자, 즉 애굽의 미물이나 광야의 짐승과 같은 존재나 몸이 부정하거나 더러운 여자들은 신부로 인정을 하지 않는다는 것입니다. 하나님의 백성들이 예수신랑과 결혼을 하려는 것은 예수님과 한 몸이 되어 하나님의 아들로 거듭나기 위해서 입니다. 그런데 오늘날 기독교인들은 자신들이 하나님의 아들이라 하면서 무엇 때문에 예수님과 동성결혼을 하려고 하는지 모르겠습니다.

결혼은 남자와 여자가 만나 결혼을 하는 것이지 동성인 남자끼리는 결혼을 할 수가 없고 해서도 안되는 것입니다. 왜냐하면 하나님께서 남자와 동침하는 자는 반드시 죽인다고 말씀하고 있기 때문입니다.

[레위기 18장 22절] 너는 여자와 교합(동침)함 같이 남자와 교합(동침)하지 말라 이는 가증한 일이니라.

[레위기 20장 13절] 누구든지 여인과 교합(동침)하듯 남자와 교합(동침)하면 둘 다 가증한 일을 행함인즉 반드시 죽일찌니 그 피가 자기에게로 돌아가리라.

상기의 말씀과 같이 하나님께서 남자가 남자와 교합하는 동성혼인은 가증한 일로 이런 자들은 반드시 죽인다고 말씀하고 있습니다. 그런데 오늘날 기독교인들은 자신들이 하나님의 아들이라 큰소리치면서 예수님과 혼인을 한다고 기다리고 있는 것입니다. 또한 오늘날 기독교인들은 자신이 죄인이라고 날마다 회개를 하면서 어떻게 더러운 죄인의 몸으로 거룩하신 예수님과 혼인을 하려는지 알 수가 없습니다. 이렇게 오늘날 기독교인들은 예수님이 어떤 분인지 그리고 자신이 어떤 존재인지도 모르고 예수님과 혼인을 하려고 하는 것입니다. 이 모두가 목회자들이 영안이 없어 말씀의 영적인 뜻을 모르기 때문에 나타나는 현상입니다.

가나 혼인잔치에 예수의 어머니도 계시고 예수와 그 제자들도 청함을 받아 식장에 참석하였는데 식장에 포도주가 모자라는 것을 예수의 어머니가 보시고 예수에게 식장에 포도주가 없다고 말을 한 것입니다. 예수님의 어머니가 예수에게 포도주가 모자란다고 말한 것은 예수님은 모자라는 포도주를 만들어서 연회장에 채워 줄 수 있다는 것을 알고 있기 때문입니다. 그런데 어머니의 말을 들은 예수님은 "여자여 연회장에 포도주가 모자라는 것이 나와 무슨 상관이 있느냐"고 하면서 아직 내 때가 이르지 않았다고 말씀하고 있습니다.

　　가니안 땅에 들어가 예수님과 혼인잔치를 하려면 반드시 포도주가 있어야 하는데 포도주는 곧 생명의 말씀을 비유하여 말씀하신 것입니다. 가나혼인에 포도주가 모자란다는 것은 곧 말씀이 부족하다는 것이며 말씀이 부족하면 신랑과 혼인 잔치를 할 수가 없다는 것을 말씀하고 있는 것입니다. 때문에 예수님의 어머니는 예수님에게 포도주가 부족하다고 말한 것인데 예수님은 자기 어머니를 보고 여자라고 하면서 나와 무슨 상관이 있느냐고 반박을 하는 것입니다. 즉 예수님은 어머니에게 이 혼인은 나와 아무런 상관이 없고 또 나는 아직 내 때가 이르지 않아 포도주를 만들

수 없다고 말하는 것입니다.

예수님께서 내 때가 아직 이르지 않았다는 것은 나는 아직 생명의 말씀으로 죽은 영혼을 살릴 준비가 되지 않았다는 뜻입니다. 예수님이 이 세상에서 하시는 일은 포도주, 즉 생명의 말씀을 가지고 죽은 영혼들을 살려서 정결한 처녀로 만들어 결혼을 하여 하나님의 아들로 거듭나게 하는 것입니다.

[요한복음 2장 5절-9절] 그 어머니가 하인들에게 이르되 너희에게 무슨 말씀을 하시든지 그대로 하라 하니라 거기 유대인의 결례에 따라 두 세 통 드는 돌항아리 여섯이 놓였는지라 예수께서 저희에게 이르시되 항아리에 물을 채우라 하신즉 아구까지 채우니 이제는 떠서 연회장에 갖다 주라 하시매 갖다 주었더니 연회장은 물로 된 포도주를 맛보고 어디서 났는지 알지 못하되 물 떠온 하인들은 알더라.

요 2·5 Λέγει ἡ μήτηρ αὐτοῦ τοῖς διακόνοις,Ὅ τι ἂν λέγῃ ὑμῖν, ποιήσατε.

요 2·6 Ἦσαν δὲ ἐκεῖ ὑδρίαι λίθιναι ἓξ κείμεναι κατὰ τὸν καθαρισμὸν τῶν Ἰουδαίων, χωροῦσαι ἀνὰ μετρητὰς δύο ἢ τρεῖς.

요 2·7 λέγει αὐτοῖς ὁ Ἰησοῦς, Γεμίσατε τὰς ὑδρίας ὕδατος. Καὶ ἐγέμισαν αὐτὰς ἕως ἄνω.

요 2·8 Καὶ λέγει αὐτοῖς, Ἀντλήσατε νῦν καὶ φέρετε τῷ ἀρχιτρικλίνῳ. Καὶ ἤνεγκαν.

요 2·9 ὡς- δὲ ἐγεύσατο ὁ ἀρχιτρίκλινος τὸ ὕδωρ οινον γεγενημένον, καὶ οὐκ- ἤδει πόθεν ἐστίν· οἱ- δὲ διάκονοι ἤδεισαν οἱ ἠντληκότες τὸ ὕδωρ· φωνεῖ τὸν νυμφίον ὁ ἀρχιτρίκλινος

예수의 말을 들은 어머니는 하인들에게 예수가 너희에게 무슨 말을 하든지 그대로 행하라고 명하고 있습니다. 왜냐하면 예수가 모자라는 포도주 만들기를 거절하였으나 어머니는 예수가 포도주를 만들 것이라는 것을 믿고 있었기 때문입니다. 그 곳에는 유대인의 결례에 따라 두 세 통 드는 돌 항아리 여섯 개가 놓여 있었습니다.

이 돌 항아리의 비밀을 알려면 두 세 통 드는 돌 항아리 여섯 개가 영적으로 무엇을 말하는지를 알아야 합니다. 두 세통 드는 돌 항아리는 사람이 사용하는 항아리를 말하는 것이 아니라 땅에 속한 인간의 존재들을 비유하여 말씀하신 것이며 돌항아리 여섯 개는 창세기의 육일 창조, 즉 땅에 속한 죄인들을 하늘에 속한 하나님의 아들로 창조하려면 하나님의 말씀으로 모두 여섯 번 창조(거듭남)해야 하나님의 아들이 된다는 것을 비사로 말한 것입니다.

왜냐하면 창세기에 하나님의 말씀으로 하나님의 형상과 모양대로 남자(하나님의 아들)를 창조하려면 육일, 즉 여섯 번 창조(여섯 과정)해야 하나님의 아들로 태어난다고 말씀하고 있기 때문입니다. 하나님께서 말씀으로 창조하시는 육일은 처음에 땅에 속한 미물의 존재를 기는 짐승으로, 기는 짐승을 걷는 짐승으로, 걷는 짐승을 육축으로, 육축을 여자로, 여자를 남자, 즉 하나님의 아들로 완성시키는 것을 비사로 말씀하고 있는 것입니다. 이렇게 돌 항아리 여섯은 장을 담아 놓는 항아리가 아니라 하나님의 말씀으로 창조할 존재들(피조물), 곧 땅에 속한 하나님의 백성들(질그릇)을 각기 상태와 차원에 따라 말씀하신 것입니다. 즉 첫 항아리는 하애굽에 존재하는 물고기 둘째 항아리는 상애굽에 존재하는 기는 짐승 셋째 항아리는 광야에 존재하는 걷는 짐승 넷째 항아리는 신광야에 존재하는 육축 다섯째 항아리는 요단강에 존재하는 여자 여섯째 항아리는 가나안 땅에 존재하는 남자를 비유하여 말씀하고 있는 것입니다. 이러한 돌 항아리 여섯 개에 차례대로 하나님의 말씀을 아구까지 채우면 하나님의 아들로 거듭나게 되는 것입니다.

　이어지는 말씀은 예수의 어머니가 하인들에게 예수께서 무슨 말씀을 하든지 그대로 행하라고 명하신 후에 예수님은 비로소 하인들에게 두 세 통 드는 돌 항아리 여섯에 물을 가득 채우라고 말씀하셨고 하인들은 돌 항아리에 차례대로 물을 아구까지 모두 채운 것입니다. 이렇게 땅에 속한 존재들 안에 물(말씀)을 아구까지 여섯 번 채울 때 포도주, 즉 생명의 말씀(하나님의 아들)으로 변화(거듭남)되는 것입니다. 예수님은 이렇게 물로 만든 포도주를 하인들에게 연회장에 갖다 주라 명하여 하객들에게 갖다 준 것입니다. 하객들은 물로 된 포도주를 맛보고 어디서 났는지 알지 못하되 물 떠온 하인들은 알고 있었습니다.

　이와 같이 돌 항아리는 땅에 속한 질그릇의 존재들을 말하며 물은 하나님의 말씀을 말하고 포도주는 생명의 말씀을 비유로 말씀하신 것입니다. 그러므로 가나 혼인잔치는 땅에 속한 육신의 존재에 하나님의 말씀을 아구까지 여섯 번 채울 때 하나님의 생명으로 조금씩 변화(여섯 번 창조)되어 하나님의 아들로 거듭나게 되는 것이며 그때 창조된 아들의 입에서 포도주, 즉 생명의 말씀이 나오게 된다는 것을 비사로 말씀하고 있는 것입니다.

[요한복음 2장 10절–11절] 연회장이 신랑을 불러 말하되 사람마다 먼저 좋은 포도주를 내고 취한 후에 낮은 것을 내거늘 그대는 지금까지 좋은 포도주를 두었도다 하니라 예수께서 이 처음표적을 갈릴리 가나에서 행하여 그 영광을 나타내시매 제자들이 그를 믿으니라.

요 2·10 καὶ λέγει αὐτῷ, Πᾶς ἄνθρωπος πρῶτον τὸν καλὸν οινον τίθησιν, και ὅταν μεθυσθῶσιν τότε τὸν ἐλάσσω· σὺ τετήρηκας τὸν καλὸν οινον ἕως ἄρτι.

요 2·11 Ταύτην ἐποίησεν ἀρχὴν τῶν σημείων ὁ Ἰησοῦς ἐν Κανᾷ τῆς Γαλιλαίας, καὶ ἐφανέρωσεν τὴν- δόξαν- αὐτοῦ καὶ ἐπίστευσαν εἰς αὐτὸν οἱ- μαθηταὶ- αὐτοῦ.

연회장은 예수께서 물로 만든 포도주를 마신 하객들이 포도주가 너무 맛이 있어 하는 것을 보고 신랑을 불러 이렇게 말하는 것입니다. 사람들은 누구나 먼저 좋은 포도주를 내놓고 취한 후에 낮은 것을 내놓거늘 그대는 반대로 지금까지 좋은 포도주를 감추어 두었다가 취한 후에 좋은 포도주를 내놓았다고 말하는 것입니다.

　　여기서 말하는 낮은 포도주는 거듭나기 전에 내놓은 말씀(물)을 말하며 좋은 포도주는 하나님의 아들로 거듭난 후 내어놓는 생명의 말씀(생수)을 말하고 있습니다. 이렇게 예수님께서 행하시는 일과 표적은 모두 요나의 표적으로 죽은 영혼을 살려서 하나님의 아들로 거듭나게 하는 것입니다.

　　예수님께서 첫 표적을 갈릴리 가나에서 행하여 하나님의 영광을 나타내시니 예수님의 제자들이 예수님을 하나님의 아들로 믿게 된 것입니다. 사람들은 예전이나 지금이나 예수님이 행하는 표적이나 이적을 보아야 하나님의 아들로 믿고 인정을 합니다. 때문에 예수님은 가나 혼인잔치에서 물로 포도주를 만드신 것을 시작으로 하여 수많은 표적을 나타내셨습니다.

　　그러나 예수님은 표적을 보고 자신을 믿는 자들에게 음란하고 패역한 자들이라 말씀하시면서 내가 행한 표적은 모두 요나의 표적, 즉 죽은 영혼을 살리는 표적뿐이라 말씀하고 있습니다.

[요한복음 2장 12절-17절] 그 후에 예수께서 그 어머니와 형

제들과 제자들과 함께 가버나움으로 내려가 거기 여러 날 계시지 아니하시니라 유대인의 유월절이 가까운지라 예수께서 예루살렘으로 올라가셨더니 성전 안에서 소와 양과 비둘기파는 사람들과 돈 바꾸는 사람들의 앉은 것을 보시고 노끈으로 채찍을 만드사 양이나 소를 다 성전에서 내어 쫓으시고 돈 바꾸는 사람들의 돈을 쏟으시며 상을 엎으시고 비둘기파는 사람들에게 이르시되 이것을 여기서 가져가라 내 아버지의 집으로 장사하는 집을 만들지 말라 하시니 제자들이 성경 말씀에 주의 전을 사모하는 열심이 나를 삼키리라 한 것을 기억하더라.

요 2·12 Μετὰ τοῦτο κατέβη εἰς Καπερναούμ, αὐτὸς καὶ ἡ μήτηρ- αὐτοῦ καὶ οἱ ἀδελφοὶ αὐτοῦ καὶ οἱ- μαθηταὶ- αὐτοῦ, καὶ ἐκεῖ ἔμειναν οὐ πολλὰς ἡμέρας.

요 2·13 Καὶ ἐγγὺς ην τὸ πάσχα τῶν Ἰουδαίων, καὶ ἀνέβη εἰς Ἱεροσόλυμα ὅ Ἰησοῦς.

요 2·14 καὶ εὗρεν ἐν τῷ ἱερῷ τοὺς πωλοῦντας βόας καὶ πρόβατα καὶ περιστερὰς, καὶ τοὺς κερματιστὰς καθημένους·

요 2·15 καὶ ποιήσας φραγέλλιον ἐκ σχοινίων πάντας ἐξέβαλεν ἐκ τοῦ ἱεροῦ, τά- τε πρόβατα καὶ τοὺς βόας, καὶ τῶν κολλυβιστῶν ἐξέχεεν τὸ κέρμα καὶ τὰς τραπέζας ἀνέστρεψεν.

요 2·16 καὶ τοῖς τὰς περιστερὰς πωλοῦσιν εἶπεν Ἄρατε ταῦτα ἐντεῦθεν· μὴ ποιεῖτε τὸν οικον τοῦ πατρός μου οικον ἐμπορίου.

요 2·17 Ἐμνήσθησαν δὲ οἱ μαθηταὶ αὐτοῦ ὅτι γεγραμμένον ἐστίν, Ὁ ζῆλος τοῦ οἴκου σου κατέφαγέν με.

예수께서 가나 혼인잔치에서 물로 포도주를 만드신 후 예수님의 어머니와 그의 형제들과 제자들과 함께 가버나움으로 내려가 그곳에 잠시 머무시다가 유대인의 유월절이 가까워 예수께서 예루살렘으로 올라가신 것입니다. 유월절은 하나님께서 모세를 통해 애굽에서 노예생활을 하고 있는 하나님의 백성들을 광야로 구원해 낸 날을 기념하기 위해 하나님께 제사 드리는 절기로 7일 동안 무교병을 먹으며 처음 태어난 어린 양을 골라 두었다가 니산월(7월)14일 밤에 잡아 그 피를 문설주에 바르고 고기는 구워먹는 날을 말합니다.

유월절은 이스라엘 백성들은 물론 구원받은 백성들이라면 예전이나 지금이나 변함없이 영원토록 하나님께 드려야할 제사입니다. 그런데 오늘날 기독교회가 유월절 제사를 드리지 않고 있다는 것은 목회자들이 임의로 유월절 제

사를 폐지했거나 아니면 기독교인들은 애굽에서 아직 구원
조차 받지 못했기 때문입니다.

　예수님께서 유월절에 예루살렘으로 올라가 성전 안으
로 들어가 보니 성전에서 소와 양과 비둘기파는 사람들과
돈 바꾸는 사람들의 앉은 것을 보시게 된 것입니다. 예수님
은 성전에서 장사하는 사람들을 보시고 화가 나서 노끈으
로 채찍을 만들어 가지고 양이나 소를 다 성전에서 내어 쫓
으시고 돈 바꾸는 사람들의 돈을 쏟으시며 상을 엎으시고
비둘기파는 사람들에게 이것을 여기서 가져가라고 하시며
내 아버지의 집으로 장사하는 집을 만들지 말라고 소리치
신 것입니다.

　이렇게 예수님은 성전 안에서 소와 양과 비둘기파는 사
람과 돈 바꾸는 사람들을 보시고 극도로 화가 나서 채찍까
지 만들어 모두 쫓아낸 것입니다. 이 말씀을 보는 오늘날
기독교인들은 예수님 당시에는 거룩한 하나님의 성전 안에
서 짐승들을 팔았다고 생각 할 수도 있다는 것입니다. 그런
데 예수님이 화가 나신 것은 성전 안에서 짐승들을 팔아서
화가 나신 것이 아니라 하나님과 예수님의 말씀을 팔아먹
기 때문에 화가 나신 것입니다.

　왜냐하면 소는 영적으로 성부하나님을 말하며 양은 성

자예수님을 그리고 비둘기는 성령하나님을 비유하여 말하고 있기 때문입니다. 즉 예수님은 성전 안에서 목회자들이 삼위일체 하나님, 즉 성부하나님(소)과 성자예수님(양)과 성령하나님(비둘기)을 팔아서 장사하고 있기 때문에 화가 나신 것입니다.

오늘날 부흥집회나 교회에서 목사님들이 설교를 할 때 "성령(비둘기)받을 줄로 믿고 감사(헌금)하세요 은혜(양) 받을 줄로 믿고 감사(헌금)하세요"하고 헌금을 강조하는 것이 곧 성령을 팔고 예수님을 팔아서 장사하는 행위입니다. 이렇게 예전이나 지금이나 목회자들이 성전과 교회 안에서 소와 양과 비둘기를 팔아서 돈을 치부하고 있는 것입니다. 때문에 예수님은 화가 나신 것이며 채찍을 만들어 하나님의 말씀을 팔아먹는 목회자들을 성전에서 모두 내어 쫓은 것입니다. 이렇게 삯꾼목자들이 성령을 돈을 받고 파는 것은 성령을 사가는 사람들이 있어서 파는 것입니다.

성령을 돈, 즉 헌금을 내고 사가는 자들은 자칭 성도라 하는 하나님의 백성들이며 오늘날 교인들입니다. 그런데 삯꾼목자들이 팔아먹는 성령은 이름만 성령이며 실상은 더럽고 추한 귀신의 영입니다. 교인들은 이러한 악령을 성령이라 믿고 돈으로 사가는 것은 집에다 곱게 보관하려는 것이 아니라 성령을 다시 몇 배로 남겨서 되팔기 위해서입니다. 그 것은 돈으로 산 성령을 천국 가는데 사용하고 전도하는데 사용하고 자기 사업하는데 사용하고 아이들이 대학 들어가는데 사용하고 병들었을 때 사용하는 등 만병통치약처럼 아무 곳에나 사용하고 있는 것입니다. 그래서 이들은 그 성령이라는 악령 때문에 자신도 속고 남들도 속이면서 배나 더 지옥자식이 되면서 또한 다른 사람도 지옥자식을 만드는 것입니다.

이와 같이 성전 안에서 돈 바꾸는 자들은 환전상들을 말하는 것이 아니라 목회자들이 하나님의 말씀을 가감하여 (비 진리) 하나님의 형상을 입혀야 할 하나님의 백성들을 가이사의 형상 곧 마귀의 자식으로 바꾸고 있다는 것을 비유하여 말씀하신 것입니다. 그리고 예수님께서 상을 엎으셨다는 것은 제사 드리는 상, 즉 말씀을 선포하는 강대상을 엎어버렸다는 뜻입니다. 이렇게 예수님은 제사장이나 목회자들이 성전 안에서 하나님을 팔아서 장사하는 제사장(목사)들을 보시고 화가 나서 채찍을 만들어 모두 내어 쫓으신 것입니다. 그럼에도 불구하고 오늘날 목회자들은 지금도 변함없이 성전 안에서 삼위일체 하나님을 팔아서 돈을 치부하고 있는 것입니다.

이어지는 말씀은 제자들이 성경 말씀에 주의 전을 사모하는 열심이 나를 삼키리라 한 것을 기억하더라는 말씀입니다. 하나님의 백성들이 하나님의 전을 사모하며 교회를 위해 열심히 충성봉사 하는 것은 자신들의 욕구를 채우려는 욕심 때문입니다. 즉 하나님의 백성들이 교회를 위해서 열심히 충성하고, 봉사하고, 전도를 하고, 예물(헌금)을 드리는 목적이 모두 하나님께 복을 받으려는 욕심 때문이라는 것입니다.

그러므로 주의 전을 사모한다는 것은 그 안에 욕심이 많다는 것이며 때문에 그 욕심으로 말미암아 자신을 멸망하게 만든다는 뜻입니다.

[요한복음 2장 18절-22절] 이에 유대인들이 대답하여 예수께 말하기를 네가 이런 일을 행하니 무슨 표적을 우리에게 보이겠느뇨 예수께서 대답하여 가라사대 너희가 이 성전을 헐라 내가 사흘 동안에 일으키리라 유대인들이 가로되 이 성전은 사십육년 동안에 지었거늘 네가 삼일 동안에 일으키겠느뇨 하더라 그러나 예수는 성전된 자기 육체를 가리켜 말씀하신 것이라 죽은 자 가운데서 살아나신 후에야 제자들이 이 말씀하신 것을 기억하고 성경과 및 예수의 하신 말씀을 믿었더라.

요 2·18 Ἀπεκρίθησαν ουν οἱ Ἰουδαῖοι καὶ ειπον αὐτῷ, Τί σημεῖον δεικνύεις ἡμῖν ὅτι ταῦτα ποιεῖς

요 2·19 Ἀπεκρίθη ὁ Ἰησοῦς καὶ ειπεν αὐτοῖς, Λύσατε τὸν- ναὸν- τοῦτον, καὶ ἐν τρισὶν ἡμέραις ἐγερῶ αὐτόν.

요 2·20 Ειπον ουν οἱ Ἰουδαῖοι, Τεσσαρακοντα καὶ ἕξ ἔτεσιν ᾠκοδομήθη ὁ- ναὸς- οὗτος, καὶ σὺ ἐν τρισὶν ἡμέραις ἐγερεῖς αὐτόν

요 2·21 Ἐκεῖνος- δὲ ἔλεγεν περὶ τοῦ ναοῦ τοῦ- σώματος- αὐτοῦ.

요 2·22 ὅτε ουν ἠγέρθη ἐκ νεκρῶν ἐμνήσθησαν οἱ- μαθηταὶ- αὐτοῦ ὅτι τοῦτο ἔλεγεν αὐτοῖς, καὶ ἐπίστευσαν τῇ γραφῇ καὶ τῷ λόγῳ ᾧ ειπεν ὁ Ἰησοῦς.

유대인들은 예수님의 격한 말씀과 성전에서 행하신 일들을 목격하고 예수께 말하기를 네가 성전에 들어와 이런 행패를 부리니 우리에게 무슨 표적을 보이겠느냐고 말하고 있습니다. 유대인들의 말을 들으신 예수님은 유대인들에게 대답하시기를 "너희가 이 성전을 헐라 내가 사흘 동안에 일으키리라"라고 말씀을 하십니다.

유대인들은 예수님이 정신이 나간 사람처럼 성전을 사흘 만에 짓겠다는 말을 듣고 예수님에게 이 성전은 사십 육 년 동안이나 걸려서 건축하였는데 네가 삼일 동안에 다시 지을 수 있냐고 항변을 하고 있습니다. 예수님은 삼일 만에 성전을 짓겠다고 하신 말씀과 하나님의 아들이라는 이유로 유대인들에게 잡혀서 십자가에 못 박혀 돌아가시게 되신 것입니다.

그런데 예수님은 사람이 사십 육년 동안 지어 놓은 예루살렘 성전 건물을 헐라고 말씀하신 것이 아니라 유대인들 안에 비 진리로 지어놓은 잘못된 성전을 헐어버리라는 것을 비유로 말씀하신 것입니다. 이렇게 예수님께서 말씀하시는 성전이나 오늘날 교회는 사람의 손으로 건축해 놓은 건물이 아니라 하나님의 말씀으로 하나님의 백성들 안에 건축한 영적인 성전을 말씀하고 있습니다. 그런데 유대인들은 물론 오늘날 기독교인들도 예수님이 주시는 생명의 말씀을 받아서 성전을 건축하는 것이 아니라 삯꾼목자나 거짓선지자들이 주는 가감된 비 진리로 육적인 성전을 건축하고 있는 것입니다.

때문에 예수님은 너희가 비 진리로 모래 위에 건축해 놓은 성전을 모두 헐면 내가 반석 위에 사흘 동안 생명의 말씀으로 하나님의 성전을 건축하겠다고 말씀하신 것입니다. 왜냐하면 옛 집을 헐지 않고는 새 집을 지을 수 없듯이 비진리로 건축한 성전을 헐지 않고는 진리로 새 성전을 지을 수 없기 때문입니다. 예수님은 목수의 아들(창조주의 아들) 곧 하나님의 아들로 이 세상에 하나님의 백성들안에 생명의 말씀으로 하나님의 성전을 건축하기 위해서 오신 목수입니다.

그리고 예수님께서 말씀하시는 삼일은 하루 이틀 삼일이 아니라 하나님의 말씀으로 성전이 완성되는 기간, 즉 삼년 혹은 삼십년을 비유로 말씀하신 것입니다. 즉 예수님이 삼년 반 동안 제자들안에 그의 입에서 나오는 생명의 말씀으로 성전을 건축하여 사도들을 만드신 기간이 바로 삼일이라 말씀하신 것입니다. 그런데 예수님이 말씀하시는 비유의 말씀은 유대인들만 모른 것이 아니라 예수님의 제자들도 모르고 있었던 것입니다.

지금 예수님께서 하신 말씀은 예수님께서 그의 제자들 안에 삼년 반 동안 말씀으로 성전을 건축하신 후에 예수님께서 죽은 제자들 안에서 살아나신(부활) 후에야 제자들이 예수님이 그때 하신 말씀이 무슨 뜻인지를 깨닫고 성경에 기록된 말씀과 예수님께서 하신 말씀들을 모두 믿게 된 것입니다. 문제는 유대인들이나 오늘날 목회자들도 하나님이 말씀하시는 성전이나 예수님이 말씀으로 건축하는 영적인 교회를 모르기 때문에 하나님이 원하시는 영적인 성전은 건축하지 않고 교인들에게 건축헌금을 받아서 건물 성전과 교회만을 크고 화려하게 건축하고 있는 것입니다.

그러므로 오늘날 목회자들은 세상교회, 즉 건물 성전만 지을 것이 아니라 자신 안에 먼저 말씀으로 건축되는 영적인 성전을 건축해야 합니다. 이렇게 자신 안에 영적인 교회가 건축되면 그 후에 교인들 안에도 하나님이 원하시는 성전을 건축할 수 있는 것입니다.

문제는 오늘날 목회자들 가운데는 하나님의 성전을 건축할 수 있는 하늘의 건축면허를 소지하고 있는 참 목자가 없다는 것입니다. 하늘의 건축 면허를 소유한 참 목자는 예수님과 사도들 그리고 오늘날 하나님의 생명으로 거듭난 하나님의 아들들입니다.

[요한복음 2장 23절-25절] 유월절에 예수께서 예루살렘에 계시니 많은 사람이 그 행하시는 표적을 보고 그 이름을 믿었으나 예수는 그 몸을 저희에게 의탁지 아니하셨으니 이는 친히 모든 사람을 아심이요 또 친히 사람의 속에 있는 것을 아시므

로 사람에 대하여 아무의 증거도 받으실 필요가 없음이니라.

요 2·23 Ὡς- δε ην ἐν Ἱεροσολύμοις ἐν τῷ πάσχα, ἐν τῇ ἑορτῇ, πολλοὶ ἐπίστευσαν εἰς τὸ- ὄνομα- αὐτοῦ, θεωροῦντες αὐτοῦ τὰ σημεῖα ἃ ἐποίει.

요 2·24 αὐτὸς- δε ὁ Ἰησοῦς οὐκ- ἐπίστευεν ἑαυτὸν αὐτοῖς, διὰ τὸ- αὐτὸν- γινώσκειν πάντας,

요 2·25 καὶ ὅτι οὐ χρείαν ειχεν ἵνα τις μαρτυρήσῃ περὶ τοῦ ἀνθρώπου· αὐτὸς- γὰρ ἐγίνωσκεν τί ην ἐν τῷ ἀνθρώπῳ.

예수님께서 유월절 동안 예루살렘에 계시면서 행하시는 표적을 보고 많은 사람이 그의 말씀을 믿었으나 예수는 저희를 믿거나 신뢰하지 아니하셨다고 말씀하고 있습니다. 왜냐하면 예수님은 자신이 행하신 표적을 보고 믿는 사람들의 마음이 어떠하다는 것을 이미 알고 계시고 또한 표적을 보고 자신을 믿는 사람들은 육신적인 존재로 그 속에는 욕심이 많다는 것을 모두 알고 계시기 때문에 이런 사람들에게는 아무런 증거나 인정도 받을 필요가 없다는 것입니다.

예수님은 이렇게 표적과 이적을 바라고 믿는 자들은 음란하고 패역한 자들이라고 말씀하고 있습니다.(마태복음12

장39절)

　　그럼에도 불구하고 오늘날 기독교인들도 거짓선지자이든 삯꾼목자이든 관계없이 표적을 행하거나 욕심을 채워주면 벌떼와 같이 몰려가 예수님처럼 믿고 섬기는 것이 오늘날 기독교인들의 현실입니다.

　　예수님이 오셔서 행하신 모든 표적은 오직 요나의 표적으로 죽은 영혼을 구원하고 살려서 하나님의 아들로 거듭나게 하신 것입니다.(마태복음 12장 40절)

　　그러므로 오늘날 진정한 참 목자라면 예수님이나 사도들과 같이 죄인들의 죄를 사해주고 죽은 영혼을 살려서 하나님의 아들로 거듭나게 해야 하는 것입니다.

제3장
성령으로 거듭난 자

바리새인 중에 니고데모라 하는 사람이 있었으니 유대인의 관원이라

Ην δε ἄνθρωπος ἐκ τῶν Φαρισαίων, Νικόδημος ὄνομα αὐτῷ ἄρχων
τῶν Ἰουδαίων·

[요한복음 3장 1절-2절] 바리새인 중에 니고데모라 하는 사람이 있었으니 유대인의 관원이라 그가 밤에 예수께 와서 가로되 랍비여 우리가 당신은 하나님께로서 오신 선생인줄 아나이다 하나님이 함께하지 아니하시면 당신의 행하시는 이 표적을 아무라도 할 수 없음이니이다.

요 3·1 Ην δε ἄνθρωπος ἐκ τῶν Φαρισαίων, Νικόδημος ὄνομα αὐτῷ ἄρχων τῶν Ἰουδαίων·

요 3·2 οὗτος ηλθεν πρὸς τὸν Ιησουν νυκτός, καὶ ειπεν αὐτῷ Ῥαββι, οἴδαμεν ὅτι ἀπὸ θεοῦ ἐλήλυθας διδάσκαλος· οὐδεὶς γὸρ ταῦτα τὰ σημεῖα δύναται ποιεῖν ἃ σὺ ποιεῖς ἐὰν μὴ ἦ ὁ θεὸς μετ᾽ αὐτοῦ.

바리새인 중에 니고데모라 하는 사람이 있었으니 유대인의 관원이라 말하고 있습니다. 바리새인이란 유대인들 중에서 구별된 자로 율법과 그에 따른 규례를 철저히 지키며 하나님의 말씀에 절대 순종하면서 신앙생활을 하는 자들을 말합니다.

그런데 니고데모는 오늘날 교육공무원으로 이스라엘 백성들에게 성경을 가르치는 선생님입니다.

니고데모는 예수님께서 행하시는 표적을 보고 놀라서 이분이 혹시 하나님께서 보내주신 구원자가 아닌가를 알아보기 위해 야밤에 예수님을 찾아간 것입니다.

니고데모는 예수께 다가가서 말씀드리되 랍비여 우리가 당신은 하나님께로서 오신 선생인줄 압니다. 왜냐하면 하나님이 당신과 함께하지 아니하시면 당신의 행하시는 이런 표적을 아무도 할 수 없기 때문입니다. 니고데모는 하나님의 말씀을 통해서 영적감각으로 예수님을 알아본 것이 아니라 예수님이 행하시는 외적인 표적을 보고 혹시 당신이 하나님께서 보내주신 선생, 즉 하나님의 아들이 아니냐고 예수님께 묻는 것입니다.

니고데모는 유대인중의 바리새인이며 이스라엘인들을 가르치는 선생으로 율법과 선지서를 모두 알고 가르치면서도 하나님께서 구원자로 보내주시는 하나님의 아들을 모르고 있는 것입니다.

하나님의 말씀이 기록된 구약성경은 모두 오실 메시야, 즉 하나님의 아들인 예수님에 대하여 말씀하고 있으며 신약성경은 오신 메시야에 대해서 말씀하고 있습니다. 때문에 성경을 올바로 알면 하나님께서 보내주시는 구원자를 분명하게 알 수 있는 것입니다. 그런데 예수님을 보고도 그가 누구인지 모르고 있다는 것은 성경에 기록된 말씀을 올바로 알지 못하고 있다는 것입니다. 이것은 오늘날 기독교의 목회자들도 동일하다고 생각합니다. 왜냐하면 오늘날 기독교회의 목사님들도 이미 오신 예수님을 모르고 하늘의 뜬 구름만 바라보며 다시 오실 예수님을 기다리고 있기 때문입니다.

그러나 예수님은 알파(시작)와 오메가(끝)로 예전에도 계셨고 지금도 계시고 앞으로도 영원토록 항상 우리 가운데 계십니다. 단지 유대인들이나 오늘날 기독교인들도 오신 예수님을 영안이 없어 보지 못하고 오시지 않았다고 지금도 기다리고 있는 것입니다.

[요한복음 3장 3절–5절] 예수께서 대답하여 가라사대 진실로 진실로 네게 이르노니 사람이 거듭나지 아니하면 하나님 나라를 볼 수 없느니라 니고데모가 가로되 사람이 늙으면 어떻게 날 수 있삽나이까 두 번째 모태에 들어갔다가 날 수 있삽나이까 예수께서 대답하시되 진실로 진실로 네게 이르노니 사람이 물과 성령으로 나지 아니하면 하나님 나라에 들어 갈 수 없느니라.

요 3·3 Ἀπεκρίθη ὁ Ἰησοῦς καὶ ειπεν αὐτῷ Ἀμὴν ἀμὴν λέγω σοι, ἐὰν μή τις γεννηθῇ ἄνωθεν, οὐ- δύναται ἰδεῖν τὴν βασιλείαν τοῦ θεοῦ.

요 3·4 Λέγει πρὸς αὐτὸν ὁ Νικόδημος, Πῶς δύναται ἄνθρωπος γεννηθῆναι γέρων ὤν μὴ δύναται εἰς τὴν κοιλίαν τῆς- μητρὸς- αὐτοῦ δεύτερον εἰσελθεῖν καὶ γεννηθῆναι

요 3·5 Ἀπεκρίθη ὁ Ἰησοῦς, Ἀμὴν ἀμὴν λέγω σοι, ἐὰν μή τις γεννηθῇ ἐξ ὕδατος καὶ πνεύματος οὐ- δύναται εἰσελθεῖν εἰς τὴν βασιλείαν τοῦ θεοῦ.

니고데모의 말을 들으신 예수님은 니고데모에게 진실로 진실로 네게 이르노니 사람이 거듭나지 아니하면 하나님 나라를 볼 수 없다고 말씀하십니다. 그런데 니고데모는 물론 오늘날 기독교인들도 거듭나는 것이 무엇인지 그리고 어떻게 거듭나는지를 모르고 있는 것입니다. 왜냐하면 거듭나는 것은 하나님의 아들로 다시 태어나는 것을 말하는데 오늘날 기독교인들은 모두 예수님을 믿음으로 거듭나 이미 하나님의 아들이 되었다고 막연히 믿고 있기 때문입니다.

하나님의 아들은 예전이나 지금이나 앞으로도 예수님

과 같이 성령이 잉태되어 태어나는 것이며 예수를 믿는다 하여 하나님의 아들로 태어난 사람은 지금까지 단 한 사람도 없습니다.

왜냐하면 성령을 잉태하려면 먼저 마리아와 같은 정결한 처녀의 몸이 준비 되어야 하는데 오늘날 기독교인들 중에는 성령을 잉태 할 수 있는 정결한 처녀가 없기 때문입니다. 만일 오늘날 기독교인들이 믿음으로 하나님의 아들이 되었다면 예수님의 말씀과 같이 영안이 열려 하나님의 나라를 볼 수 있어야 합니다. 그런데 오늘날 기독교인들은 하나님의 나라를 보지 못하는 것은 물론 니고데모와 같이 거듭나는 자체도 모르고 있다는 것입니다. 때문에 니고데모는 예수님에게 내가 이렇게 늙었는데 어떻게 어머니 배속에 들어가 다시 태어날 수 있느냐고 반문하고 있는 것입니다. 니고데모의 말을 들은 예수님은 진실로 진실로 네게 이르노니 사람이 물과 성령으로 나지 아니하면 하나님 나라에 들어 갈 수 없다고 말씀하십니다.

예수님의 말씀은 사람은 물과 성령으로 다시 태어나지 아니하면 하나님의 나라, 즉 천국에 들어 갈 수 없다고 분명하게 말씀하고 계십니다. 오늘날 기독교인들이 예수님을 믿는다면 예수님이 하신 말씀을 믿어야 하며 삯꾼목자의 말을 믿어서는 안 됩니다.

　왜냐하면 예수님은 물과 성령으로 다시 태어나야 천국에 들어간다고 말씀하시는데 오늘날 목회자들은 예수를 믿기만 하면 천국에 들어갈 수 있다고 거짓증거를 하고 있기 때문입니다. 그러므로 오늘날 기독교인들이 하나님의 아들로 거듭나 천국에 들어가려면 예수님의 말씀을 믿고 들어야지 삯꾼목자나 거짓선지자의 말을 믿거나 들으면 안 되는 것입니다.

[요한복음 3장 6절-9절] 육으로 난 것은 육이요 성령으로 난 것은 영이니 내가 네게 거듭나야 하겠다 하는 말을 기이히 여기지 말라 바람이 임의로 불매 네가 그 소리를 들어도 어디서 오며 어디로 가는지 알지 못하나니 성령으로 난 사람은 다 이러하니라 니고데모가 대답하여 가로되 어찌 이러한 일이 있을 수 있나이까.

　요 3·6 τὸ γεγεννημένον ἐκ τῆς σαρκὸς σάρξ ἐστιν· καὶ τὸ γεγεννημένον ἐκ τοῦ πνεύματος πνεῦμά ἐστιν.

　요 3·7 μὴ θαυμάσῃς ὅτι ειπον σοι, Δεῖ ὑμᾶς γεννηθῆναι ἄνωθεν.

요 3·8 τὸ πνεῦμα ὅπου θέλει πνεῖ, καὶ τὴν- φωνὴν- αὐτοῦ ἀκούεις, ἀλλ᾽ οὐκ- οἶδας πόθεν ἔρχεται καὶ ποῦ ὑπάγει οὕτως ἐστὶν πᾶς ὁ γεγεννημένος ἐκ τοῦ πνεύματος.

요 3·9 Ἀπεκρίθη Νικόδημος καὶ ειπεν αὐτῷ Πῶς δύναται ταῦτα γενέσθαι

예수님은 니고데모에게 육으로 난 것은 육이요 성령으로 난 것은 영이라고 분명히 말씀하시면서 내가 네게 거듭나야 하겠다는 말을 이상하게 여기지 말라고 하십니다. 오늘날 기독교인들이 예수님은 우리와 다르게 성령에 의해서 육신이 태어났다고 주장을 하고 있습니다. 그런데 예수님은 육은 육을 낳고 성령은 성령을 낳는 것이지 성령으로 육신을 낳을 수 없다고 분명하게 말씀하고 있습니다.

예를 들면 양은 양을 낳고 개는 개를 낳는 것이지 양이 공중에 나는 새를 낳거나 개가 사람을 낳을 수 없다는 것입니다. 이렇게 사람의 육신은 사람을 낳고 성령은 성령을 낳는 것이지 성령으로 육신을 낳을 수는 없는 것입니다. 그러므로 하나님의 아들로 거듭나는 것은 사람의 육신 안에 성령이 잉태, 곧 성령이 임하는 것을 말하고 있습니다. 만일 성령으로 육신이 잉태되어 아들을 낳는다면 하나님의 공의와 자연의 질서가 모두 무너지게 되는 것입니다.

그럼에도 불구하고 오늘날 기독교회는 예수님의 이러한 말씀을 무시하고 예수님의 육신이 성령으로 잉태되었다고 거짓증거를 하고 있는 것입니다. 만일 예수님께서 성령으로 육신이 잉태되어 하나님의 아들이 되었다면 오늘날 기독교인들도 성령으로 육신이 잉태되어 낳음을 받아야 하나님의 아들이라 말할 수 있는 것입니다. 그런데 성령으로 잉태되지 않은 기독교인들이 예수를 믿음으로 하나님의 아들이라고 큰소리 치고 있는 것입니다. 이 모두가 니고데모와 같이 아직 하나님의 생명으로 거듭나지 못한 삯꾼목자들과 거짓선지자들의 거짓증거 때문에 일어나는 일들입니다.

이어지는 예수님의 말씀은 바람이 임의로 불매 네가 그 소리를 들어도 어디서 오며 어디로 가는지 알지 못하는 것과 같이 성령으로 난 사람은 다 이렇다고 말씀하고 있습니다. 이 말씀은 바람은 보이지 않고 임의로 불기 때문에 그 소리는 들어도 어디서 와서 어디로 가는지 모르듯이 성령으로 낳는 사람도 언제 어떻게 낳는지 자신도 알 수 없다는 것입니다. 이렇게 성령은 도적같이 혹은 번개같이 임하기 때문에 성령으로 낳는 자들은 본인도 언제 낳음을 받았는지 모르는 것입니다. 이러한 예수님의 말씀을 들은 니고데모는 너무 놀라서 예수님에게 어찌 이러한 일이 있을 수 있느냐고 경탄을 하는 것입니다. 만일 오늘날 기독교인들도 예수님의 이런 말씀을 올바로 듣는다면 당연히 놀랄 것이고 고민이 되어 잠도 못잘 것이라 생각합니다.

[요한복음 3장 10절-13절] 예수께서 가라사대 너는 이스라엘의 선생으로서 이러한 일을 알지 못하느냐 진실로진실로 네게 이르노니 우리 아는 것을 말하고 본 것을 증거하노라 그러나 너희가 우리 증거를 받지 아니하는도다 내가 땅의 일을 말하여도 너희가 믿지 아니하거든 하물며 하늘 일을 말하면 어떻게 믿겠느냐 하늘에서 내려온 자 곧 인자 외에는 하늘에 올라간 자가 없느니라.

요 3·10 Ἀπεκρίθη ὁ Ἰησοῦς καὶ ειπεν αὐτῷ, Σὺ εἶ ὁ διδάσκαλος τοῦ Ἰσραὴλ, καὶ ταῦτα οὐ- γινώσκεις

요 3·11 ἀμὴν ἀμὴν λέγω σοι, ὅτι ὃ οἴδαμεν λαλοῦμεν, καὶ ὃ ἑωράκαμεν μαρτυροῦμεν· καὶ τὴν- μαρτυρίαν- ἡμῶν οὐ- λαμβάνετε.

요 3·12 εἰ τὰ- ἐπίγεια ειπεν ὑμῖν, καὶ οὐ- πιστεύετε, πῶς ἐὰν εἴπω ὑμῖν τὰ- ἐπουράνια πιστεύσετε

요 3·13 καὶ οὐδεὶς ἀναβέβηκεν εἰς τὸν οὐρανὸν εἰ- μὴ ὁ ἐκ τοῦ οὐρανοῦ καταβάς, ὁ υἱὸς τοῦ ἀνθρώπου ὁ ὢν ἐν τῷ οὐρανῷ

예수님은 니고데모에게 너는 이스라엘의 선생으로서 이러한 일을 알지 못하느냐고 책망을 하시면서 진실로진실로 네게 이르노니 우리는 아는 것을 말하고 본 것을 증거한다고 말씀하고 있습니다. 예수님께서 니고데모에게 네가 이러한 일도 모르냐고 책망하시는 것은 니고데모는 일반 교인이 아니라 이스라엘백성들을 가르치는 선생이며 영적 지도자, 즉 오늘날 신학교 교수나 목회자에 해당하는 사람이기 때문입니다.

예수님께서 니고데모에게 우리는 분명히 아는 것을 말하고 확실하게 본 것을 증거한다고 말씀하시는 것은 니고데모는 물론 오늘날 목회자들도 알지 못하는 것을 말하고 보지 못한 것을 본 것처럼 증거하고 있기 때문입니다. 거짓 증거는 알지 못하는 것을 아는 것처럼 말하고 보지 못한 것을 본 것처럼 증거 하는 것을 말합니다.

예수님은 이렇게 우리는 분명하게 아는 것을 말하고 확

실하게 본 것을 증거하여도 너희가 우리 증거를 받지 아니한다고 말씀하십니다. 예수님께서 복수로 우리라고 말하는 우리는 예수님과 제자들을 말하고 있는 것입니다.

　　이러한 현상은 예전이나 지금이나 동일하게 일어나고 있는 일들입니다. 그런데 니고데모나 오늘날 기독교인들이 예수님의 말씀이나 증거를 받지 않는 것은 지금까지 목사님들의 말씀을 듣고 알고 있는 것과 예수님이 하시는 말씀과는 너무나 거리가 멀고 큰 차이가 있기 때문입니다. 이것은 하나님의 백성들이 먹는 양식, 즉 애굽에서 먹는 유교병(누룩석인 말씀)과 광야에서 먹는 무교병(누룩이 없는 말씀)과 가나안에서 먹는 생명의 떡(생명의 말씀)이 각기 다르기 때문입니다. 이렇게 애굽교회(세상교회)에서 유교병, 즉 하나님의 말씀을 가감하여 주는 각종교리를 양식으로 먹으면서 기복신앙으로 굳어진 기독교인들은 예수님이 주시는 생명의 말씀은 도저히 먹을 수가 없는 것입니다. 때문에 하나님은 히브리서 5장을 통해서 이렇게 말씀하고 계십니다.

[히브리서 5장 12절-14절] 때가 오래므로 너희가 마땅히 선생이 될터인데 너희가 다시 하나님의 말씀의 초보가 무엇인지

누구에게 가르침을 받아야 할 것이니 젖이나 먹고 단단한 식물을 못 먹을 자가 되었도다 대저 젖을 먹는 자마다 어린 아이니 의의 말씀을 경험하지 못한 자요 단단한 식물은 장성한 자의 것이니 저희는 지각을 사용하므로 연단을 받아 선악을 분변하는 자들이니라.

히브리서 저자는 너희가 때가 오래므로 지금은 마땅히 선생이 되어 남들을 가르치고 있어야 할 터인데 너희가 아직도 하나님의 말씀의 초보가 무엇인지도 모르고 있다고 말씀하고 있습니다. 때문에 너희는 지금도 누구에게 가르침을 받아야 할 존재, 즉 젖이나 먹고 단단한 식물을 못 먹을 자가 되었다고 말씀하십니다.

이와 같이 오늘날 기독교인들도 이제는 말씀의 초보신앙에서 벗어나 단단한 식물, 즉 의의 말씀(생명의 말씀)을 먹어야 하는데 아직도 어린아이와 같이 젖이나 먹고 있다는 것입니다. 이렇게 지금 애굽교회에서 젖(교리와 기복신앙)을 먹는 자는 모두 어린아이로 의의 말씀(생명의 말씀)은 맛도 보지 못한 자라고 말씀하십니다. 그리고 단단한 식물, 즉 예수님이 주시는 생명의 말씀은 가나안에 들어간 장성한 자들의 것으로 저희는 이미 광야의 시험과 연단을 받아서 지각이 있기 때문에 선악을 분변하는 자들이라 말씀하고 있습니다.

니고데모의 말을 들으신 예수님은 내가 땅의 일을 말하여도 너희가 믿지 아니하는데 하물며 하늘의 일을 말하면 어떻게 믿겠느냐고 말씀하시면서 니고데모에게 하늘에서 내려온 자, 곧 인자 외에는 하늘에 올라간 자가 없다고 말씀하고 계십니다. 그러면 예수님께서 말씀하시는 하늘의 일은 어떠한 일을 말씀하시는 것일까요? 하늘의 일은 하나님께서 예수님을 통해서 하시는 일로 죄인들의 죄를 사해 주시고 죽은 영혼을 살려서 하나님의 아들로 창조하는 것입니다.

이어지는 말씀에 하늘에서 내려 오셨다는 인자는 곧 예수님 자신을 말씀하는 것이며 하늘에서 내려 왔다는 것은 하나님으로부터 아들로 낳음을 받아 이 세상에 오셨다는 뜻입니다. 그리고 인자 외에는 하늘에 올라간 자가 없다는 것은 예수님 외에는 죽은 자 가운데서 부활한 자가 없다는 뜻입니다. 이렇게 니고데모는 이스라엘의 선생이지만 예수님과 영적인 차이가 크기 때문에 의사소통이 잘 안 되는 것을 볼 수 있습니다.

그런데 오늘날 기독교인들이나 목회자들이 예수님이

하시는 이러한 영적인 말씀들을 알고 있다는 것은 교만이라 생각합니다. 하나님의 말씀이나 예수님의 말씀은 물과 성령으로 거듭난 자 그리고 사도바울과 같이 계시의 눈, 곧 영안이 열린 자만이 보고 알 수 있는 것입니다. 그러므로 오늘날 기독교인들이 하나님의 말씀을 듣고 보려면 하루속히 죄 사함을 받고 하나님의 생명으로 거듭나야 합니다.

[요한복음 3장 14절-15절] 모세가 광야에서 뱀을 든것 같이 인자도 들려야 하리니 이는 저를 믿는 자마다 멸망치 않고 영생을 얻게 하려 하심이니라.

요. 3·14 καὶ καθὼς Μωσῆς ὕψωσεν τὸν ὄφιν ἐν τῇ ἐρήμῳ, οὕτως ὑψωθῆναι δεῖ τὸν υἱὸν τοῦ ἀνθρώπου·

요. 3·15 ἵνα πᾶς ὁ- πιστεύων εἰς αὐτὸν μὴ- ἀπόληται, ἀλλ᾽ ἔχῃ ζωὴν αἰώνιον.

예수님은 모세가 광야에서 뱀을 든것 같이 인자도 들려야 할 것인데 그 이유는 인자를 믿는 자마다 멸망하지 않고 영생을 얻게 하려는 것이라 말씀하고 있습니다.

광야에서 모세가 놋뱀을 든 것은 이스라엘백성들이 하

나님과 모세를 원망하는 것을 보고 여호와께서 불뱀을 보내어 백성들을 물게 하시므로 거의 죽게 되었을 때 모세에게 놋뱀을 장대에 매달게 하여 놋뱀을 쳐다보는 자는 모두 살아나게 하신 것입니다.(민수기 21장 9절) 이렇게 예수님도 모세와 같이 십자가에 달려야 하는데 그 이유는 죄로 말미암아 죽어가는 영혼들이 십자가에 달리신 예수를 믿는 자는 영생을 얻게 하시려는 것입니다.

이 말씀 때문에 오늘날 기독교인들은 십자가에 못 박힌 예수를 믿음으로 모두 영생을 얻었다고 믿고 있습니다. 그런데 예수님은 나를 믿기만 하면 어느 누구나 영생을 얻을 수 있는 것이 아니라 믿음의 기준과 영생을 얻을 수 있는 자들을 3장 16절 이하를 통해서 자세히 말씀하고 있습니다.

[요한복음 3장 16절-19절] 하나님이 세상을 이 처럼 사랑하사 독생자를 주셨으니 이는 저를 믿는 자마다 멸망치 않고 영생을 얻게 하려 하심이니라 하나님이 그 아들을 세상에 보내신 것은 세상을 심판하려 하심이 아니요 저로 말미암아 세상이 구원을 받게 하려 하심이라 저를 믿는 자는 심판을 받지 아니하는 것이요 믿지 아니하는 자는 하나님의 독생자의 이름을 믿지

아니함으로 벌써 심판을 받은 것이니라 그 정죄는 이것이니 곧 빛이 세상에 왔으되 사람들이 자기 행위가 악함으로 빛보다 어두움을 더 사랑한 것이니라.

요 3·16 οὕτως- γὰρ ἠγάπησεν ὁ θεὸς τὸν κόσμον ὥστε τὸν- υἱὸν- αὐτοῦ τὸν μονογενῆ ἔδωκεν, ἵνα πᾶς ὁ πιστεύων εἰς αὐτὸν μὴ- ἀπόληται, ἀλλ᾽ ἔχῃ ζωὴν αἰώνιον.

요 3·17 οὐ- γὰρ- ἀπέστειλεν ὁ θεὸς τὸν υἱὸν- αὐτοῦ εἰς τὸν κόσμον ἵνα κρίνῃ τὸν κόσμον, ἀλλ᾽ ἵνα σωθῇ ὁ κόσμος δι᾽ αὐτοῦ.

요 3·18 ὁ πιστεύων εἰς αὐτὸν οὐ- κρίνεται· ὁ- δὲ μὴ- πιστεύων ἤδη κέκριται, ὅτι μὴ- πεπίστευκεν εἰς τὸ ὄνομα τοῦ μονογενοῦς υἱοῦ τοῦ θεοῦ.

요 3·19 αὕτη- δέ ἐστιν ἡ κρίσις, ὅτι τὸ φῶς ἐλήλυθεν εἰς τὸν κόσμον, καὶ ἠγάπησαν οἱ ἄνθρωποι μᾶλλον τὸ σκότος ἢ τὸ φῶς· ην γὰρ πονηρὰ αὐτῶν τὰ ἔργα.

오늘날 기독교인들은 상기의 말씀, 즉 "하나님이 세상을 이 처럼 사랑하사 독생자를 주셨으니 이는 저를 믿는 자마다 멸망치 않고 영생을 얻게 하려하심이니라"는 말씀 때문에 자신들은 예수를 믿는다하여 모두 영생을 얻었다고 믿고 있습니다. 오늘날 기독교인들은 본문에 독생자라는 말씀 때문에 하나님의 아들은 오직 한 분뿐이라 주장하고 있습니다. 그런데 독생자는 원문에 τὸν υἱὸν αὐτοῦ τὸν μονογενῆ ἔδωκεν(톤 휘온 아우투 톤 모노게네 에도켄)으로 기록되어 있으며 진정한 뜻은 "독생자를 주셨다"는 의미가 아니라 "유일한 하나님의 아들을 주셨다"는 뜻입니다. 이렇게 예수님은 독생자, 즉 외아들이 아니라 맏아들입니다. 왜냐하면 만일 예수님이 하나밖에 없는 하나님의 유일한 아들이라면 이 세상에 예수님이외에 하나님의 아들은 단 한 명도 존재할 수 없기 때문입니다.

그런데 오늘날 기독교인들은 예수님을 독생자라 말하면서 자신들도 하나님의 아들이라 말하는 것은 어불성설입니다. 그러므로 오늘날 기독교인들이 자신은 하나님의 친아들이 아니라 양자 곧 양아들이라 말하는데 양아들이란 아버지의 씨를 받지 않은 가짜 아들, 즉 상표만 붙여놓은 짝퉁 아들을 말하는 것입니다. 그리고 이어지는 말씀에 "아들(예수)을 믿는 자는 영생을 얻게 하려 하심이라"는 뜻은 예수를 믿으면 믿는 즉시 영생을 얻었다는 뜻이 아니라 예수를 믿는 자는 앞으로(미래) 영생을 얻을 수 있다는 가능성이 있다는 것을 말씀하신 것이지 예수를 믿는다하여 이미 영생을 얻었다고 말씀하신 것이 아니라는 것입니다. 그리고 하나님께서 믿으라는 예수는 과거에 오셨던 예수님이나 성경 속에 계신 예수님이 아니라 실존예수, 즉 오늘날 하나님께서 구원자로 보내주신 현재의 예수님을 믿으라는 것입니다. 왜냐하면 오늘날 기독교인들을 구원시켜 영생을 주시는 분은 이천년 전에 오셨던 예수님이나 미래에 나타날 예수님이 아니라 오늘날 말씀이 육신 되어 오신 살아계신 예수님이시기 때문입니다.

예수님의 제자들이 하나님의 아들로 거듭나 사도가 될 수 있었던 것도 당시에 예수님이 계셨기 때문입니다. 만일 당시에 예수님이 안 계셨다면 예수님의 제자들도 하나님의 아들로 거듭날 수가 없었다는 것입니다. 이렇게 하나님의 아들로 거듭나려면 과거의 예수나 미래의 예수 혹은 성경 속에 있는 예수가 아니라 현존하는 실존 예수가 계셔야 하는 것입니다. 만일 오늘날 현재의 예수가 없다면 이천년 전에 오셨던 예수를 믿을 수는 있으나 죄 사함을 받거나 하나님의 아들로 거듭날 수는 없다는 것입니다. 때문에 하나님께서는 예전이나 지금이나 실존 예수를 보내주시면서 구원자로 믿고 그의 입에서 나오는 말씀을 영접하라는 것입니다.

　이렇게 하나님께서 그의 아들을 세상에 보내주시는 것은 세상을 심판하려 하심이 아니요 저로 말미암아 세상이 구원을 받게 하시려는 것입니다. 때문에 실존예수를 믿는 자는 심판을 받지 아니하는 것이요 믿지 아니하는 자는 하나님의 아들의 말씀(이름)을 믿지 아니함으로 벌써 심판을 받은 것이라고 말씀하시는 것입니다. 성경에 하나님의 이름이나 예수님의 이름은 모두 말씀을 비유하여 말하고 있습니다. 그런데 하나님이 말씀하시는 심판이나 정죄의 기준은 곧 빛(예수님)이 세상에 왔으나 사람들이 자기 행위가 악함으로 빛(예수님)보다 어둠(자신)을 더 사랑하는 것이라 말씀 하십니다.

　오늘날 하나님의 백성들도 자신 안에 들어있는 악, 즉 욕심 때문에 하나님이나 예수님보다 자신이나 세상목자를 더 사랑하며 신앙생활도 하나님을 위해서 하는 것이 아니라 자신을 위해서 하는 것입니다. 즉 하나님의 백성들이 신앙생활을 열심히 하는 것은 하나님으로부터 복을 받아 행복하게 살기 위해서 그리고 사후에도 천국에 가서 더 잘 살기 위한 욕심으로 하고 있다는 것입니다. 때문에 이런 자들은 하나님을 믿고 예수를 믿고 교회를 위해서 열심히 충성

봉사를 해도 이미 심판을 받은 것이라 말씀하고 있는 것입니다. 신앙생활은 오직 하나님을 위해서 그리고 하나님의 뜻대로 하는 것만이 올바른 신앙생활이며 이런 자들이 바로 예수님을 믿는 자들입니다.

[요한복음 3장 20절-21절] 악을 행하는 자마다 빛을 미워하여 빛으로 오지 아니하나니 이는 그 행위가 드러날까 함이요 진리를 좇는 자는 빛으로 오나니 이는 그 행위가 하나님 안에서 행한 것임을 나타내려 함이라 하시니라.

요 3·20 πᾶς- γὰρ ὁ φαῦλα πράσσων μισεῖ τὸ φῶς, καὶ οὐκ- ἔρχεται πρὸς τὸ φῶς, ἵνα μὴ- ἐλεγχθῇ τὰ ἔργα- αὐτοῦ

요 3·21 ὁ δὲ ποιῶν τὴν ἀλήθειαν ἔρχεται πρὸς τὸ φῶς, ἵνα φανερωθῇ αὐτοῦ τὰ ἔργα ὅτι ἐν θεῷ ἐστιν- εἰργασμένα.

예수님은 이어서 악을 행하는 자마다 빛, 곧 예수님을 미워하여 예수님께 오지 않는다고 말씀하시는데 그 이유는 자기의 잘못된 행위가 모두 드러날까 두려워하기 때문이며 하나님의 뜻대로 진리를 좇는 자는 예수님께 오는데 이런 자들은 자신이 행한 일들이 모두 하나님 안에서 하나님의 뜻대로 행한 것임을 나타내기 위함이라는 것입니다.

이와 같이 하나님의 백성들은 신앙생활을 하느냐 안하느냐가 중요한 것이 아니라 신앙생활을 어떻게 하느냐가 중요한 것입니다.

즉 신앙생활은 하나님의 뜻에 따라 올바로 해야지 하나님의 뜻을 벗어나서 자기 욕심대로 한다면 아무런 소용이 없을 뿐만 아니라 그에 따른 형벌을 받게 된다는 것입니다. 유대인들이 하나님의 아들이신 예수님을 미워하고 이단으로 배척하여 십자가에 매달아 죽인 것은 예수님이 유대인들의 잘못된 신앙과 비리들을 모두 드러내시기 때문입니다. 유대인들은 결국 자신들의 비리를 감추기 위해서 예수님을 미워하고 배척하며 죽이게 된 것입니다.

이러한 일들은 오늘날도 동일하게 일어나고 있는 일들입니다. 왜냐하면 오늘날 하나님으로부터 오신 하나님의 아들들도 기독교인들에게 이단으로 배척을 받으며 온갖 핍박과 모략을 받기 때문입니다. 그러나 오늘날도 하나님의 뜻대로 신앙생활을 올바로 하고 있는 자들, 즉 기독교에서 소외된 고아, 과부, 나그네 들은 오늘날 하나님께서 보내주신 하나님의 아들을 믿고 따르며 그의 입에서 나오는 말씀을 일용할 양식으로 먹고 있는 것입니다.

[요한복음 3장 22절-24절] 이 후에 예수께서 제자들과 유대 땅으로 가서 거기 함께 유하시며 세례를 주시더라 요한도 살렘 가까운 애논에서 세례를 주니 거기 물들이 많음이라 사람들이 와서 세례를 받더라 요한이 아직 옥에 갇히지 아니하였더라.

요 3·22 Μετὰ ταῦτα ηλθεν ὁ Ἰησοῦς καὶ οἱ- μαθηταὶ- αὐτοῦ εἰς τὴν Ἰουδαίαν- γῆν. καὶ ἐκεῖ διέτριβεν μετʼ αὐτῶν καὶ ἐβάπτιζεν.

요 3·23 ην δὲ καὶ Ἰωάννης βαπτίζων ἐν Αἰνὼν ἐγγὺς τοῦ Σαλείμ, ὅτι ὕδατα πολλὰ ην ἐκεῖ· καὶ παρεγίνοντο καὶ ἐβαπτίζοντο.

요 3·24 οὔπω- γὰρ ην βεβλημένος εἰς τὴν φυλακὴν ὁ Ἰωάννης.

예수님께서 구원과 심판의 기준에 대하여 말씀하신 후에 제자들과 유대 땅으로 가서 그곳에 함께 유하시며 세례를 주셨습니다. 세례요한도 살렘 가까운 애논에서 세례를 주고 있었는데 그곳에 물들이 많기 때문이라 말씀하고 있습니다. 그런데 그곳에 물들이 많다는 것은 강이나 샘물이 많이 있다는 것이 아니라 말씀을 찾는 자, 곧 세례를 받으려고 오는 사람들이 많다는 뜻입니다.

　　사람들이 세례요한에게 와서 세례를 받고 요한이 지금
도 세례를 주고 있는 것은 요한이 아직 옥에 갇히지 아니하
였기 때문이라는 것입니다. 이것은 세례요한이 앞으로 옥
에 갇힌다는 것과 또한 목 베임을 받아 죽는 것이 이미 정
해져 있다는 것을 말해주는 것입니다. 왜냐하면 요한이 옥
에 갇혀서 목 베임을 당해 죽지 않으면 하나님의 아들로 거
듭날 수 없기 때문입니다.

[요한복음 3장 25절-28절] 이에 요한의 제자 중에서 한 유
대인으로 더불어 결례에 대하여 변론이 되었더니 저희가 요한
에게 와서 가로되 랍비여 선생님과 함께 요단강 저편에 있던
자 곧 선생님이 증거하시던 자가 세례를 주매 사람이 다 그에
게로 가더이다 요한이 대답하여 가로되 만일 하늘에서 주신바
아니면 사람이 아무것도 받을 수 없느니라 나의 말한바 나는
그리스도가 아니요 그의 앞에 보내심을 받은 자라고 한 것을
증거할 자는 너희니라.

　요 3·25 Ἐγένετο ουν ζήτησις ἐκ τῶν μαθητῶν Ἰωάννου μετὰ
Ἰουδαίων περὶ καθαρισμοῦ·

요 3·26 καὶ ηλδον πρὸς τὸν Ἰωάννην καὶ ειαὐτῷ, Ῥαββί, ὃς ην μετὰ σοῦ πέραν τοῦ Ιορδάνου, ᾧ σὺ μεμαρτύρηκας, ἴδε οὗτος βαπτίζει, καὶ πάντες ἔρχονται πρὸς αὐτόν.

요 3·27 Ἀπεκρίθη Ἰωάννης καὶ ειπεν. Οὐ δύναται ἄνθρωπος λαμβάνειν οὐδὲν ἐὰν μὴ ᾖ δεδομένον αὐτῷ ἐκ τοῦ οὐρανοῦ.

요 3·28 αὐτοὶ- ὑμεῖς μοι μαρτυρεῖτε ὅτι ειπεν Οὐκ- ἐμὶ ἐγὼ ὁ χριστός, ἀλλ' ὅτι ἀπεσταλμένος εἰμὶ ἔμπροσθεν ἐκείνου.

요한의 제자 중 하나가 유대인과 결례에 대하여 변론을 하다가 요한에게 와서 말하되 랍비여 선생님과 함께 요단 강 저편에 있던 자, 곧 선생님이 증거 하시던 자가 세례를 주고 있는데 사람들이 모두 그에게로 가고 있다고 말하고 있습니다. 그 말을 들은 요한이 대답하여 가로되 만일 하나님께서 그에게(예수) 능력을 주시지 않았다면 아무것도 할 수 없다고 말씀하십니다. 즉 하나님께서 능력을 주셨기 때문에 예수님이 세례를 준다는 뜻입니다. 그러면서 요한은 내가 말한바와 같이 나는 그리스도가 아니며 그의 앞에 보내심을 받은 자라고 한 것을 증거할 자는 너희라고 말씀하고 있습니다.

요한의 제자와 유대인이 서로 변론을 하다가 요한을 찾

아가게 된 것은 결례, 즉 세례 때문입니다. 세례를 주는 사람은 그동안 세례요한뿐 이었는데 지금 또 다른 사람이 나타나 세례를 주니 어떻게 된 것이냐고 묻는 것입니다.

세례는 하나님의 말씀으로 더러운 영혼을 깨끗이 씻는 것으로 하나님의 백성이라면 누구나 받아야 하는 것입니다. 오늘날 기독교회에서 행하는 결례에는 세례가 있고 침례가 있고 천주교회에서 행하는 영세가 있는데 이름이나 형식만 다르지 모두 죄로 말미암아 더러워진 영혼을 깨끗이 씻는다는 의미로 동일한 의식입니다.

오늘날 기독교에서 행하는 세례식은 한번으로 끝나지만 성경을 보면 아기가 태어나 팔일 만에 받는 유아세례가 있고 출애굽할 때 모세를 통해 홍해바다에서 받는 세례가 있고 광야의 훈련을 마친 자들이 요단강에서 세례요한으로부터 받는 물세례가 있고 예수님으로부터 받는 성령세례가 있습니다. 물은 말씀을 말하며 성령은 거룩한 말씀 곧 생명의 말씀을 말하는데 물은 사람의 외면을 씻는 것이며 성령은 내면을 씻는 것입니다. 이렇게 세례는 표면적 세례와 이면적 세례가 있는데 이러한 세례를 통해서 하나님의 생명으로 거듭나 하나님의 아들이 되는 것입니다.

[요한복음 3장 29절-30절] 신부를 취하는 자는 신랑이나 서서 신랑의 음성을 듣는 친구가 크게 기뻐하나니 나는 이러한 기쁨에 충만 하였노라 그는 흥하여야 하겠고 나는 쇠하여야 하리라 하니라.

요 3·29 ὁ ἔχων τὴν νύμφην, νυμφίος ἐστίν· ὁ- δε φίλος τοῦ νυμφίου, ὁ ἑστηκὼς καὶ ἀκούων αὐτοῦ, χαρᾷ χαίρει διὰ τὴν φωνὴν τοῦ νυμφίου· αὕτη ουν ἡ χαρὰ ἡ ἐμὴ πεπλήρωται.
요 3·30 ἐκεῖνον δεῖ αὐξάνειν, ἐμὲ- δε ἐλαττοῦσθαι.

요한은 이어서 말하기를 신부를 취하는 자는 신랑이나 옆에서 신랑의 음성을 듣는 친구가 크게 기뻐하나니 나는 이러한 기쁨에 충만하였다고 말씀하고 있습니다. 신랑은 예수님을 말하며 신부는 신부단장을 하고 세마포를 입은 정결한 처녀를 말하며 그리고 신랑 옆에서 신랑의 음성을 듣고 좋아하는 자는 요한을 말하고 있습니다.

요한이 신랑 곁에 서서 신랑이 신부를 취하는 것을 보고 매우 기뻐하는 것은 요한도 곧 예수님과 혼인을 하여 한 몸이 된다는 것을 알고 있기 때문입니다. 그런데 요한이 그는 흥하여야 하겠고 나는 쇠하여야 하리라고 말하는 것은 예수님은 자신 안에서 흥하여야 하며 자신은 쇠해 없어져야 예수님과 한 몸이 되기 때문입니다.

  이것은 예수님의 입에서 나오는 생명의 말씀으로 요한 안에 그동안 자리 잡고 있던 잘못된 고정관념과 더러워진 마음이 모두 깨끗이 씻어지고 없어져야 하나님의 생명으로 부활된다는 것을 비사로 말씀하신 것입니다. 이렇게 하는 것이 바로 예수님으로부터 성령으로 세례를 받는 것입니다.

[요한복음 3장 31절-34절] 위로부터 오시는 이는 만물위에 계시고 땅에서 난 이는 땅에 속하여 땅에 속한 것을 말하느니라 하늘로서 오시는 이는 만물위에 계시나니 그가 그 보고 들은 것을 증거하되 그의 증거를 받는 이가 없도다 그의 증거를 받는 이는 하나님을 참되시다하여 인쳤느니라 하나님이 보내신 이는 하나님의 말씀을 하나니 이는 하나님이 성령을 한량없이 주심이니라.

요 3·31 ὁ ἄνωθεν ἐρχόμενος ἐπάνω πάντων ἐστίν· ὁ ὢν ἐκ τῆς γῆς ἐκ τῆς γῆς ἐστιν, καὶ ἐκ τῆς γῆς λαλεῖ· ὁ ἐκ τοῦ οὐρανοῦ ἐρχόμενος ἐπάνω πάντων ἐστίν,

요 3·32 ὃ ἑώρακεν καὶ ἤκουσεν τοῦτο μαρτυρεῖ· καὶ τὴν-
μαρτυρίαν- αὐτοῦ οὐδεὶς λαμβάνει.

요 3·33 ὁ λαβὼν αὐτοῦ τὴν μαρτυρίαν ἐσφράγισεν ὅτι ὁ
θεὸς ἀληθής ἐστιν.

요 3·34 ὃν- γὰρ ἀπέστειλεν ὁ θεὸς τὰ ῥήματα τοῦ θεοῦ
λαλεῖ· οὐ- γὰρ ἐκ μέτρου δίδωσιν ὁ θεὸς τὸ πνεῦμα.

위로부터 오시는 이는 하늘에서 난 자, 곧 하나님으로
부터 성령으로 난 예수님을 말씀하시며 땅에서 난 이는, 곧
육으로 나서 아직 성령으로 거듭나지 못한 자들을 말하고
있습니다. 성령으로 난 하나님의 아들은 만물위에 계시기
때문에 하늘에 속한 말을 하지만 땅에서 난 이는 땅에 속하
여 땅에 속한 것을 말한다는 것입니다. 왜냐하면 하늘로서
오시는 예수님은 만물위에 계시기 때문에 그는 하나님으로
부터 보고 들은 것을 증거 하신다는 것입니다. 그런데 안타
깝게도 예수님께서 말씀하시는 하늘의 증거를 받아들이는
자가 없다는 것입니다. 왜냐하면 영의 세계와 혼의 세계가
다르고 혼의 세계와 육의 세계가 각기 다르기 때문입니다.
　　성경에 애굽의 세계가 있고 광야의 세계가 있고 가나안
의 세계가 있는데 애굽은 육의 세계이며 광야는 혼의 세계

이며 가나안은 영의 세계를 말하고 있습니다. 이러한 하늘의 세계와 예수님이 하시는 증거와 말씀을 믿고 받아들이는 자는 하나님이 참 되다하여 하나님께서 인을 치신다는 것입니다. 그러므로 오늘날 기독교인들은 하나님께서 구원자로 보내주시는 오늘날 하나님의 아들을 믿고 그의 말씀과 증거를 받아들여 하나님으로부터 인을 받아야 합니다. 만일 하나님의 아들을 불신하고 그의 입에서 나오는 말씀을 배척을 한다면 마귀의 인을 받게 되어 심판을 받게 됩니다.

때문에 오늘날 기독교인들은 마귀의 인을 받지 말고 하나님의 인을 받아야 하는데 하나님의 인은 하나님의 아들이 소유하고 있는 말씀의 인을 말합니다. 그러므로 오늘날 기독교인들은 반드시 오늘날 하나님께서 보내주시는 하나님의 아들을 믿고 그 말씀을 영접해야 합니다. 왜냐하면 하나님이 보내주시는 하나님의 아들은 하나님께서 성령을 한량없이 부어 주어서 그 입에서 생수, 곧 생명의 말씀이 한량없이 나오기 때문입니다.

[요한복음 3장 35절-36절] 아버지께서 아들을 사랑하사 만물을 다 그 손에 주셨으니 아들을 믿는 자는 영생이 있고 아들을 순종치 아니하는 자는 영생을 보지 못하고 도리어 하나님의

진노가 그 위에 머물러 있느니라.

요 3·35 ὁ πατὴρ ἀγαπᾷ τὸν υἱόν, καὶ πάντα δέδωκεν ἐν τῇ χειρὶ αὐτοῦ.

요 3·36 ὁ πιστεύων εἰς τὸν υἱὸν ἔχει ζωὴν αἰώνιον· ὁ δὲ ἀπειθῶν τῷ υἱῷ οὐκ ὄψεται ζωήν, ἀλλ᾽ ἡ ὀργὴ τοῦ θεοῦ μένει ἐπ᾽ αὐτόν.

예수님의 아버지께서 그의 아들을 사랑하여 만물을 다 아들의 손에 주셨기 때문에 아들의 말씀을 믿는 자는 영원한 생명을 얻을 수 있고 아들의 말씀에 순종하지 아니하는 자는 영생을 보지 못할 뿐만 아니라 하나님의 진노가 그 위에 임한다고 말씀을 하고 있습니다. 때문에 오늘날 기독교인들은 하나님의 아들이신 예수님을 열심히 믿고 있는 것입니다. 문제는 하나님께서 믿으라고 보내주시는 아들이 어떤 아들인지를 모르고 이천년 전에 오셨던 예수님만을 믿고 있다는 것입니다.

그런데 이천년 전에 유대땅에 오셨던 예수님은 그 당시 유대인들을 구원시키기 위해서 보내주신 유대인들의 구원자이며 하나님께서 오늘날 기독교인들에게 믿으라는 구원자는 하나님께서 오늘날 기독교인들을 구원하기 위해서 구원자로 보내주시는 오늘날의 예수님이라는 것입니다. 왜냐하면 하나님께서 보내주시는 구원자는 실존 예수, 즉 오늘날 살아계신 하나님의 아들이지 과거에 오셨던 예수님이나 앞으로 미래에 나타날 예수가 아니기 때문입니다.

　　예수님께서 나는 알파와 오메가라 말씀하시면서 나는 전에도 있었고 지금도 있고 앞으로 영원토록 계신다고 말씀하신 것은 영으로 계신다는 의미가 아니라 실존 예수로 계신다는 것을 말씀하고 있는 것입니다.(요한계시록1장8절) 왜냐하면 구원이나 영생을 주시는 분은 성경속의 예수님이나 과거에 오셨던 역사적 예수가 아니라 오늘날 살아 계신 예수님이시기 때문입니다.

　　실존예수는 예전에 오셨던 예수님과 같이 오늘날 말씀이 육신 되어 오신 예수님, 즉 육신 안에 성령(생명의 말씀)이 잉태되어 하나님의 아들로 오신 인간 예수님(인자)을 말하고 있습니다. 이것은 오늘날의 환자들은 오늘날 살아있는 의사가 병을 고쳐 주듯이 구원도 오늘날 살아있는 예수가 없다면 절대로 죄 사함이나 영생은 얻을 수 없는 것입니다. 그러면 오늘날 살아 계신 하나님의 아들(예수님)이 실제 계시느냐 하는 의문을 같게 되는 것입니다.

그러나 하나님은 요한일서 4장을 통해서 너희가 오리라고 기다리고 있는 예수님은 이미 와서 계시다고 분명히 말씀하고 있습니다. 즉 하나님께서 구원자로 보내주시는 예수님은 이미 우리가운데 와 계시지만 오늘날 기독교인들도 유대인들과 같이 영안이 없어 보지 못하고 있을 뿐입니다. 그러므로 오늘날 기독교인들은 이미 와 계신 예수님을 영안이 없어 보지 못한다고 말해야지 오시지 않았다고 말하면 안되는 것입니다.

　　예수님은 예전에 오셨던 모습 그대로 말씀이 육신 되어 오셔서 지금도 여러분 가까이에 계십니다.

　　그런데 이렇게 지금 오셔서 계신 예수님을 유대인들처럼 믿지도 않고 그의 말씀을 듣지도 않고 순종하지도 않기 때문에 하나님의 진노가 임하여 결국 멸망하게 되는 것입니다.

눈물

가슴이 무너져 내리는 눈물은
하늘이 무너져 내리는
여름 장마비 같구나
비야 비야 어서 내려라
온 세상이 더러워진 것을
깨끗이 씻어주고
가슴에 앙금처럼 가라앉은
더러운 찌끼도
주룩주룩 흐르는 눈물로
깨끗이 씻어서
눈물도 아픔도 고통도 없는
새 하늘과 새 땅이 되어라

제4장

수가성 우물가의 여인과 일곱째 남편

예수의 제자를 삼고 세례를 주는 것이
요한 보다 많다하는 말을 바리새인들이 들은 줄을 주께서 아신지라

Ὡς ουἔγνω ὁ κύριος ὅτι ἤκουσαν οἱ φαρισαῖοι, ὅτι Ἰησοῦς πλείονας
μαθητὰς ποιεῖ καὶ βαπτίζει ἢ Ἰωάννης·

[요한복음 4장 1절-6절] 예수의 제자를 삼고 세례를 주는 것이 요한보다 많다 하는 말을 바리새인들이 들은 줄을 주께서 아신지라(예수께서 친히 세례를 주신 것이 아니요 제자들이 준 것이라) 유대를 떠나사 다시 갈릴리로 가실 쌔 사마리아로 통행하여야 하겠는지라 사마리아에 있는 수가라 하는 동네에 이르시니 야곱이 그 아들 요셉에게 준 땅이 가깝고 거기 또 야곱의 우물이 있더라 예수께서 행로에 곤하여 우물 곁에 그대로 앉으시니 때가 제 육시쯤 되었더라.

요 4·1 Ὡς ουν ἔγνω ὁ κύριος ὅτι ἤκουσαν οἱ φαρισαῖοι, ὅτι Ἰησοῦς πλείονας μαθητὰς ποιεῖ καὶ βαπτίζει ἤ Ἰωάννης·

요 4·2 καίτοιγε Ἰησοῦς αὐτὸς οὐκ- ἐβάπτιζεν, ἀλλ᾽ οἱ μαθηταὶ- αὐτοῦ

요 4·3 ἀφῆκεν τὴν Ἰουδαίαν, καὶ ἀπῆλθεν πόλιν εἰς τὴν Γαλιλαίαν.

요 4·4 ἔδει- δε αὐτὸν διέρχεσθαι διὰ τῆς Σαμαρείας.

요 4·5 ἔρχεται ουν εἰς πόλιν τῆς Σαμαρείας λεγομένην Συχὰρ, πλησίον τοῦ χωρίου ὃ ἔδωκεν Ἰακὼβ Ἰωσὴφ τῷ- υἱῷ αὐτοῦ.

요 4·6 ην δε ἐκεῖ πηγὴ τοῦ Ἰακώβ. ὁ- οὐν Ιησοῦς κεκοπιακὼς

121

ἐκ τῆς ὁδοιπορίας ἐκαθέζετο οὕτως ἐπὶ τῇ πηγῇ. ὥρα ην ὡσεὶ ἕκτη.

예수께서 제자를 삼으시고 세례를 주는 것이 요한 보다 많다하는 소문을 바리새인들이 들은 것을 주께서 아시게 되었다고 말씀하고 있습니다. 그런데 사실은 예수님께서 세례를 직접 주신 것이 아니라 예수님의 제자들이 준 것이라고 말씀하고 있습니다. 그동안 세례는 요한이나 예수님만 주는 줄만 알았는데 이제는 예수님의 제자들도 죄인들에게 세례를 주는 것을 볼 수 있습니다. 이것은 예수님의 제자들이 예수님을 따르기 전에 요한으로부터 세례를 받으며 영적 성장이 된 상태에서 다시 예수님으로부터 가르침을 받았기 때문에 가능했던 것입니다.

예수님께서 유대를 떠나서 다시 갈릴리로 가시는데 사마리아를 통과하게 되었다고 말씀하고 있습니다. 유대인들은 사마리아인들과 상종을 하지 않기 때문에 갈릴리로 가려면 사마리아를 통과 하지 않고 멀리 돌아서 가고 있습니다. 사마리아인은 본래 이방인이 아니라 유대인들과 같은 야곱의 자손인데 이방여인을 받아들여 혼인을 하였다는 이유로 유대인들이 이방시 혹은 이단시하며 상종을 하지 않는 것입니다. 그런데 예수님은 지금 사마리아 땅을 돌아가지 않고 직접 사마리아로 들어가서 갈릴리로 가고 있는 것입니다.

예수님은 사마리아에 있는 수가라 하는 동네에 이르렀는데 그곳은 야곱이 그 아들 요셉에게 준 땅이 가깝고 그곳에는 또 야곱의 우물이 있었습니다. 야곱의 우물은 야곱이 벧엘에서 하나님께 제사를 드린 후 동방사람의 땅으로 들어가 얻은 우물로 자기와 양들과 짐승들을 먹인 우물입니다. 그런데 이 야곱의 우물은 오늘날 하나님의 백성들이 말씀을 받아먹고 있는 성전이나 교회를 비유하여 말씀하고 있는 것입니다. 예수님은 행로에 피곤하여 야곱의 우물 곁에 앉으시니 때가 제 육시쯤 되었다고 말씀하고 있습니다. 육시는 여섯시를 말하는 것이 아니라 돌 항아리 여섯독에 물을 아구까지 채우는 때를 비유하여 말씀하신 것입니다.

[요한복음 4장 7절-9절] 사마리아 여자 하나가 물을 길러 왔으매 예수께서 물을 좀 달라 하시니 이는 제자들이 먹을 것을 사러 동네에 들어 갔음이러라 사마리아 여자가 가로되 당신은 유대인으로서 어찌하여 사마리아 여자 나에게 물을 달라 하나이까 하니 이는 유대인이 사마라아인과 상종치 아니함이러라.

요 4·7 Ἔρχεται γυνὴ ἐκ τῆς Σαμαρείας ἀντλῆσαι ὕδωρ. λέγει αὐτῇ ὁ Ἰησοῦς, Δός μοι πιεῖν·

요 4·8 οἱ- γὰρ- μαθηταὶ- αὐτοῦ ἀπεληλύθεισαν εἰς τὴν πόλιν, ἵνα τροφὰς ἀγοράσωσιν.

요 4·9 Λέγει ουν αὐτῷ ἡ γυνὴ ἡ Σαμαρεῖτις, Πῶς σὺ Ἰουδαῖος ὢν παρ’ ἐμοῦ πιεῖν αἰτεῖς, οὔσης γυναικὸς Σαμαρείτιδος οὐ- γὰρ συγχρῶνται Ἰουδαῖοι Σαμαρείταις.

예수님께서 우물가에 앉아 계실 때 사마리아 여자 하나가 물을 길러 온 것을 보시고 예수께서 그 여인을 보고 물을 좀 달라 하시니 이는 제자들이 먹을 것을 사러 동네로 들어갔기 때문입니다. 그런데 사마리아 여자는 예수님에게 당신은 유대인으로서 어찌하여 사마리아 여자인 나에게 물을 달라 하느냐고 반문을 하고 있는데 이는 지금까지 유대인은 사마리아인들을 이방시하거나 이단시하여 상종치 아니하기 때문입니다. 이렇게 사마리아인들은 본래 이스라엘 백성으로 유대인과 동일한 야곱의 자손이지만 이방여인을 받아들여 혼인을 했다는 이유로 이방시하며 원수와 같이 상종을 하지 않는 것입니다. 때문에 사마리아 여인은 예수님께 어찌하여 유대인이 나에게 물을 달라고 하느냐고 의

아스럽게 반문을 하는 것입니다.

[요한복음 4장 10절] 예수께서 대답하여 가라사대 네가 만일 하나님의 선물과 또 네게 물좀 달라하는 이가 누구인지 알았더면 네가 그에게 구하였을 것이요 그가 생수를 네게 주었으리라.

요 4:10 Ἀπεκρίθη Ἰησοῦς καὶ ειπεν αὐτῇ, Ει ᾔδεις τὴν δωρεὰν τοῦ θεοῦ, καὶ τίς ἐστιν ὁ λέγων σοι, Δός μοι πιεῖν, σὺ ἂν-ᾔτησας αὐτὸν, καὶ ἔδωκεν- ἄν σοι ὕδωρ ζῶν.

예수님은 수가성 우물가의 여인에게 대답하여 가라사대 "네가 만일 하나님의 선물과 또 네게 물좀 달라하는 이가 누구인지 알았다면 너는 나에게 하나님의 선물을 달라고 구하였을 것이요 나는 네게 생수를 주었을 것이라"고 말씀하십니다. 수가성의 여인은 여섯시에 만난 여인으로 영적으로 보면 지금 여섯째 남편하고 살고 있는 세례요한과 같은 위치에 있음에도 불구하고 하나님의 선물이 무엇인지 지금 자기 앞에 계신 예수님이 누구인지도 모르고 있는 것입니다.

하나님이 주시려는 선물은 생수, 즉 생명의 말씀이며

이 생수를 주시는 분이 바로 여인 앞에 계신 것입니다. 수가성 여인이 예수님에게 이 생수를 받아먹으면 배에서 생수가 터져 나오게 되는 것이며 이 생수가 터지면 물이 포도주로 변하듯이 하나님의 생명으로 거듭나 하나님의 아들이 되는 것입니다.

[요한복음 4장 11절-12절] 여자가 가로되 주여 물 길을 그릇도 없고 이 우물은 깊은데 어디서 이 생수를 얻겠삽나이까 우리조상 야곱이 이 우물을 우리에게 주었고 또 여기서 자기와 자기 아들들과 짐승이 다 먹었으니 당신이 야곱보다 더 크니이까.

요 4·11 Λέγει αὐτῷ ἡ γυνή, Κύριε, οὔτε ἄντλημα ἔχεις, καὶ τὸ φρέαρ ἐστὶν βαθύ· πόθεν ουν ἔχεις τὸ ὕδωρ τὸ ζῶν

요 4·12 μὴ σὺ- μείζων- εἶ τοῦ- πατρὸς- ἡμῶν᾿ Ἰακώβ, ὃς ἔδωκεν ἡμῖν τὸ φρέαρ, καὶ αὐτὸς ἐξ αὐτοῦ ἔπιεν, καὶ οἱ- υἱοι- αὐτοῦ καὶ τὰ- θρέμματα- αὐτοῦ

예수님의 말씀을 들은 여자는 주여 물을 길을 그릇도 없고 이 우물은 깊은데 어디서 이 생수를 얻을 수 있느냐고 말하면서 이 우물은 우리조상 야곱이 우리에게 주었고 또 여기서 자기와 자기 아들들과 짐승이 다 먹었는데 그러면 당신이 야곱보다 더 크냐고 묻고 있는 것입니다. 그런데 이 여인은 지금 우물에 물을 길러 왔기 때문에 분명히 그릇을 가지고 왔는데도 불구하고 물을 길을 그릇이 없고 이 우물은 깊은데 어디서 생수를 얻을 수 있느냐고 묻는 것입니다.

이 여인이 이렇게 말하는 것은 생수를 담는 그릇은 따로 있고 또한 생수는 아주 깊은 곳에만 있다는 것을 이미 알고 있기 때문입니다. 그러면서 이 여인은 이 우물은 우리 조상 야곱이 주어서 지금까지 자기의 후손들과 짐승들이 다 먹고 있는데 그러면 당신은 야곱보다 더 큰 자이냐고 묻는 것은 당신이 곧 하나님의 아들이며 우리를 구원할 메시야냐고 묻는 것입니다.

여인이 물을 길어 먹고 있는 야곱의 우물은 야곱때부터 내려오는 성전 곧 오늘날 교회를 말하며 물은 목회자들이 주는 말씀을 비유하여 말씀하고 있습니다. 그리고 예수님이 말씀하시는 생수는 생명의 말씀을 말하며 생수를 담는 그릇은 곧 여인 자신을 비사로 말씀하고 있는 것입니다.

[요한복음 4장 13절-15절] 예수께서 대답하여 가라사대 이

물을 먹는 자마다 다시 목마르려니와 내가 주는 물을 먹는 자는 영원히 목마르지 아니하리니 나의 주는 물은 그속에서 영생하도록 솟아나는 샘물이 되리라 여자가 가로되 주여 이런 물을 내게 주사 목마르지도 않고 또 여기 물 길러 오지도 않게 하옵소서.

요 4·13 Ἀπεκρίθη ὁ Ἰησοῦς καὶ ειπεν αὐτῇ, Πᾶς ὁ πίνων ἐκ τοῦ- ὕδατος- τούτου διψήσει πάλιν·

요 4·14 ὃς- δ - ἂν πίῃ ἐκ τοῦ ὕδατος οὗ ἐγὼ δώσω αὐτῷ οὐ μὴ διψήσῃ εἰς τὸν- αἰῶνα· ἀλλὰ τὸ ὕδωρ ὃ δώσω αὐτῷ γενήσεται ἐν αὐτῷ πηγὴ ὕδατος ἁλλομένου εἰς ζωὴν αἰώνιον.

요 4·15 Λέγει πρὸς αὐτὸν ἡ γυνή, Κύριε, δός μοι τοῦτο τὸ ὕδωρ, ἵνα μὴ- διψῶ μηδὲ ἔρχωμαι ἐνθάδε ἀντλεῖν.

여인의 말을 들으신 예수님은 여인에게 이 물을 먹는 자마다 다시 목마르려니와 내가 주는 물을 먹는 자는 영원히 목마르지 아니하리니 나의 주는 물은 그 속에서 영생하도록 솟아나는 샘물이 될 것이라 말씀하고 있습니다.

예수님의 말씀을 들은 여인은 예수님께 주여 이런 물을 내게 주사 목마르지도 않게 하여주시고 또 여기 물 길러 오지도 않게 해달라고 간청을 하고 있는 것입니다. 그런데 예수님이 주시는 물이 우리가 지금 목마를 때 마시고 있는 생수라면 영원히 목마르지 않는 생수는 이 세상 천지에 없습니다.

그러므로 예수님이 말씀하시는 물은 오늘날 목회자들이 주는 말씀을 말하며 생수는 예수님께서 주시는 생명의 말씀을 비유하여 말씀하고 있는 것입니다. 왜냐하면 예수님이 주시는 생명의 말씀을 먹으면 물이 포도주로 변하듯이 죽은 영혼이 살아나 예수님과 같이 그 입에서 생명의 말씀이 터져 나오기 때문입니다. 이렇게 오늘날 기독교인들이 교회에서 목사님들로부터 받아서 먹는 말씀은 먹어도 다시 목이 마르지만 예수님, 곧 오늘날 하나님의 아들이 주는 생명의 말씀을 먹으면 죽은 영혼이 살아나 그의 입에서도 생명의 말씀이 나오게 되는 것입니다. 때문에 이 여인은 예수님에게 주여 이런 물, 즉 생명의 말씀을 내게 주셔서 목 마르지 않게 해주셔서 이곳(교회)에 다시 말씀(물)을 받으러 오지 않게 해달라고 말씀드리는 것입니다.

[요한복음 4장 16절-18절] 가라사대 가서 네 남편을 불러 오라 여자가 대답하여 가로되 나는 남편이 없나이다. 예수께서 가

라사대 네가 남편이 없다하는 말이 옳도다 네가 남편 다섯이
있었으나 지금 있는 자는 네 남편이 아니니 네 말이 참되도다.

요 4:16 Λέγει αὐτῇ ὁ Ἰησοῦς,῾Ὕπαγε, φώνησον τὸν- ἄνδρα-
σου καὶ ἐλθὲ ἐνθόδε.

요 4:17 Ἀπεκρίθη ἡ γυνὴ καὶ ειπεν Οὐκ- ἔχω ἄνδρα. Λέγει
αὐτῇ ὁ Ἰησοῦς, Καλῶς εἴπας. Οτι ἄνδρα οὐκ- ἔχω

″요 4:18 πέντε γὰρ ἄνδρας ἔσχες. καὶ νῦν ὃν ἔχεις οὐκ- ἔστιν
σου ἀνήρ· τοῦτο ἀληθὲς εἴρηκας.

　　예수님은 지금 생수를 달라는 여인에게 "가서 네 남편
을 불러 오라"고 말하는데 그 여자는 "나는 남편이 없다"고
말을 하고 있습니다. 그런데 여인이 남편이 없다고 하는 말
을 들은 예수님은 네가 남편이 없다하는 말이 옳다고 하시
면서 네가 전에 남편이 다섯이 있었으나 지금 있는 자도 네
남편이 아니니 네 말이 참되다고 말씀하시는 것입니다.

　　이 말씀 때문에 오늘날 목회자들은 이 여인을 음탕한
창녀로 매도하여 설교를 하고 있습니다. 그러나 이 여인은
음탕한 창녀가 아니라 영적으로 세례요한 그리고 마리아와
동등한 위치에 있는 정결한 처녀라는 것입니다.

왜냐하면 이 여인이 과거에 함께 살았던 남편은 육신적인 남편이 아니라 모두 영적인 남편으로 애굽의 목자와 광야의 목자를 거쳐 지금 요단강의 목자와 함께 살면서 일곱째 남편인 예수님을 기다리고 있는 여인이기 때문입니다.

이 여인은 육시에 온 여자로 가나안 혼인잔치에 여섯 독에 물을 아구까지 채운 여인입니다. 이렇게 수가성 우물가에 여인은 세마포가 준비된 정결한 처녀로 지금 그토록 기다리던 일곱째 남편, 즉 예수님을 만나고 있는 것입니다. 때문에 예수님은 이 여인에게 네가 남편이 없다하는 말이 옳다고 하면서 네가 과거에 남편이 다섯이 있었고 지금 여섯째 남편과 살고 있지만 그 남편도 네 남편이 아니라고 말씀하신 것입니다.

이 여인이 지금까지 찾고 기다리는 영적인 남편은 지금 앞에 계신 예수님이신 것입니다.

[요한복음 4장 19절-22절] 여자가 가로되 주여 내가 보니 선지자로소이다 우리조상은 이 산에서 예배하였는데 당신들의 말은 예배할 곳이 예루살렘에 있다 하더이다 예수께서 가라사대 여자여 내 말을 믿으라 이 산에서도 말고 예루살렘에서도 말고 너희가 (아버지께) 예배할 때가 이르리라 너희는 알지 못하는

것을 예배하고 우리는 아는 것을 예배하노니 이는 구원이 유대
인에게서 남이니라.

요 4·19 Λέγει αὐτῷ ἡ γυνή, Κύριε, θεωρῶ ὅτι προφήτης εἶ σύ.

요 4·20 οἱ πατέρες ἡμῶν ἐν τούτῳ τῷ ὄρει προσεκύνησαν·
καὶ ὑμεῖς λέγετε ὅτι ἐν Ἱεροσολύμοις ἐστὶν ὁ τόπος ὅπου δεῖ
προσκυνεῖν.

요 4·21 Λέγει αὐτῇ ὁ Ἰησοῦς, Γύναι, πίστευσόν μοι, ὅτι
ἔρχεται ὥρα ὅτε οὔτε ἐν τῷ ὄρει τούτῳ οὔτε ἐν Ἱεροσολύμοις
προσκυνήσετε τῷ πατρί.

요 4·22 ὑμεῖς προσκυνεῖτε ὃ οὐκ οἴδατε· ἡμεῖς
προσκυνοῦμεν ὃ οἴδαμεν· ὅτι ἡ σωτηρία ἐκ τῶν Ἰουδαίων
ἐστίν.

수가성 우물가의 여인은 육시, 즉 여섯 번째 남편을 모
시고 사는 사람이기 때문에 예수님이 말씀하시는 영적인
의미를 알고 있다는 것을 대화 속에서 볼 수 있습니다. 때
문에 여자는 예수님을 알아보고 "주여 내가 보니 선지자로
소이다"라고 말하면서 그동안 신앙생활을 하면서 가장 궁
금했던 것을 예수님께 묻는 것입니다.

여인은 사마리아인으로서 예루살렘성전에서 예배를 드리지 못하고 사마리아인들이 산(그리심산)에 건축한 성전에서 예배를 드리고 있는데 하나님은 과연 어느 성전에서 드리는 예배를 받으실까 하는 의구심이 항상 자리 잡고 있었던 것입니다.

때문에 여인은 지금 예수님께 우리조상은 이 산에서 예배하였는데 당신들의 말은 예배할 곳이 예루살렘이라고 말하는데 하나님이 어느 성전에서 드리는 예배를 받으시냐는 것입니다. 그런데 예수님은 답변을 하기 전에 먼저 "여자여 내 말을 믿으라"고 말씀하십니다. 왜냐하면 예수님이 너무나 다른 답변을 하시기 때문에 이 여인이 믿음이 없이는 도저히 받아들일 수 없고 믿을 수도 없기 때문입니다. 예수님은 여인에게 놀랍게도 하나님은 이 산에서 드리는 예배도 안 받으시고 예루살렘에서 드리는 예배도 안 받으신다고 말씀하고 있습니다.

그러시면서 이제 너희가 하나님께 예배할 때가 이르리라고 말씀하시는 것입니다. 왜냐하면 너희는 알지 못하고 예배를 드리고 있고 우리는 아는 것을 예배드리는데 그 이유는 구원이 유대인에게서 나기 때문이라는 것입니다. 즉 하나님께 성전에 나아가 예배를 드리는 목적은 구원을 받으려는 것인데 구원은 성전이 시키는 것이 아니라 유대인 (예수님), 즉 성전의 실체인 하나님의 아들이 구원을 시키기 때문인 것입니다. 왜냐하면 하나님의 아들이신 예수님이 곧 성전이며 교회로서 성령하나님은 예수님 안에만 계시기 때문이며 또한 사도행전 7장을 통해서도 하나님은 사람이 손으로 지은 성전에 계시지 않는다고 분명히 말씀하고 있기 때문입니다.

[사도행전 7장 46절-50절] 다윗이 하나님 앞에서 은혜를 받아 야곱의 집을 위하여 하나님의 처소를 준비케 하여 달라 하더니 솔로몬이 그를 위하여 집을 지었느니라 그러나 지극히 높으신 이는 손으로 지은 곳에 계시지 아니하시나니 선지자의 말한바 주께서 가라사대 하늘은 나의 보좌요 땅은 나의 발등상이니 너희가 나를 위하여 무슨 집을 짓겠으며 나의 안식할 처소가 어디뇨 이 모든 것이 다 내 손으로 지은 것이 아니냐 함과 같으니라.

상기의 말씀을 통해서 하나님은 사람이 손으로 건축한 건물성전에는 계시지 않는다는 것을 분명하게 말씀하고 있습니다. 다윗은 하나님 앞에서 은혜를 받아서 자기 조상 야곱을 위하여 하나님이 계시는 처소(성전)를 준비케 하여 달라 하였으나 하나님이 허락지 않으셔서 건축하지 못하였는데 다윗의 아들인 솔로몬이 하나님께 제사를 천 번을 드린 후 야곱을 위하여 하나님의 집인 예루살렘성전을 건축하게 된 것입니다. 그런데 지극히 높으신 하나님은 사람의 손으로 지은 성전에 계시지 아니하신다고 말씀하고 있습니다.

그러면 하나님은 어느 곳, 즉 어떤 성전에 계실까요? 하나님께서는 사람이 손으로 건축한 건물성전이나 교회에 계신 것이 아니라 하나님의 말씀으로 창조한 사람, 즉 하나님의 아들(예수님) 안에 계십니다. 즉 말씀이 육신이 되신 예수님과 예수님께서 말씀으로 창조한 사도들 안에 계신 것입니다. 그런데 예전이나 오늘날이나 목회자들이 하나님의 성전이나 교회를 건축해놓고 그곳에 하나님이 계시다고 교인들을 속이고 있는 것입니다. 사람이 손으로 건축한 교회나 성전은 하나님의 백성들이 모여서 하나님께 예배를 드리는 예배당일 뿐입니다.

때문에 주께서 선지자의 말씀을 인용하여 하늘은 나의 보좌요 땅은 나의 발등상이니 너희가 나를 위하여 무슨 집(성전)을 짓겠으며 나의 안식할 처소가 어디냐고 말씀하시면서 이 모든 것이 다 내 손으로 지은 것이 아니냐고 말씀하고 있습니다. 상기의 말씀과 같이 하나님의 성전은 하나님이 안식하고 계신 곳을 말씀하고 있습니다. 그러면 하나님이 안식하고 계신 곳이 어느 곳일까요? 하나님이 안식하고 계신 곳은 곧 하나님의 아들이신 예수님 안에 계십니다. 때문에 예수님을 하나님의 성령이 거하시는 성전 혹은 교회라 말씀하시는 것입니다. 그러므로 하나님의 백성들이 믿어야 할 것은 오직 하나님께서 구원자로 보내주시는 하나님의 아들(예수)을 믿어야 하며 그의 입에서 나오는 말씀을 영접해야 하는 것입니다. 그러면 하나님께서 하나님의 자녀가 되는 권세를 주시겠다고 말씀하고 있습니다. 그런데도 불구하고 오늘날 기독교인들은 자기교회의 목사님을 하나님의 아들로 믿으며 그의 말씀만 듣지 오늘날 하나님께서 구원자로 보내주시는 하나님의 아들은 믿지 않을 뿐만 아니라 이단자로 매도를 하며 배척을 하고 있는 것입니다. 때문에 오늘날 하나님의 아들은 예전에 오셨던 예수님처럼 기독교주변을 맴돌면서 여우도 굴이 있고 새도 집이 있는데 인자는 머리둘 곳 하나도 없다고 한숨짓고 계신 것입니다.

[요한복음 4장 23절-24절] 아버지께 참으로 예배하는 자들

은 신령과 진정으로 예배할 때가 오나니 곧 이때라 아버지께서
는 이렇게 자기에게 예배하는 자들을 찾으시느니라 하나님은
영이시니 예배하는 자가 신령과 진정으로 예배할찌니라.

요 4·23 ἀλλ᾽ ἔρχεται ὥρα καὶ νῦν ἐστιν, ὅτε οἱ ἀληθινοὶ
προσκυνηταὶ προσκυνήσουσιν τῷ πατρὶ ἐν πνεύματι καὶ
ἀληθείᾳ· καὶ- γὰρ ὁ πατὴρ τοιούτους ζητεῖ τοὺς
προσκυνοῦντας αὐτόν.

요 4·24 Πνεῦμα ὁ θεός· καὶ τοὺς προσκυνοῦντας αὐτὸν ἐν
πνεύματι καὶ ἀληθείᾳ δεῖ προσκυνεῖν.

이어서 예수님은 여인에게 아버지께 참으로 예배하는
자들은 신령과 진정으로 예배할 때가 오나니 곧 이때라고
말씀하고 있습니다. 그런데 예수님께서 말씀하시는 신령과
진정으로 아버지께 드리는 예배가 어떻게 무엇을 가지고
드리는지를 구체적으로 알 수가 없다는 것입니다. 왜냐하
면 본문에 신령과 진정이라는 의미와 원문에서 말씀하고
있는 뜻과 다르기 때문입니다. 신령과 진정이라는 단어를
원문성경에서 찾아보면 신령은 성령(프뉴마)으로 진정은
진리(알레데이아)로 기록되어 있습니다. 때문에 아버지께

예배드리려면 성령과 진리로 드려야 한다는 것입니다. 최초에 성령과 진리를 가지고 드린 예배는 아벨이 양과 기름으로 하나님께 드린 제사입니다.

가인과 아벨은 하나님께 제물을 가지고 제사를 드렸는데 하나님은 아벨의 제물은 받으시고 가인의 제물은 받지 않으신 것을 볼 수 있습니다. 하나님께서 무엇 때문에 아벨이 드린 제물은 받으시고 가인이 드린 제물은 받지 않으셨을까요? 가인과 아벨이 드린 제사는 하나님의 백성들에게 예배의 모범이 되어 지금까지 이어오고 있는 예배입니다.

[창세기 4장 1절- 5절] 아담이 그 아내 하와와 동침하매 하와가 잉태하여 가인을 낳고 이르되 내가 여호와로 말미암아 득남하였다 하니라 그가 또 가인의 아우 아벨을 낳았는데 아벨은 양치는 자이었고 가인은 농사하는 자이었더라 세월이 지난 후에 가인은 땅의 소산으로 제물을 삼아 여호와께 드렸고 아벨은 자기도 양의 첫 새끼와 그 기름으로 드렸더니 여호와께서 아벨과 그 제물은 열납하셨으나 가인과 그제물은 열납하지 아니하신지라.

아담은 하나님께서 흙으로 만드신 인간으로 하나님백성

들의 조상입니다. 아담이 그 아내 하와와 동침하매 하와가 잉태하여 가인을 낳고 말하되 내가 여호와로 말미암아 득남하였다 말하고 있습니다. 그런데 아담이 가인을 낳은 후에 또 가인의 아우 아벨을 낳았는데 아벨은 양치는 자이었고 가인은 농사하는 자라고 말씀하고 있습니다. 이 두 아들은 세월이 지난 후 가인은 땅의 소산으로 제물을 삼아 여호와께 드렸고 아벨은 양의 첫 새끼와 그 기름으로 드렸더니 여호와께서 아벨과 그 제물은 열납하셨으나 가인과 그 제물은 열납하지 아니하였다고 말씀하고 있습니다.

가인과 아벨의 제사는 하나님의 백성들이 드려오고 있는 제사인데 지금도 유대인들과 오늘날 기독교인들이 드리는 제사입니다. 문제는 유대인들이나 오늘날 기독교인들이 지금 드리고 있는 제사가 하나님이 받으시는 아벨의 제사이냐 아니면 하나님이 받지 않으시는 가인의 제사이냐 하는 것입니다. 그것은 아벨과 같이 양과 기름, 즉 성령과 진리로 변화된 자신을 제물로 드리면 하나님이 받으시지만 땅의 소산으로 소득의 일부(십일조)만을 드리면 받지 않으신다는 것입니다.

왜냐하면 하나님은 영이시기 때문에 땅의 소산은 받으실 수가 없기 때문입니다. 이렇게 예수님이 여인에게 말씀하시는 성령과 진리는 곧 아벨이 하나님께 드린 양과 기름을 말씀하고 있는 것입니다. 이렇게 하나님은 예전이나 지금이나 성령과 진리, 즉 생명의 말씀을 가지고 드리는 제사를 원하시며 또한 제물도 생명의 말씀으로 변화된 마음을 받으십니다. 때문에 사도바울도 로마서 12장을 통해서 하나님이 원하시고 기뻐 받으시는 제사에 대해서 말씀하고 있는 것입니다.

[로마서 12장 1절-2절] 그러므로 형제들아 내가 하나님의 모든 자비하심으로 너희를 권하노니 너희 몸을 하나님이 기뻐하시는 거룩한 산제사로 드리라 이는 너희의 드릴 영적 예배니라 너희는 이 세대를 본받지 말고 오직 마음을 새롭게 함으로 변화를 받아 하나님의 선하시고 기뻐하시고 온전하신 뜻이 무엇인지 분별하도록 하라.

사도바울은 로마에 있는 믿음의 형제들에게 "내가 하나님의 모든 자비하심으로 너희를 권하노니 너희 몸을 하나님이 기뻐하시는 거룩한 산제사로 드리라"고 말씀하고 있습니다. 이 말씀을 보면 하나님이 기뻐 받으시는 거룩한 산제사가 있고 받지 않으시는 죽은 제사가 있다는 것을 알 수 있습니다. 그러면 하나님께서 받으시는 산제사는 무엇으로 어떻게 드리는 것이며 받지 않으시는 죽은 제사는 무엇으로 어떻게 드리는 것인지를 반드시 알아야 합니다.

　왜냐하면 하나님의 백성이라 해도 하나님이 받지 않으시는 제사를 드리면 아무소용이 없기 때문입니다. 하나님이 기뻐 받으시는 제사는 예수님이 말씀하신 바와 같이 성령과 진리, 즉 아벨이 양과 기름과 함께 자신을 제물로 드린 제사이며 하나님이 받지 않으시는 제사는 땅의 소산, 즉 소득의 십일조나 헌물만 드리는 제사를 말합니다. 이와 같이 하나님께서는 성령과 진리, 곧 생명의 말씀을 통해서 변화된 자신을 제물로 드려야 하는데도 불구하고 오늘날 기독교인들도 소득의 십일조만 드리고 있는 것입니다. 때문에 예수님은 이렇게 말씀하시는 것입니다.

　[마태복음 23장 23절-24절] 화 있을찐저 외식하는 서기관과 바리새인들이여 너희가 박하와 회향과 근채의 십일조를 드리되 율법의 더 중한바 의와 인과 신은 버렸도다 그러나 이것도 행하고 저것도 버리지 말아야 할찌니라 소경된 인도자여 하루살이는 걸러내고 약대는 삼키는도다.

예수님께서 화가 있으라는 외식하는 서기관과 바리새인들은 소경된 인도자, 즉 오늘날 삯꾼목자와 거짓선지자들을 말하고 있습니다. 그리고 너희가 드리는 박하와 회향과 근채의 십일조는 오늘날 교인들이 드리는 소득의 십일조를 말하며 더 소중한 의와 인과 신은 성령과 진리와 자신의 믿음을 말하고 있습니다. 그런데 오늘날 기독교인들도 소득의 십일조는 드리지만 더 중요한 자신, 즉 생명의 말씀으로 변화된 자신의 마음을 제물로 드리지 않고 있는 것입니다. 왜냐하면 소경된 인도자, 즉 삯꾼목자들의 마음이 모두 헌금에 가있기 때문에 하나님이 제물을 받고 안 받는 것에는 관심이 없으며 또한 교인들의 영혼이 죽고 사는 것에도 관심조차 없기 때문입니다. 예수님께서 소경된 인도자, 즉 삯꾼목자들은 하루살이는 걸러내고 약대는 삼킨다는 것은 돈 없는 가난한 자에게는 관심이 없고 돈 많은 부자들만 관심을 가지고 챙기고 있다는 뜻입니다.

예수님은 이어서 성령과 진리로 변화된 너희 몸(마음)을 드리는 것이 곧 너희가 하나님께 드릴 영적 예배라 말씀하시면서 너희는 이 세대들 곧 오늘날 세상교회에서 드리는 예배를 본받지 말고 오직 너희 마음을 새롭게 변화를 받아서 하나님의 선하시고 기뻐하시고 온전한 뜻이 무엇인지 분별하도록 하라는 것입니다. 즉 성령과 진리로 마음이 새롭게 변화되면 하나님의 선하신 뜻이 무엇인지 그리고 하나님이 기뻐하시고 온전하신 뜻이 무엇인지 알게 된다는 것입니다.

예수님의 충격적인 말씀은 하나님(아버지)께서는 이렇게 자기에게 예배하는 자들을 지금도 찾고 계신다는 것입니다. 왜냐하면 오늘날 헤아릴 수조차 없이 수많은 교회에서 수십억의 교인들이 하나님께 예배를 드리고 있는데 하나님은 혹시나 자기에게 드리는 예배가 있는가 해서 찾고 계신다고 말씀하시기 때문입니다.

예수님께서 이렇게 충격직인 말씀을 하시는 것은 하나님의 백성들이 하나님의 뜻에 따라 성령과 진리로 제사를 드리는 것이 아니라 목회자의 뜻과 교리에 따라 땅의 소산, 즉 소득의 십일조만을 헌물로 드리고 있기 때문입니다. 그러므로 예수님께서 하나님은 영이시니 예배하는 자는 반드시 신령과 진정, 곧 성령과 진리로 예배를 드리라고 말씀하시는 것입니다.

[요한복음 4장 25절–26절] 여자가 가로되 메시야 곧 그리스도라 하는 이가 오실줄을 내가 아노니 그가 오시면 모든 것을

우리에게 고하시리이다 예수께서 이르시되 네게 말하는 내가
그로라 하시니라.

요 4·25 Λέγει αὐτῷ ἡ γυνή, Οιδα ὅτι μεσσίας ἔρχεται, ὁ
λεγόμενος χριστός· ὅταν ἔλθῃ ἐκεῖνος ἀναγγελεῖ ἡμῖν πάντα.
요 4·26 Λέγει αὐτῇ ὁ Ἰησοῦς, Ἐγώ εἰμι, ὁ λαλῶν σοι.

여자는 예수님이 하시는 말씀을 듣고 말하되 메시야 곧
그리스도라 하는 이가 오실 줄을 내가 아노니 그가 오시면
모든 것을 우리에게 모두 알려주실 것이라고 예수님께 말
씀드리고 있습니다. 여자의 말을 들으신 예수님은 여자에
게 이르시되 지금 네게 말하고 있는 내가 바로 네가 기다리
고 있는 그리스도라고 말씀하시는 것입니다. 이 수가성 우
물가의 여인은 지금까지 야곱의 우물에서 물을 길어먹으면
서 일곱째 남편인 예수님을 기다리고 있었던 것입니다. 그
런데 지금 여인 앞에 앉아 계신 유대인이 꿈속에서도 그리
던 그리스도라니 얼마나 놀라고 반가웠겠습니까?
문제는 이렇게 하나님의 백성들을 구원할 그리스도가
오셔도 유대인들이나 오늘날 기독교인들도 알아보지 못할
뿐만 아니라 믿지도 않으며 오히려 이단자로 배척을 한다

는 것입니다. 그러나 지금도 오늘날의 예수를 믿고 그 입에서 나오는 생명의 말씀을 일용할 양식으로 먹는 자는 하나님의 자녀가 되는 것입니다.

요 4·27 Καὶ ἐπὶ τούτῳ ηλθον οἱ- μαθηταὶ- αὐτοῦ, καὶ ἐθαύμασαν ὅτι μετὰ γυναικὸς ἐλάλει· οὐδεὶς μέντοι ειπεν Τί ζητεῖς ἤ Τί λαλεῖς μετ' αὐτῆς

예수님께서 여인과 말씀을 나누고 계실 때 예수님의 제자들이 양식을 구하러 갔다가 돌아와서 예수께서 여자와 말씀하시는 것을 보고 이상이 여겼으나 예수님께 무엇을 구하십니까 그리고 어찌하여 사마리아 여자와 말씀하십니까 하고 묻는 자가 없었다는 것입니다. 왜냐하면 유대인들은 사마리아인들을 원수와 같이 생각하고 상종을 하지 않기 때문입니다.

그러나 예수님은 유대인들만의 구원자가 아니라 예수님

을 구주로 믿고 영접하는 자들은 모두 구원을 시키는 분이
신 것입니다.

[요한복음 4장 28절-30절] 여자가 물동이를 버려두고 동네
에 들어가서 사람들에게 이르되 나의 행한 모든 일을 내게 말
한 사람을 와 보라 이는 그리스도가 아니냐 하니 저희가 동네
에서 나와 예수께로 오더라.

요 4·28 Ἀφῆκεν ουν τὴν- ὑδρίαν- αὐτῆς ἡ γυνὴ καὶ ἀπῆλθεν
εἰς τὴν πόλιν, καὶ λέγει τοῖς ἀνθρώποις,

요 4·29 Δεῦτε, ἴδετε ἄνθρωπον ὃς ειπεν μοι πάντα ὅσα
ἐποίησα· μήτι οὗτός ἐστιν ὁ χριστός

요 4·30 Ἐξῆλθον ουν ἐκ τῆς πόλεως, καὶ ἤρχοντο πρὸς
αὐτόν.

수가성 우물에 물을 길러 왔던 여자는 예수님의 말씀을
듣고 자신이 만난 사람이 곧 그리스도라는 것을 깨닫고 물
길러 가지고 왔던 물동이를 버려두고 동네로 달려가서 사
람들에게 이르되 "내가 질문한 것을 모두 내게 알려 준 사
람을 와서 보라 이는 진정 그리스도가 아니냐"고 외치니 사

람들이 동네에서 나와 예수님을 찾아 간 것입니다. 놀라운 것은 유대인도 아닌 사마리아의 여인이 몇 마디 예수님의 말씀을 듣고 그리스도라는 것을 알았다는 것과 또한 여인의 말을 들은 동네 사람들이 조금도 주저하지 않고 예수님을 만나러 갔다는 것입니다.

유대인이나 오늘날 기독교인들은 누가 예수라 하든가 참 하나님의 아들이라 말하면 무조건 이단이라고 상종도 하지 않는데 유대인들이 이방인이요 이단이라고 멸시와 천대를 하는 사마리아 여인이 예수님의 말씀을 듣고 메시야라는 것을 알았고 또한 여인의 말을 들은 동네 사람들은 모두 예수님을 찾아갔다는 것입니다.

[요한복음 4장 31절-34절] 그 사이에 제자들이 청하여 가로되 랍비여 잡수소서 가라사대 내게는 너희가 알지 못하는 먹을 양식이 있느니라 제자들이 서로 말하되 누가 잡수실 것을 갖다 드렸는가 한 대 예수께서 이르시되 나의 양식은 나를 보내신 이의 뜻을 행하며 그의 일을 온전히 이루는 이것이니라.

요 4:31 Ἐν δὲ τῷ μεταξὺ ἠρώτων αὐτὸν οἱ μαθηταὶ, λέγοντες, Ῥαββί, φάγε.

요 4:32 Ο- δε ειπεν αὐτοῖς, Ἐγώ βρῶσιν ἔχω φαγεῖν ἣν ὑμεῖς οὐκ- οἴδατε.

요 4:33 Ελεγον ουν οἱ μαθηταὶ πρὸς ἀλλήλους, Μή τις ἤνεγκεν αὐτῷ φαγεῖν

요 4:34 Λέγει αὐτοῖς ὁ Ἰησοῦς, Ἐμὸν βρῶμά ἐστιν ἵνα ποιῶ τὸ θέλημα τοῦ πέμψαντός με, καὶ τελειώσω αὐτοῦ τὸ ἔργον.

여인이 물동이를 두고 동네로 들어간 사이에 제자들이 예수님께 음식을 가지고 가서 청하여 가로되 "랍비여 드십시오" 라고 말씀드리고 있습니다. 그런데 예수님은 내게는 너희가 알지 못하는 먹을 양식이 있다고 말씀을 하고 있습니다. 예수님의 말씀을 들은 제자들이 서로 말하되 그러면 누가 잡수실 것을 이미 갖다 드렸단 말인가 하고 말할 때 예수께서 이르시되 나의 양식은 나를 보내신 이의 뜻을 행하여 그의 일을 온전히 이루는 것이 곧 양식이라고 말씀을 하시는 것입니다. 그런데 예수님의 제자들도 예수님이 말씀하시는 양식을 모르고 있다는 것입니다.

예수님께서 말씀하시는 양식은 육신의 양식이 아니라 땅에 속한 죄인들을 구원하여 살릴 영혼들을 말씀하고 있는 것입니다. 즉 내 아버지의 뜻을 행하여 온전하게 이루는 것이 예수님이 하시는 일인데 이것은 죄인들의 죄를 사해 주고 구원하여 살려서 하나님의 아들로 만드시는 것입니 다. 예수님이 먹을 양식은 곧 수가성 우물가의 여인이라는 것을 비유로 말씀하신 것입니다. 이것은 사도행전 10장에 하나님께서 베드로를 통하여 부정한 짐승들, 곧 백부장 고 넬료(이방인)의 가정을 구원하시는 것을 보면 잘 알 수 있 습니다.

[요한복음 4장 35절-38절] 너희가 넉 달이 지나야 추수할 때가 이르겠다 하지 아니하느냐 내가 너희에게 이르노니 눈을 들어 밭을 보라 희어져 추수하게 되었도다 거두는 자가 이미 삯도 받고 영생에 이르는 열매를 모으나니 이는 뿌리는 자와 거두는 자가 함께 즐거워하게 하려 함이니라 그런즉 한 사람이 심고 다른 사람이 거둔다 하는 말이 옳도다 내가 너희로 노력 하지 아니한 것을 거두러 보내었노니 다른 사람들은 노력하였 고 너희는 그들의 노력한 것에 참예하였느니라.

요 4:35 οὐχ ὑμεῖς λέγετε, ὅτι ἔτι τετράμηνόν ἐστιν καὶ ὁ θερισμὸς ἔρχεται ἰδού, λέγω ὑμῖν, Ἐπάρατε τοὺς- ὀφθαλμοὺς- ὑμῶν καὶ θεάσασθε τὰς χώρας, ὅτι λευκαί εἰσιν πρὸς θερισμόν ἤδη.

요 4·36 καὶ ὁ θερίζων μισθὸν λαμβάνει, καὶ συνάγει καρπὸν εἰς ζωὴν αἰώνιον· ἵνα καὶ ὁ σπείρων ὁμοῦ χαίρῃ καὶ ὁ θερίζων.

요 4·37 ἐν- γὰρ τούτῳ ὁ λόγος ἐστὶν ὁ ἀληθινός, ὅτι ἄλλος ἐστὶν ὁ σπείρων, καὶ ἄλλος ὁ θερίζων.

요 4·38 ἐγὼ ἀπέστειλα ὑμᾶς θερίζειν ὃ οὐχ ὑμεῖς κεκοπιάκατε· ἄλλοι κεκοπιάκασιν, καὶ ὑμεῖς εἰς τὸν- κόπον-αὐτῶν εἰσεληλύθατε.

예수님께서 제자들에게 "너희가 넉 달이 지나야 추수할 때가 이른다고 하지 않느냐"고 말씀하시는 곡식은 사람이 먹는 곡물이 아니라 구원해야 할 하나님의 백성들을 말하며 내가 너희에게 이르노니 눈을 들어 밭을 보라 희어져 추수할 때가 되었다는 밭도 사람들의 마음 밭을 비유하여 말씀하고 있는 것입니다. 그리고 곡식을 거두는 자는 구원자이신 예수님과 사도들을 말하며 이미 받았다는 삯은 생명의 말씀을 말합니다.

이렇게 예수님과 사도들은 영생에 이르는 열매, 곧 기름인 말씀을 준비한 자들을 모으고 있는데 이는 말씀을 주는 자와 영혼을 거두는 자가 함께 즐거워하게 하려 함이라고 말씀하고 있습니다. 그런즉 한 사람이 심고 다른 사람이 거둔다는 것은 광야의 모세가 심은 것을 요단강의 세례요한이 거두고 요한이 심은 것을 예수님이 거둔다는 말이 옳다는 것입니다. 이렇게 예수님은 내가 너희로 노력하지 아니한 것을 거두러 보내니 이미 다른 사람들이 힘들게 심어 놓은 것을 너희는 거두는 수고만 하면 된다는 것입니다.

이렇게 구원과 영생은 예수님을 믿는다하여 단번에 이루어지는 것이 아니라 심고 가꾸는 노력이 있어야 하는데 이것은 애굽의 교리와 기복신앙에서 벗어나 광야에서 모세를 통해 사십년 동안 시험과 연단의 과정을 거쳐 가나안으로 들어가야 예수님으로부터 영생을 얻을 수 있다는 뜻입니다. 그러므로 오늘날 기독교인들은 애굽교회에서 예수님을 믿음으로 구원받았다고 안주하지 말고 하루속히 출애굽하여 광야를 거쳐 가나안 땅으로 들어가 예수님이 주시는 생명의 말씀을 먹고 하나님의 아들로 거듭나야 합니다.

[요한복음 4장 39절-42절] 여자의 말이 그가 나의 행한 모든 것을 내게 말하였다 증거하므로 그 동네 중에 많은 사마리아인이 예수를 믿는지라 사마리아인들이 예수께 와서 자기들과 함께 유하기를 청하니 거기서 이틀을 유하시매 예수의 말씀을

인하여 믿는 자가 더욱 많아 그 여자에게 말하되 이제 우리가
믿는 것은 네 말을 인함이 아니니 이는 우리가 친히 듣고 그가
참으로 세상의 구주신줄 앎이니라 하였더라.

요 4·39 Ἐκ- δὲ τῆς- πόλεως- ἐκείνης πολλοὶ ἐπίστευσαν εἰς
αὐτὸν τῶν Σαμαρειτῶν, διὰ τὸν λόγον τῆς γυναικὸς
μαρτυρούσης, Ὅτι εἰπεν μοι πάντα ὅσα ἐποίησα.

요 4·40 Ὡς ουν ηλθον πρὸς αὐτὸν οἱ Σαμαρεῖται, ἠρώτων
αὐτὸν μεῖναι παρ᾽ αὐτοῖς· καὶ ἔμεινεν ἐκεῖ δύο ἡμέρας.

요 4·41 καὶ πολλῷ- πλείους ἐπίστευσαν διὰ τὸν- λόγον-
αὐτοῦ

요 4·42 τῇ- τε γυναικὶ ἔλεγον, Ὅτι οὐκέτι διὰ τὴν σὴν λαλιὰν
πιστεύομεν· αὐτοὶ- γὰρ ἀκηκόαμεν, καὶ οἴδαμεν ὅτι οὗτός
ἐστιν ἀληθῶς ὁ σωτὴρ τοῦ κόσμου, ὁ χριστός.

여자가 물동이를 버려두고 예수님이 행한 모든 것을 동
네 사람들에게 가서 증거 하므로 그 중에 많은 사마리아인
이 예수를 믿게 되었다고 말씀하고 있습니다. 여자의 말을
들은 사마리아인들이 예수께 가서 자기들과 함께 유하기를
권하니 예수께서 허락하시고 그 동네에서 이틀을 유하시며

말씀을 증거 하였는데 예수의 말씀을 인하여 믿는 자가 더욱 많아진 것입니다. 예수님의 말씀을 들은 동네 사람들은 그 여자에게 말하되 이제 우리가 그를 믿는 것은 네 말을 인함이 아니라 우리가 친히 직접 듣고 그가 참으로 세상에 오신 구세주이신 것을 알았다고 말하는 것입니다.

문제는 하나님의 택한 백성이라는 유대인들도 믿지 않는 예수님을 어떻게 이방 민족인 사마리아인들이 예수님의 말씀을 듣고 구주이신 것을 알고 믿었느냐 하는 것입니다. 오늘날 기독교인들도 누가 예수라 말하면 그가 전하는 말 한 마디 들어보지도 않고 무조건 이단이라 배척하며 상종도 하지 않는데 이방인인 사마리아인들이 이렇게 예수님의 말씀을 잘 듣고 예수를 구주로 믿을 수 있었던 것은 이들이 각종교리에 의식화되지 않았고 오직 하나님의 말씀을 통해서 하나님의 아들을 알고 있었기 때문이라 생각합니다.

유대인들이나 오늘날 기독교인들의 문제는 사람들이 교리로 만든 예수나 신화적인 예수는 잘 알고 있어도 하나님께서 보내주시는 성경적인 예수를 모르고 있다는 것입니다. 즉 앞으로 나타날 예수나 과거에 오셨던 예수는 믿고 있으나 하나님께서 오늘날 기독교인들을 구원하시기 위해서 보내주시는 오늘날의 예수는 믿지 않을 뿐만 아니라 이단으로 배척을 하고 있다는 것입니다. 때문에 이천년이 지난 지금까지 기독교에는 예수가 없었고 따라서 기독교인들은 구원조차 받지 못하고 있는 것입니다.

그러므로 오늘날 기독교인들은 성경을 통해서 하나님께서 보내주시는 오늘날의 구원자를 올바로 알고 하나님의 아들로 영접해야 합니다.

[요한복음 4장 43절-45절] 이틀이 지나매 예수께서 거기를 떠나 갈릴리로 가시며 친히 증거하시기를 선지자가 고향에서는 높임을 받지 못한다 하시고 갈릴리에 이르시매 갈릴리인들이 그를 영접하니 이는 자기들도 명절에 갔다가 예수께서 명절 중 예루살렘에서 하신 모든 일을 보았음이더라.

요 4:43 Μετὰ δὲ τὰς δύο ἡμέρας ἐξῆλθεν ἐκεῖθεν, καὶ ἀπῆλθεν εἰς τὴν Γαλιλαίαν.

요 4:44 αὐτὸς γὰρ ὁ Ἰησοῦς ἐμαρτύρησεν, ὅτι προφήτης ἐν τῇ ἰδίᾳ πατρίδι τιμὴν οὐκ ἔχει.

요 4:45 Ὅτε ουν ηλδον εἰς τὴν Γαλιλαίαν ἐδέξαντο αὐτὸν οἱ Γαλιλαῖοι, πάντα ἑωρακότες ἃ ἐποίησεν ἐν Ἱεροσολύμοις ἐν τῇ ἑορτῇ καὶ αὐτοὶ γὰρ ηλδον εἰς τὴν ἑορτήν.

예수님은 사마리아에서 이틀을 유하시고 난 후 그곳을 떠나 갈릴리로 향해가면서 "선지자는 고향에서 존경을 받지 못한다"고 친히 말씀하시며 예수님의 고향인 갈릴리로 들어가신 것입니다. 그런데 이상하게 고향사람인 갈릴리인들이 예수님을 영접하는데 그 이유는 그들이 명절에 예루살렘에 올라갔다가 명절 중에 예수님께서 행하신 모든 일을 보았기 때문이라는 것입니다. 예수님께서 전에 예루살렘에 올라가 행하신 일은 성전에서 소와 양과 비둘기파는 사람과 돈 바꾸는 사람들을 성전에서 모두 내어 쫓은 일입니다.

이렇게 예수님의 고향인 갈릴리(나사렛)에서도 예수님이 예루살렘에서 행하신 일들을 직접 본 사람들은 예수님을 하나님의 아들이며 구세주로 믿고 있는 것을 볼 수 있습니다. 이렇게 예수님께서 오병이어의 표적을 행하실 때는 사오천 명이 예수님을 믿고 따른 적도 있습니다. 오늘날 목회자들도 하나님의 말씀보다 특별한 표적을 행하면 교인들이 벌떼와 같이 몰려드는 것을 볼 수 있습니다. 그러나 예수님이 행하신 모든 표적은 오직 죽은 영혼을 살리는 요나의 표적 하나 뿐입니다.

[요한복음 4장 46절-54절] 예수께서 다시 갈릴리 가나에 이르시니 전에 물로 포도주를 만든 곳이라 왕의 신하가 있어 그 아들이 가버나움에서 병들었더니 그가 예수께서 유대로부터 갈릴리에 오심을 듣고 가서 청하되 내려오셔서 내 아들의 병을 고쳐주소서 하니 저가 거의 죽게 되었음이라 예수께서 가라사대 너희는 표적과 기사를 보지 못하면 도무지 믿지 아니하리라 신하가 가로되 주여 내 아이가 죽기 전에 내려오소서 예수께서 가라사대 가라 네 아들이 살았다 하신대 그 사람이 예수의 하신 말씀을 믿고 가더니 내려가는 길에서 그 종들이 오다가 만나서 아이가 살았다 하거늘 그 낫기 시작한 때를 물은즉 어제 제 칠 시에 열기가 떨어졌나이다 하는지라 아비가 예수께서 네 아들이 살았다 말씀하신 그 때인줄 알고 자기와 그 온집이 다 믿으니라 이것은 예수께서 유대에서 갈릴리로 오신 후 행하신 두 번째 표적이니라.

요 4·46 Ηλθεν ουν ὁ Ἰησοῦς πάλιν εἰς τὴν Κανὰ τῆς Γαλιλαίας, ὅπου ἐποίησεν τὸ ὕδωρ οινον καὶ ην τις βασιλικὸς, οὗ ὁ υἱὸς ἠσθένει ἐν Καπερναούμ.

요 4·47 οὗτος ἀκούσας ὅτι Ἰησοῦς ἥκει ἐκ τῆς Ἰουδαίας εἰς τὴν Γαλιλαίαν, ἀπῆλθεν πρὸς αὐτὸν, καὶ ἠρώτα αὐτὸν ἵνα καταβῇ καὶ ἰάσηται αὐτοῦ τὸν υἱόν· ἤμελλεν- γὰρ ἀποθνήσκειν.

Ϫ 4·48 ειπεν ουν ὁ Ἰησοῦς πρὸς αὐτόν, Ἐὰν μὴ σημεῖα καὶ τέρατα ἴδητε οὐ μὴ πιστεύσητε.

Ϫ 4·49 Λέγει πρὸς αὐτὸν ὁ βασιλικός, Κύριε, κατάβηθι πρὶν ἀποθανεῖν τὸ- παιδίον- μου.

Ϫ 4·50 Λέγει αὐτῷ ὁ Ἰησοῦς, Πορεύου· ὁ- υἱός- σου ζῇ. Καὶ ἐπίστευσεν ὁ ἄνθρωπος τῷ λόγῳ ᾧ ειπεν αὐτῷ Ἰησοῦς, καὶ ἐπορεύετο.

Ϫ 4·51 ἤδη- δε αὐτοῦ- καταβαίνοντος οἱ- δοῦλοι- αὐτοῦ ἀπήντησαν αὐτῷ καὶ ἀπήγγειλαν λέγοντες, Ὅτι ὁ- παῖς- σου ζῇ.

Ϫ 4·52 Ἐπύθετο ουν παρ᾽ αὐτῶν τὴν ὥραν ἐν ᾗ κομψότερον ἔσχεν. καὶ ειπον αὐτῷ, Ὅτι χθὲς ὥραν ἑβδόμην ἀφῆκεν αὐτὸν ὁ πυρετός.

Ϫ 4·53 Ἐγνω ουν ὁ πατὴρ ὅτι ἐν ἐκείνῃ τῇ ὥρᾳ ἐν ᾗ ειπεν αὐτῷ Ὁ Ἰησοῦς, Ὅτι ὁ- υἱός- σου ζῇ. Καὶ ἐπίστευσεν αὐτὸς καὶ ἡ- οἰκία- αὐτοῦ ὅλη.

Ϫ 4·54 τοῦτο πάλιν δεύτερον σημεῖον ἐποίησεν ὁ Ἰησοῦς, ἐλθὼν ἐκ τῆς Ἰουδαίας εἰς τὴν Γαλιλαίαν.

예수님이 갈릴리에서 다시 갈릴리의 가나에 이르시니 가나는 물로 포도주를 만들어 첫 번째 표적을 행하신 곳입니다. 그곳에 왕의 신하가 있는데 그의 아들이 가버나움에서 병이 들어 죽어가고 있었습니다.

왕의 신하는 예수께서 유대로부터 갈릴리에 오신다는 소식을 듣고 예수께 찾아가서 내려 오셔서 내 아들의 병을 고쳐주소서 하고 간청하는데 이는 그의 아들이 거의 죽게 되었기 때문입니다. 그런데 예수님은 말씀하시기를 너희는 표적이나 기사를 보지 않으면 도무지 믿지 않는다고 책망을 하시는 것입니다. 왜냐하면 평소에 하나님과 예수님을 잘 믿었으면 아들이 병도 걸리지 않고 건강하고 편안하게 살 수 있었기 때문입니다.

다급해진 신하는 예수님께 내 아이가 죽기 전에 속히 내려와서 살려달라는 것입니다. 그런데 예수님은 아들에게 가지도 않으시고 신하에게 가라 네 아들이 살았다고 말씀을 하십니다. 그 신하가 예수님이 하신 말씀을 믿고 아들에게 내려가는 길에 신하의 종들을 만나게 되었는데 아이가 살아났다 하여 그 낫기를 시작한 때를 물어 보니 어제 제 칠 시에 열기가 떨어져 살아났다는 것입니다.

칠 시는 바로 예수께서 신하에게 네 아들이 살았다고

말씀하신 그 시입니다.

　왕의 신하는 예수님께서 아들의 병을 고쳐주신 것을 알고 자기와 온 집이 모두 예수님을 믿게 된 것입니다. 결국 왕의 신하와 그의 가족들은 예수님께서 아들의 병을 고쳐주신 표적을 보고 믿게 된 것입니다. 이렇게 왕의 신하뿐만 아니라 오늘날 기독교인들도 성경을 통해서 혹은 주변에서 일어나는 표적과 이적을 보고 예수를 믿는 것을 볼 수 있습니다. 그러나 예수님께서 의심 많은 도마에게 말씀하신 것처럼 보지 않고 믿는 것이 더 복되다는 것을 알아야 합니다.

　예수님께서 왕의 신하에게 행하신 일은 유대에서 갈릴리로 오신 후 두 번째 행하신 표적입니다.

제 5장

베데스다 연못

그 후에 유대인의 명절이 있어 예루살렘에 올라가시니라
예루살렘에 있는 양문 곁에 히브리 말로
베데스다라 하는 못이 있는데

Μετὰ ταῦτα ην ἑορτὴ τῶν Ἰουδαίων, καὶ ἀνέβη ὁ Ἰησοῦς εἰς
Ἱεροσόλυμα.
ἔστιν- δὲ ἐν τοῖς Ἱεροσολύμοις ἐπὶ τῇ προβατικῇ κολυμβήθρα, ἡ
ἐπιλεγομένη Ἑβραϊστὶ Βηθεσδά, πέντε στοὰς ἔχουσα.

[요한복음 5장 1절-4절] 그 후에 유대인의 명절이 있어 예수
께서 예루살렘에 올라가시니라 예루살렘에 있는 양문 곁에 히
브리 말로 베데스다라 하는 못이 있는데 거기 행각 다섯이 있
고 그 안에 많은 병자, 소경, 절뚝발이, 혈기 마른 자들이 누워
(물의 동함을 기다리니 이는 천사가 가끔 못에 내려와 물을 동
하게 하는데 동한 후에 먼저 들어가는 자는 어떤 병에 걸렸든
지 낫게 됨이더라)

요 5·1 Μετὰ ταῦτα ην ἑορτὴ τῶν Ἰουδαίων, καὶ ἀνέβη ὁ
Ἰησοῦς εἰς Ἱεροσόλυμα.

요 5·2 ἔστιν- δὲ ἐν τοῖς Ἱεροσολύμοις ἐπὶ τῇ προβατικῇ
κολυμβήθρα, ἡ ἐπιλεγομένη Ἑβραϊστὶ Βηθεσδά, πέντε στοὰς
ἔχουσα.

요 5·3 ἐν ταύταις κατέκειτο πλῆθος πολὺ τῶν ἀσθενούντων,
τυφλῶν, χωλῶν, ξηρῶν, ἐκδεχομένων τὴν τοῦ ὕδατος κίνησιν.

요 5·4 ἄγγελος γὰρ κατὰ- καιρὸν κατέβαινεν ἐν τῇ
κολυμβήθρα, καὶ ἐτάρασσεν τὸ ὕδωρ· ὁ ουν πρῶτος ἐμβὰς
μετὰ τὴν ταραχὴν τοῦ ὕδατος, ὑγιὴς ἐγίνετο, ᾧ- δήποτε
κατείχετο νοσήματι.

예수님께서 갈릴리 가나에서 두 번째 표적을 행하신 후에 유대인의 명절이 있어 예루살렘에 올라가셨습니다. 예루살렘 안에는 양의 문이 있고 그 곁에 히브리 말로 베데스다라 하는 연못이 있는데 그곳에 행각 다섯이 있고 그 행각 안에는 많은 병자 곧 소경, 절뚝발이, 혈기 마른 자들이 누어 물이 동함을 기다리고 있는 것입니다. 왜냐하면 이 못에 천사가 가끔 내려와 물을 동하게 하는데 물이 동한 후에 못에 먼저 들어가는 자는 어떤 병에 걸렸든지 낫게 되기 때문입니다. 이 말씀을 알려면 베데스다 연못은 무엇을 말하며 행각 다섯과 그 행각 안에 있는 각종병자들은 무슨 환자들이며 천사가 물을 동하는 물은 어떤 물을 말씀하는지 영적인 의미를 알아야 합니다. 베데스다 연못은 자비라는 뜻을 가지고 있기 때문에 베데스다 연못은 하나님의 말씀을 말하며 행각 다섯은 차원적인 성전(교회)을 말하며 각종병자들은 각종 죄인들을 말하며 물을 동하는 천사는 하나님의 아들을 비유로 말씀하고 있습니다.

　그러므로 이 말씀은 하나님의 아들이 오셔서 영적인 하나님의 말씀을 풀어서 병자들에게 줄때 먼저 말씀의 은혜를 받은 자는 무슨 병에 걸렸든지 모두 낫게 된다는 뜻입니다. 세상의 환자들은 병의 종류마다 치료하는 약이 다르고 맞는 주사도 다르고 수술하는 부위도 각기 다릅니다. 그러나 하나님의 말씀, 즉 생명의 말씀은 어떤 종류의 병이던지 관계없이 믿고, 듣고, 영접하면 모두 치료가 되는 것입니다.

문제는 환자가 치료받으려면 의사가 있어야 하고 죄인이 죄 사함을 받으려면 예수님과 같은 하나님의 아들이 있어야 하는데 오늘날 하나님의 아들이 존재하느냐 하는 것입니다. 그러나 예수님은 알파와 오메가로 전에도 계시고 오늘도 계시고 앞으로도 변함없이 영원토록 계십니다. 그런데 오늘날 기독교인들은 유대인들처럼 하나님께서 오늘날 기독교인들을 구원하기 위해서 보내주신 하나님의 아들을 믿지 않을 뿐만 아니라 오히려 이단으로 매도를 하여 배척하고 있는 것입니다.

[요한복음 5장 5절-9절] 거기 삼십 팔년 된 병자가 있더라 예수께서 그 누운 것을 보시고 병이 벌써 오랜줄 아시고 이르시되 네가 낫고자 하느냐 병자가 대답하되 주여 물이 동할 때에 나를 못에 넣어 줄 사람이 없어 내가 가는 동안에 다른 사람이 먼저 내려가나이다 예수께서 가라사대 일어나 네 자리를 들고 걸어가라 하시니 그 사람이 곧 나아서 자리를 들고 걸어

가니라 (이날은 안식일이니)

요 5·5 Ἦν δέ τις ἄνθρωπος ἐκεῖ τριακοντα οκτὼ ἔτη ἔχων ἐν τῇ ἀσθενείᾳ.

요 5·6 τοῦτον ἰδὼν ὁ Ἰησοῦς κατακείμενον, καὶ γνοὺς ὅτι πολὺν ἤδη χρόνον ἔχει, λέγει αὐτῷ, Θέλεις ὑγιὴς γενέσθαι

요 5·7 ἀπεκρίθη αὐτῷ ὁ ἀσθενῶν, Κύριε, ἄνθρωπον οὐκ-ἔχω, ἵνα ὅταν ταραχθῇ τὸ ὕδωρ βάλῃ με εἰς τὴν κολυμβήθραν· ἐν-ᾧ-δὲ ἔρχομαι ἐγω ἄλλος πρὸ ἐμοῦ καταβαίνει.

요 5·8 Λέγει αὐτῷ ὁ Ἰησοῦς, Ἔγειραι, αρον τὸν- κράββατόν-σου, καὶ περιπάτει.

요 5·9 Καὶ εὐθέως ἐγένετο ὑγιὴς ὁ ἄνθρωπος, καὶ ηρεν τὸν-κράββατόν- αὐτοῦ, καὶ περιεπάτει· ην δε σάββατον ἐν ἐκείνῃ τῇ ἡμέρᾳ.

베데스다 연못의 환자들 가운데 삼십 팔년이나 된 병자가 있었는데 예수께서 병자가 누워있는 것을 보시고 병이 벌써 오래된 줄 아시고 이르시되 네가 낫고자 하느냐고 묻고 있습니다.

예수님의 말씀에 병자는 "주여 물이 동할 때에 나를 못에 넣어 줄 사람이 없고 또한 내가 가는 동안에 다른 사람이 먼저 내려가기 때문에 치료를 받지 못했다"고 말씀드리고 있습니다. 이 병자는 천사가 물을 동할 때 기력이 부족하여 연못에 다른 사람 보다 먼저 들어가지 못했고 또한 못에 먼저 들어갈 수 있도록 도와주는 사람, 즉 목자가 없어서 지금까지 병을 고치지 못하고 있었던 것입니다. 이렇게 삼십 팔년 된 병자는 참 목자, 즉 하나님의 아들이 주는 생명의 말씀을 먹지 못해 치료받지 못하고 지금까지 누워 있었던 것입니다.

예수님은 병자의 말을 듣고 말씀하시기를 일어나서 네 자리를 들고 걸어가라 말씀하시니 그 사람이 곧 나아서 자리를 들고 걸어가게 된 것입니다.

삼십팔 년이나 된 병자가 나아서 자리를 들고 걷게 된 것은 예수님의 입에서 나오는 말씀이었습니다. 때문에 베데스다 못은 비유이며 연못의 실체는 곧 하나님의 아들이신 예수님을 말씀하고 있는 것입니다. 그러므로 베데스다 못은 예수님을 말씀하고 있으며 또한 오늘날 하나님의 생명으로 거듭난 하나님의 아들들을 말씀하고 있는 것입니다.

이렇게 진정한 하나님의 아들이라면 예수님과 같이 오늘날 기독교인들이 어떤 병이 들었던지 그 입에서 나오는 말씀으로 모두 치료 할 수 있어야 합니다.

[요한복음 5장 10절-13절] 이 날은 안식일이니 유대인들이 병나은 사람에게 이르되 안식일인데 네가 자리를 들고 가는 것이 옳지 아니하니라 대답하되 나를 낫게 한 그가 자리를 들고 걸어가라 하더라 한대 저희가 묻되 너더러 자리를 들고 걸어가라 한 사람이 누구냐 하되 고침을 받은 사람이 그가 누구신지 알지 못하니 이는 거기 사람이 많으므로 예수께서 이미 피하셨음이라.

요 5·10 Ἔλεγον ουν οἱ Ἰουδαῖοι τῷ τεθεραπευμένῳ, Σάββατόν ἐστιν· οὐκ-ἔξεστίν σοι αραι τὸν κράββατόν.

요 5·11 Ἀπεκρίθη αὐτοῖς, Ὁ ποιήσας με ὑγιῆ, ἐκεῖνός μοι ειπεν Αρον τὸν κράββατόν- σου καὶ περιπάτει.

요 5·12 Ἠρώτησαν ουν αὐτόν, Τίς ἐστιν ὁ ἄνθρωπος ὁ εἰπών σοι, Αρον τὸν κράββατόν σου καὶ περιπάτει

요 5·13 Ὁ-δὲ ἰαθεὶς οὐκ-ᾔδει τίς ἐστιν· ὁ-γὰρ-Ἰησοῦς ἐξένευσεν, ὄχλου ὄντος ἐν τῷ τόπῳ

예수님께서 삼십팔 년 된 병자를 낫게 한 날은 안식일이기 때문에 유대인들이 병 나은 사람에게 말하되 오늘은 안식일인데 네가 자리를 들고 가는 것은 옳지 않다고 말하고 있습니다. 유대인들이 병석에서 일어나 자리를 들고 걸어가는 자에게 이렇게 묻는 것은 안식의 실체가 무엇인지 그리고 안식을 무엇 때문에 거룩하게 지켜야 하는지 모르고 있기 때문입니다. 하나님께서 지키라는 안식일은 금요일 오후부터 토요일 저녁까지입니다. 그런데 오늘날 기독교인들은 안식일을 일요일로 변경하여 이날을 거룩히 지키고 있습니다. 때문에 오늘날 안식일을 지키는 안식교인들은 자신들은 지금도 하나님이 지키라는 안식일을 거룩히 지키기 때문에 자신들은 천국을 들어가지만 일요일을 안식일로 지키는 자들은 절대로 천국에 못 들어간다고 주장을 하고 있는 것입니다.

오늘날 안식교인들과 기독교인들은 안식의 "날"을 거룩히 지키려고 애쓰고 있으나 "날"을 거룩하게 지킬 수도 없지만 날은 거룩히 지킬 대상이 아닙니다. 왜냐하면 하나님께서 말씀하시는 안식일은 날이 아니라 존재, 즉 하나님이 안에 계신 예수님을 말씀하고 있으며 거룩히 지키라는 안식은 곧 예수님이 주시는 생명의 말씀을 말씀하고 있기 때문입니다. 하나님께서 하나님의 백성들에게 안식일을 거룩히 지키라는 것은 예수님의 말씀을 거룩하게 간직하여 하나님의 아들로 거듭나라는 것입니다. 그런데 안식일, 즉 "날"은 아무리 거룩하게 지켜도 하나님의 아들로 거듭날 수가 없습니다. 이렇게 유대인들이나 기독교인들도 하나님께서 거룩히 지키라는 안식일의 실체를 모르고 안식일을 지키고 있는 것입니다.

안식의 주인은 예수님이며 안식일을 거룩하게 지키라는 것은 예수님의 입에서 나오는 생명의 말씀을 가감하거나 오염시키지 말고 거룩하게 간직하라는 뜻입니다. 왜냐하면 예수님의 입에서 나오는 생명의 말씀을 오염시키지 않고 거룩하게 간직하면 하나님의 생명으로 거듭나 하나님의 아들이 될 수 있기 때문입니다. 예수님은 안식일에 병자들을 고쳐주고 죄인들의 죄를 사해주는 것이 곧 아버지의 일을 행하시는 것이기 때문에 병자를 고쳐준 것입니다. 그런데 유대인들은 이러한 안식의 주인을 모르기 때문에 안식일에 병을 낫게 한 예수님과 자리를 들고 걸어가는 병자를 정죄하고 있는 것입니다.

유대인들이 안식일에 자리를 들고 걸어가는 병자를 보고 왜 안식일에 자리를 들고 걸어가느냐는 질문에 병 나은

자는 나를 낫게 한 그가 자리를 들고 걸어가라고 해서 걸어
간다고 답변을 하고 있는 것입니다. 유대인들은 다시 그러
면 너더러 자리를 들고 걸어가라 한 사람이 누구냐고 묻는
것입니다. 유대인들의 질문에 병 고침 받은 사람이 나는 그
가 누구인지 모르고 있다고 말하는 것은 그곳에 사람이 많
이 있었고 예수님은 이미 그곳에서 떠나셨기 때문입니다.
이렇게 예수님께서 사람들의 병을 고쳐주고 죄인들의 죄를
사해줘도 감사할 줄도 모르고 그가 누구인지 관심조차 없
다는 것을 볼 수 있습니다.

[요한복음 5장 14절-15절] 그 후에 예수께서 성전에서 그 사
람을 만나 이르시되 보라 네가 나았으니 더 심한 것이 생기지
않게 다시는 죄를 범하지 말라 하시니 그 사람이 유대인들에게
가서 자기를 고친 이는 예수라 하니라.

요. 5·14 Μετὰ ταῦτα εὑρίσκει αὐτὸν ὁ Ἰησοῦς ἐν τῷ ἱερῷ
καὶ ειπεν αὐτῷ, Ἴδε ὑγιὴς γέγονας· μηκέτι ἁμάρτανε, ἵνα μὴ
χεῖρόν τί σοι γένηται.

요. 5·15 Ἀπῆλθεν ὁ ἄνθρωπος καὶ ἀνήγγειλεν τοῖς Ἰουδαίοις
ὅτι Ἰησοῦς ἐστιν ὁ ποιήσας αὐτὸν ὑγιῆ.

예수께서 병자를 고쳐주고 난 후에 성전에서 그 사람을 만나 이르시되 보라 네가 나았으니 더 심한 것이 생기지 않게 다시는 죄를 범하지 말라고 말씀하고 있습니다. 예수님께서 병 나은 사람에게 더 심한 병이 걸리지 않도록 다시는 죄를 범하지 말라고 하시는 것은 사람이 병에 걸리는 것은 바로 영적인 죄 때문이라는 것입니다. 죄는 세상의 법이나 윤리 도덕적으로 범하는 죄가 있고 율법이나 하나님께 범하는 죄가 있습니다. 그런데 하나님의 백성들이 영적인 병에 걸리는 것은 모두 하나님께 죄를 범하기 때문입니다. 그러므로 예수님께서 각종병자들을 고쳐주시는 것도 육신적인 병이 아니라 모두 영적인 병을 고쳐주신 것입니다.

이렇게 예수님께서 죄인들의 죄를 사해주고 병을 고쳐주시려는 것은 아직 하나님의 생명으로 거듭나지 못한 자들은 귀머거리, 소경, 벙어리, 문둥병, 혈루병, 앉은뱅이 등과 같은 병자들이기 때문입니다. 그런데 오늘날 기독교인들은 예수님께서 고쳐주신 병들을 모두 육신적인 병을 고쳐주신 것으로 오해를 하고 있는 것입니다. 이렇게 육신적인 병은 육신적인 의사가 고쳐주는 것이며 영적인 병은 영적인 의사, 곧 예수님과 오늘날 하나님의 생명으로 거듭난 하나님의 아들이 고쳐준다는 것을 알아야 합니다. 예수님의 말씀을 들은 병 나은 자는 유대인들에게 가서 자기를 고친 이는 예수라고 가르쳐 주고 있습니다.

[요한복음 5장 16절-18절] 그러므로 안식일에 이러한 일을 행하신다하여 유대인들이 예수를 핍박하게 된지라 예수께서 저희에게 이르시되 내 아버지께서 이제까지 일하시니 나도 일한다 하시매 유대인들이 이를 인하여 더욱 예수를 죽이고자 하니 이는 안식일만 범할뿐 아니라 하나님을 자기 친 아버지라 하여 자기를 하나님과 동등으로 삼으심이러라.

요 5·16 Καὶ διὰ τοῦτο ἐδίωκον τὸν Ἰησοῦν οἱ Ἰουδαῖοι, καὶ ἐζήτουν αὐτὸν ἀποκτεῖναι, ὅτι ταῦτα ἐποίει ἐν σαββάτῳ.

요 5·17 ὁ- δε- Ἰησοῦς ἀπεκρίνατο αὐτοῖς, Ο- πατήρ- μου ἕως- ὄρτι ἐργάζεται, κἀγὼ ἐργάζομαι.

요 5·18 Διὰ τοῦτο ουν μᾶλλον ἐζήτουν αὐτὸν οἱ Ἰουδαῖοι ἀποκτεῖναι, ὅτι οὐ μόνον ἔλυεν τὸ σάββατον, ἀλλὰ καὶ πατέρα ἴδιον ἔλεγεν τὸν θεόν, ἴσον ἑαυτὸν ποιῶν τῷ θεῷ

병을 고쳐주고 자리를 들고 걸어가라고 하신 이가 예수님이라는 것을 안 유대인들은 예수님께서 안식일에 이러한 일을 행하신다 하여 예수님을 핍박하게 된 것입니다. 예수님은 자신을 핍박하는 유대인들에게 내 아버지께서 이제까지 일하시니 나도 일을 한다고 말씀하시니 유대인들은 예수님을 더욱 죽이고자 하는데 그 이유는 예수님께서 안식일을 범할 뿐만 아니라 하나님을 자기 친 아버지라 하면서 자신을 하나님과 동등하게 여기기 때문인 것입니다.

유대인들이 하나님의 아들이신 예수님을 핍박하고 죽이려는 것은 안식일에 일을 한다는 것과 자신이 하나님의 아들이라는 것 때문입니다. 예수님이 안식일에 하시는 일은 하나님의 백성들의 죄를 사해주시는 것이며 안식일에 죄인들의 죄를 사해주실 수 있는 것은 예수님은 하나님의 아들이기 때문입니다.

유대인들이나 오늘날 기독교인들이 안식일에 교회를 가는 목적은 예수님을 통해서 더러운 죄를 사함 받고 하나님의 아들로 거듭나기 위해서 가야 하는 것입니다. 그런데 오늘날 기독교인들은 예수를 믿음으로 이미 죄 사함을 받아 하나님의 아들이 되었다는 삯꾼목자들의 거짓증거 때문에 교회를 모두 죄를 사함 받으러 가는 것이 아니라 세상의 복을 받기 위해서 가는 것입니다.

하나님의 백성들의 죄를 사해주실 수 있는 분은 오직

예수님이며 또한 오늘날 하나님의 생명으로 거듭난 하나님의 아들입니다. 즉 아직 하나님의 아들로 거듭나지 못한 목자들은 절대로 죄를 사해줄 수 없다는 것입니다. 그런데 아직 하나님의 생명으로 거듭나지 못한 죄인들이 자기도 하나님의 아들이라 하면서 예수님께서 하나님의 아들이라고 말하니까 핍박하고 죽이려 하는 것입니다. 이렇게 하나님의 아들이라는 예수님을 핍박하고 죽이려 하는 것은 자신들은 진짜 하나님의 아들이 아니라 가짜 아들이기 때문인 것입니다.

때문에 오늘날 기독교인들은 예수님은 친 아들이고 자신들은 "양아들"이라 말하고 있는 것입니다. 그런데 원문 성경에는 "양아들"이라는 말이 없을 뿐만 아니라 "양아들"은 하나님의 씨, 곧 하나님의 생명을 받지 못한 쭉정이며 짝퉁인 "가짜 아들"을 말하는 것입니다.

때문에 오늘날 기독교인들은 하나님의 아들이 아니라는 것을 분명히 알아야 하며 또한 하루속히 삯꾼목자에게서 벗어나 참 목자를 찾아가서 그의 입에서 나오는 생명의 말씀을 일용할 양식으로 먹으며 하나님의 "친아들"로 거듭나야 합니다.

[요한복음 5장 19절-21절] 그러므로 예수께서 저희에게 이르시되 내가 진실로 진실로 너희에게 이르노니 아들이 아버지의 하시는 일을 보지 않고는 아무 것도 스스로 할 수 없나니 아버지께서 행하시는 그것을 아들도 그와 같이 행하느니라 아버지께서 아들을 사랑하사 자기의 행하시는 것을 다 아들에게 보이시고 또 그 보다 더 큰일을 보이사 너희로 기이히 여기게 하시리라 아버지께서 죽은 자를 일으켜 살리심 같이 아들도 자기의 원하는 자들을 살리느니라.

요 5:19 ἀπεκρίνατο ουν ὁ Ἰησοῦς καὶ ειπεν αὐτοῖς, Ἀμὴν ἀμὴν λέγω ὑμῖν, οὐ δύναται ὁ υἱὸς ποιεῖν ἀφ᾽ ἑαυτοῦ οὐδέν, ἐὰν μή τι βλέπῃ τὸν πατέρα ποιοῦντα· ἃ- γὰρ- ἂν ἐκεῖνος ποιῇ, ταῦτα καὶ ὁ υἱὸς ὁμοίως ποιεῖ.

요 5:20 ὁ- γὰρ πατὴρ φιλεῖ τὸν υἱόν, καὶ πάντα δείκνυσιν αὐτῷ ἃ αὐτὸς ποιεῖ· καὶ μείζονα τούτων δείξει αὐτῷ ἔργα, ἵνα ὑμεῖς θαυμάζητε.

요 5:21 ὥσπερ γὰρ ὁ πατὴρ ἐγείρει τοὺς νεκροὺς καὶ ζῳοποιεῖ, οὕτως καὶ ὁ υἱὸς οὓς θέλει ζῳοποιεῖ.

예수님은 자신이 하나님의 아들이라고 한 말 때문에 자

기를 죽이려는 유대인들에게 내가 진실로 너희에게 이르노니 아들이 아버지의 하시는 일을 보지 않고는 아무 것도 할 수 없다고 말씀하시면서 나는 아버지께서 행하시는 것을 보고 알기 때문에 나도 아버지가 하시는 일을 하는 것이라 말씀하시는 것입니다. 세상에서도 아버지가 하시는 사업이나 일들을 아들이 보고 배우면서 후에 아버지의 유업을 이어 가듯이 예수님도 하나님 아버지 밑에서 듣고 보고 배운 것들을 지금 행하고 있다는 뜻입니다. 예수님의 아버지는 말씀으로 성전을 건축하는 목수이었기 때문에 예수님도 아버지의 기업을 이어받아 목수가 되어 그의 제자들 안에 하나님의 말씀으로 성전을 건축하여 열두 성전(교회)을 만드신 것입니다.

오늘날 목회자들은 교인들이 낸 건축헌금으로 교회를 아름답게 짓고 있습니다. 그런데 예수님은 건축헌금을 받으신 적도 없고 사람의 손으로 건축하는 건물교회를 단 한 채도 건축하신 적이 없습니다. 왜냐하면 하나님이 원하시고 인정하시는 성전은 건물이 아니라 사람들 안에 말씀으로 건축하는 영적인 거룩한 성전을 말씀하고 있기 때문입니다. 이어서 예수님은 아버지께서 아들을 사랑하여 아버지의 행하시는 것들을 모두 아들에게 보여주시고 그 보다 더 큰일을 행하게 하시는데 너희가 내가 행하는 일을 보면 너무 기이하게 여기게 된다는 것입니다. 아들이 행하는 기이한 일은 아버지께서 죽은 자를 일으켜 살리심 같이 아들도 자기의 원하는 자들을 살리는 일입니다.

문제는 예수님께서 죽은 자들을 아무나 살리는 것이 아니라 자신이 원하는 자들만 살린다는 것입니다. 이 말씀과 같이 유대 땅에는 수많은 하나님의 백성들이 있었지만 예수님은 그 중에 예수님이 원하시는 열두 제자들만 구원하여 살리신 것을 볼 수 있습니다. 그런데 오늘날 기독교인들은 예수님의 이러한 말씀과는 전혀 상관없이 예수를 믿기만 하면 아들이 된다는 삯꾼목자의 말을 믿고 모두 하나님의 아들이 되어있는 것입니다. 이러한 현상은 예수님의 말씀보다 삯꾼목자의 말을 더 믿고 신뢰하기 때문입니다.

[요한복음 5장 22절-23절] 아버지께서 아무도 심판하지 아니하시고 심판을 다 아들에게 맡기셨으니 이는 모든 사람으로 아버지를 공경하는 것같이 아들을 공경하게 하려 하심이라 아들을 공경치 아니하는 자는 그를 보내신 아버지를 공경치 아니하느니라.

요 5·22 οὐδε γὰρ ὁ πατὴρ κρίνει οὐδένα, ἀλλὰ τὴν κρίσιν πᾶσαν δέδωκεν τῷ υἱῷ.

요 5·23 ἵνα πάντες τιμῶσιν τὸν υἱὸν καθὼς τιμῶσιν τὸν πατέρα. ὁ μὴ- τιμῶν τὸν υἱὸν οὐ- τιμᾷ τὸν πατέρα τὸν πέμψαντα αὐτόν.

하나님 아버지는 아무도 심판하지 아니하시고 심판을 다 아들에게 맡기셨는데 그 이유는 모든 사람으로 하여금 아버지를 공경하는 것같이 아들도 공경하게 하려는 것입니다. 이렇게 성부하나님은 심판과 구원하는 권세를 성자하나님이신 예수님께 모두 위임하셨는데 그 이유는 하나님의 백성들이 하나님을 공경하듯이 아들도 공경하게 하려는 것입니다. 왜냐하면 유대인들이나 오늘날 기독교인들도 하나님의 아들을 믿고 공경하지 않으면 구원을 받을 수 없기 때문입니다.

이와 같이 하나님의 백성들이 하나님의 아들을 공경치 아니하는 것은 그를 보내신 아버지를 공경치 아니하는 것이라 말씀하시는 것입니다. 그런데 기독교인들은 유대인들과 같이 과거에 오셨던 예수님이나 앞으로 오실 예수님은 믿으나 하나님께서 오늘날 기독교인들을 구원하기 위해서 보내주시는 오늘날의 구원자는 믿지 않는다는 것입니다. 이렇게 오늘날 기독교인들이 하나님께서 보내주시는 오늘 날의 예수를 믿지 않고 공경하지 않는 것은 곧 하나님을 공 경하지 않고 있다는 것입니다.

[요한복음 5장 24절-25절] 내가 진실로 진실로 너희에게 이 르노니 내 말을 듣고 또 나 보내신 이를 믿는 자는 영생을 얻 었고 심판에 이르지 아니하나니 사망에서 생명으로 옮겼느니라 진실로 진실로 너희에게 이르노니 죽은 자들이 하나님의 아들 의 음성을 들을 때가 오나니 곧 이 때라 듣는 자는 살아나리라.

요 5·24 Ἀμὴν ἀμὴν λέγω ὑμῖν, ὅτι ὁ τὸν- λόγον- μου ἀκούων, καὶ πιστεύων τῷ πέμψαντί με, ἔχει ζωὴν αἰώνιον, καὶ εἰς κρίσιν οὐκ ἔρχεται, ἀλλὰ μεταβέβηκεν ἐκ τοῦ θανάτου εἰς τὴν ζωήν.

요 5·25 Ἀμὴν ἀμὴν λέγω ὑμῖν, ὅτι ἔρχεται ὥρα καὶ νῦν ἐστιν, ὅτε οἱ νεκροὶ ἀκούσονται τῆς φωνῆς τοῦ υἱοῦ τοῦ θεοῦ, καὶ οἱ ἀκούσαντες ζήσονται.

예수님은 이어서 내가 진실로진실로 너희에게 이르노니

내 말을 듣고 또 나를 보내신 이를 믿는 자는 영생을 얻었고 심판에 이르지 아니하나니 사망에서 생명으로 옮겼다고 말씀하십니다. 이 말씀에 내 말을 듣고 또 나를 보내신 이를 믿는 자는 심판에 이르지 않고 이미 영생을 얻었다(현재능동)는 말씀은 좀 문제가 있다고 생각합니다. 왜냐하면 예수님의 말씀을 듣고 하나님을 믿는다해서 즉시 영생을 얻을 수는 없기 때문입니다.

그러므로 이 말씀은 예수님의 말씀을 듣고 또 예수님을 보내주신 하나님을 믿는 자는 심판에 이르지 않고 영생을 얻을 수 있다는 뜻입니다. 왜냐하면 이어지는 말씀을 보면 진실로 진실로 너희에게 이르노니 "죽은 자들이 하나님의 아들의 음성을 들을 때가 오나니 곧 이 때라"고 말씀하시면서 "듣는 자는 살아나리라"라고 말씀하고 있기 때문입니다. 즉 하나님의 아들의 음성을 듣는 자는 앞으로 살아날 수 있다는 뜻입니다.

문제는 아들의 음성을 들어야 죽은 자들이 살아나는데 아들의 음성은 현재 살아계신 예수님이 있어야 들을 수 있는데 만일 살아계신 예수님이 지금 없다면 아들의 음성은 들을 수가 없다는 것입니다. 때문에 오늘날 살아계신 예수님은 반드시 계셔야 하는 것입니다.

만일 오늘날 살아계신 하나님의 아들이 없다면 아들의 음성을 직접들을 수가 없고 따라서 죽은 자들이 살아날 수가 없는 것입니다.

[요한복음 5장 26절-29절] 아버지께서 자기 속에 생명이 있음같이 아들에게도 생명을 주어 그 속에 있게 하셨고 또 인자 됨을 인하여 심판하는 권세를 주셨느니라 이를 기이히 여기지 말라 무덤 속에 있는 자가 다 그의 음성을 들을 때가 오나니 선한 일을 행한 자는 생명의 부활로 악한 일을 행한 자는 심판의 부활로 나오리라.

요 5:26 ὥσπερ- γὰρ ὁ πατὴρ ἔχει ζωὴν ἐν ἑαυτῷ, οὕτως ἔδωκεν καὶ τῷ υἱῷ ζωὴν ἔχειν ἐν ἑαυτῷ

요 5:27 καὶ ἐξουσίαν ἔδωκεν αὐτῷ καὶ κρίσιν ποιεῖν, ὅτι υἱὸς ἀνθρώπου ἐστίν.

요 5:28 μὴ- θαυμάζετε τοῦτο· ὅτι ἔρχεται ὥρα ἐν ᾗ πάντες οἱ ἐν τοῖς μνημείοις ἀκούσονται τῆς- φωνῆς- αὐτοῦ,

요 5:29 καὶ ἐκπορεύσονται, οἱ τὰ ἀγαθὰ ποιήσαντες εἰς ἀνάστασιν ζωῆς, οἱ- δὲ τὰ φαῦλα πράξαντες εἰς ἀνάστασιν κρίσεως.

상기의 말씀은 아버지 안에 있는 생명을 아들에게도 주어 아들 속에도 생명이 있게 하셨으며 또한 하나님께서 아들이 됨을 인해서 심판하는 권세를 주셨다고 말씀하고 있습니다. 그리시면서 "하나님 아버지께서 아들에게 심판하는 권세를 주신 것을 너희는 이상하게 여기지 말라"고 말씀하시는 것입니다.

예수님은 이어서 "무덤 속에 있는 자가 다 아들의 음성을 들을 때가 오나니 선한 일을 행한 자는 생명의 부활로 악한 일을 행한 자는 심판의 부활로 나올 것이라" 말씀하고 있습니다. 문제는 죽어서 무덤 속에 있는 자들이 아들의 음성을 들을 때가 온다는 것입니다. 지금 살아있는 자들도 아들의 음성을 듣지 못하고 있는데 죽어서 무덤에 들어가 있는 자들이 어떻게 아들의 음성을 들을 수가 있느냐 하는 것입니다. 때문에 예수님이 말씀하시는 죽은 자와 무덤이 영적으로 어떤 무덤을 말하고 있는지를 모르면 이 말씀은 알 수가 없는 것입니다.

예수님이 말씀하시는 죽은 자는 육신이 죽은 자가 아니라 아직 하나님의 생명으로 거듭나지 못한 영혼들을 말하며 무덤은 죽은 영혼들이 살아나지 못하도록 덮고 있는 비진리, 즉 각종교리를 말하고 있습니다. 왜냐하면 사람들이 만들어 놓은 각종교리와 교회규범들 때문에 진리로 나아가지 못하고 오늘날의 예수님도 이단으로 배척을 하고 있기 때문입니다. 그러나 오늘날 구원자로 오신 아들의 음성을 듣는다면 무덤 속에 갇혀서 죽어있는 영혼도 살아 날 수 있다는 것입니다. 그리고 아들의 음성을 들을 때가 바로 이때라고 말씀하시는 것은 지금 하나님의 아들이 구원자로 오셔서 계시다는 것을 강조하신 것입니다.

예수님께서 하나님의 백성들에게 선한 일을 행한 자는 생명의 부활로 나오며 악한 일을 행한 자는 심판의 부활로 나올 것이라 말씀하시는데 무엇이 선한 일이며 무엇이 악한 일인지를 잘 모르고 있다는 것입니다.

오늘날 기독교인들이 말하는 선과 악은 윤리도덕이나 교회의 법 혹은 세상의 법을 기준으로 하고 있습니다. 그러나 예수님이 말씀하시는 선한 일은 하나님께서 구원자로 보내주시는 하나님의 아들을 믿고 그의 입에서 나오는 말씀을 듣고 영접하여 하나님의 아들로 거듭나는 것이며 악한 일은 하나님께서 보내주시는 오늘날의 구원자를 믿지 않고 배척하는 것입니다.

왜냐하면 하나님께서 구원자로 보내주신 오늘날의 아들을 믿고 영접하면 죽은 영혼이 살아나지만 오늘날의 구원자를 믿지 않고 배척을 하면 심판을 받아 영원한 형벌에 처하게 되기 때문입니다. 이렇게 하나님께서 말씀하시는 구원과 심판의 기준은 하나님께서 오늘날의 구원자로 보내 주시는 하나님의 아들을 믿고 영접하느냐 아니면 아들을 불신하고 배척하느냐 입니다.

[요한복음 5장 30절–32절] 내가 아무것도 스스로 할 수 없노라 듣는 대로 심판하노니 나는 나의 원대로 하려 하지 않고 나를 보내신 이의 원대로 하려는 고로 내 심판은 의로우니라 내가 만일 나를 위하여 증거하면 내 증거는 참되지 아니하되 나를 위하여 증거하시는 이가 따로 있으니 나를 위하여 증거하시는 그 증거가 참인줄 아노라.

요 5·30 οὐ δύναμαι ἐγὼ ποιεῖν ἀπ᾽ ἐμαυτοῦ οὐδέν· καθὼς ἀκούω κρίνω, καὶ ἡ κρίσις ἡ ἐμὴ δικαία ἐστίν· ὅτι οὐ- ζητῶ τὸ θέλημα τὸ ἐμὸν, ἀλλὰ τὸ θέλημα τοῦ πέμψαντός με πατρός.

요 5·31 Ἐὰν ἐγὼ μαρτυρῶ περὶ ἐμαυτοῦ, ἡ- μαρτυρία- μου οὐκ- ἔστιν ἀληθής.

요 5·32 ἄλλος ἐστὶν ὁ μαρτυρῶν περὶ ἐμοῦ, καὶ οιδα ὅτι ἀληθής ἐστιν ἡ μαρτυρία ἣν μαρτυρεῖ περὶ ἐμοῦ.

이어서 예수님께서 말씀하시기를 나는 아무것도 스스로 할 수 없기 때문에 아버지께 들은 대로 심판하는 것이며 또한 나는 내가 원하는 대로 심판하지 않고 나를 보내신 아버지가 원하시는 대로 심판하기 때문에 내가 하는 심판은 의롭다는 것입니다. 예수님께서 하신 이 말씀은 오늘날 기독교인들은 물론 저도 좀 이해가 되질 않는 말씀입니다. 왜냐하면 예수님은 성령이 잉태되어 태어나신 하나님의 아들로 예수님 안에는 하나님이 계신 분으로 예수님이 곧 하나님이신데 예수님께서 나는 아무것도 스스로 할 수 없고 아버지께 듣고 본대로 심판하신다고 말씀하고 있기 때문입니다.

그러면 예수님도 요단강에서 세례 받기 전, 즉 나사렛에서 평범한 인간으로 성장하면서 하나님의 가르침을 받았다는 것입니다. 이것은 아브라함이 여호와 하나님의 말씀을 듣고 순종한 것과 같이 예수님도 30세가 되기 전까지 여호와 하나님이 행하시는 일을 보기도 하고 듣기도 하면서 가르침을 받았다는 것입니다. 예수님이 가르침을 받았다는 것은 일부이지만 누가복음에 나타나있습니다.

[누가복음 2장 41절-47절] 그 부모가 해마다 유월절을 당하

면 예루살렘으로 가더니 예수께서 열두 살 될 때에 저희가 이 절기의 전례를 좇아 올라갔다가 그 날들을 마치고 돌아갈 때에 아이 예수는 예루살렘에 머무셨더라 그 부모는 이를 알지 못하고 동행중에 있는 줄을 생각하고 하룻길을 간 후 친족과 아는 자 중에서 찾되 만나지 못하매 찾으면서 예루살렘에 돌아갔더니 사흘 후에 성전에서 만난즉 그가 선생들 중에 앉으사 저희에게 듣기도 하시며 묻기도 하시니 듣는 자가 다 그 지혜와 대답을 기이히 여기더라.

상기의 말씀을 보면 예수님께서 어린 시절에 예루살렘 성전에 올라가 사흘 동안 머무시면서 선생님에게 말씀을 듣기도 하고 묻기도 하시는 것을 볼 수 있습니다.

성경에 예수님이 가르침을 받는 장면은 단 한번 기록이 되어있지만 예수님도 하나님의 사람을 통해서 가르침을 받으며 성장하셨다는 것을 알아야 합니다. 이렇게 예수님은 우리와 같은 인간의 모습으로 성장하면서 하나님을 통해서 많은 것을 듣고 보면서 성장하셨기 때문에 나는 아무것도 스스로 할 수 없고 아버지께 듣고 본 것을 행한다고 말씀하신 것입니다.

예수님께서 어린 시절에는 죄인의 몸이었기 때문에 생

명의 말씀을 먹으면서 죄를 하나하나 버렸다는 것이 이사야 선지자를 통해서 분명하게 말씀하고 있습니다.

[이사야 7장 14절] 그러므로 주께서 친히 징조로 너희에게 주실 것이라 보라 처녀가 잉태하여 아들을 낳을 것이요 그 이름을 임마누엘이라 하리라 그가 악을 버리며 선을 택할줄 알 때에 미쳐 뻐터와 꿀을 먹을 것이라.

상기의 말씀은 예수님이 처녀의 몸에 성령이 잉태하여 아들을 낳을 것이라는 것을 말씀하고 있습니다. 이렇게 처녀의 몸에서 잉태되어 태어나는 이 아이는 분명히 임마누엘, 즉 하나님의 아들이신 예수님을 말씀하고 있는 것입니다. 그런데 이 아이는 그 안에 있는 악, 즉 죄가 있기 때문에 악을 버리고 선을 택할 줄 알 때까지 뻐터와 꿀, 곧 생명의 말씀을 먹고 자란다고 말씀하고 있습니다.

이렇게 예수님도 요단 강에서 세례요한으로부터 세례를 받기 전까지는 우리와 같은 죄인의 몸이었다는 것과 하나님의 아들로 거듭나기까지 생명의 말씀을 먹으며 자랐다는 것을 볼 수 있습니다. 때문에 예수님은 자신을 인자(사람의 아들), 즉 사람으로부터 태어난 후 하나님의 생명으로 거듭나서 하나님의 아들이 되었다는 것을 지속적으로 말씀하신 것입니다.

이어지는 말씀은 내가 만일 나를 위하여 증거하면 내 증거는 참되지 아니하되 나를 위하여 증거하시는 이가 따로 있으니 나를 위하여 증거하시는 분은 하나님이니 내 증거는 참되다고 말씀하시는 것입니다. 즉 예수님의 구원과 심판 그리고 증거하시는 모든 것은 아버지로부터 듣고 본 것이며 또한 예수님 안에 하나님이 계시기 때문에 내 증거는 모두 옳다고 말씀하시는 것입니다.

[요한복음 5장 33절-34절] 너희가 요한에게 사람을 보내매 요한이 진리에 대하여 증거하였느니라 그러나 나는 사람에게서 증거를 취하지 아니하노라 다만 이 말을 하는 것은 너희로 구원을 얻게 하려 함이니라.

요 5:33 Ὑμεῖς ἀπεστάλκατε πρὸς Ἰωάννην καὶ μεμαρτύρηκεν τῇ ἀληθείᾳ·

요 5:34 ἐγὼ δὲ οὐ παρὰ ἀνθρώπου τὴν μαρτυρίαν λαμβάνω, ἀλλὰ ταῦτα λέγω ἵνα ὑμεῖς σωθῆτε.

예수님은 유대인들에게 너희가 사람을 요한에게 보냈지만 요한은 진리에 대하여 증거한 것이라 말씀하고 있습니다. 그러나 "나는 사람에게서 증거를 취한 것이 아니라 오직 하나님으로부터 받은 것을 증거하는 것이다"라고 말씀하시면서 "내가 이런 말을 하는 것은 너희로 구원을 얻게 하기 위해서이다"라고 하십니다. 왜냐하면 하나님으로부터 받은 증거, 즉 하나님의 생명만이 죽은 영혼을 구원하고 살릴 수 있기 때문입니다.

[요한복음 5장 35절-38절] 요한은 켜서 비취는 등불이라 너희가 일시 그 빛에 즐거이 있기를 원하였거니와 내게는 요한의 증거보다 더 큰 증거가 있으니 아버지께서 내게 주사 이루게 하시는 역사 곧 나의 하는 그 역사가 아버지께서 나를 보내신 것을 나를 위하여 증거하는 것이요 또한 나를 보내신 아버지께서 친히 나를 위하여 증거하셨느니라 너희는 아무 때에도 그 음성을 듣지 못하였고 그 형용을 보지 못하였으며 그 말씀이 너희 속에 거하지 아니하나니 이는 그의 보내신 자를 믿지 아니함이니라.

요 5:35 ἐκεῖνος ην ὁ λύχνος ὁ καιόμενος καὶ φαίνων, ὑμεῖςδε ἠθελήσατε ἀγαλλιασθῆναι πρὸς ὥραν ἐν τῷ φωτὶ αὐτοῦ.

요 5:36 ἐγὼ δε ἔχω τὴν μαρτυρίαν μείζω τοῦ Ἰωάννου· τὰ γὰρ ἔργα ἃ ἔδωκέν μοι ὁ πατὴρ ἵνα τελειώσω αὐτά, αὐτὰ τὰ ἔργα ἃ ἐγὼ ποιῶ, μαρτυρεῖ περὶ ἐμοῦ ὅτι ὁ πατήρ με ἀπέσταλκεν.

요 5:37 καὶ ὁ πέμψας με πατήρ, αὐτὸς μεμαρτύρηκεν περὶ ἐμοῦ. οὔτε φωνὴν αὐτοῦ ἀκηκόατε πώποτε, οὔτε ειδος αὐτοῦ ἑωράκατε.

요 5:38 καὶ τὸν λόγον αὐτοῦ οὐκ ἔχετε μένοντα ἐν ὑμῖν, ὅτι ὃν ἀπέστειλεν ἐκεῖνος, τούτῳ ὑμεῖς οὐ πιστεύετε.

예수님께서 요한에 대해서 말씀하시기를 요한은 불을 켜서 비취는 등불이라 말씀하시면서 너희가 잠시 그 빛에 즐겁게 있기를 원하였지만 내게는 요한의 증거보다 더 큰 증거, 즉 더 큰 빛이 있다고 말씀하십니다.

요한은 빛이며 예수님은 참 빛으로 요한의 입에서 나오는 말씀은 등불이며 예수님의 입에서 나오는 말씀은 참 빛으로 곧 생명의 말씀을 비유하여 말씀하신 것입니다. 때문에 예수님은 너희가 등불인 요한에게 잠시 즐거워하며 머물고 있지만 이제 참 빛인 내게 오라는 뜻입니다. 왜냐하면 예수님이 주시는 생명의 말씀을 먹어야 하나님의 아들로 거듭날 수 있기 때문입니다. 이어서 예수님은 아버지께서 내게 주사 이루게 하시는 역사 곧 내가 행하고 있는 그 일이 아버지께서 나를 보내셨다는 것을 나를 위해 증거하는 것이며 또한 나를 보내신 아버지께서 말씀으로 친히 나를 증거하는 것이라 말씀하고 있습니다.

즉 예수님이 하나님께서 보낸 자라는 것에 대한 증거는 예수님께서 행하는 일과 말씀의 증거가 증명하고 있다는 뜻입니다. 예수님께서 너희는 아무 때에도 그 음성을 듣지 못하였고 그 형용을 보지 못하였는데 그 이유는 그의 말씀이 너희 속에 거하지 아니하기 때문이라는 것입니다. 그런데 너희가 그의 음성을 듣지 못하고 그의 형용을 보지 못한 것은 곧 하나님께서 보내신 자, 곧 예수님을 믿지 아니하기 때문이라는 것입니다.

[요한복음 5장 39절-43절] 너희가 성경에서 영생을 얻는줄 생각하고 성경을 상고하거니와 이 성경이 곧 내게 대하여 증거하는 것이로다 그러나 너희가 영생을 얻기위하여 내게 오기를 원하지 아니하는도다 나는 사람에게 영광을 취하지 아니하노라 다만 하나님을 사랑하는 것이 너희 속에 없음을 알았노라 나는

내 아버지의 이름으로 왔으매 너희가 영접지 아니하나 만일 다른 사람이 자기 이름으로 오면 영접하리라.

요 5:39 Ἐρευνᾶτε τὰς γραφάς, ὅτι ὑμεῖς δοκεῖτε ἐν αὐταῖς ζωὴν αἰώνιον ἔχειν, καὶ ἐκεῖναί εἰσιν αἱ μαρτυροῦσαι περὶ ἐμοῦ

요 5:40 καὶ οὐ- θέλετε ἐλθεῖν πρός με, ἵνα ζωὴν ἔχητε.

요 5:41 Δόξαν παρὰ ἀνθρώπων οὐ- λαμβάνω·

요 5:42 ἀλλ᾽ ἔγνωκα ὑμᾶς ὅτι τὴν ἀγάπην τοῦ θεοῦ οὐκ- ἔχετε ἐν ἑαυτοῖς.

요 5:43 ἐγὼ ἐλήλυθα ἐν τῷ ὀνόματι τοῦ- πατρός- μου, καὶ οὐ- λαμβάνετέ με· ἐὰν ἄλλος ἔλθῃ ἐν τῷ ὀνόματι τῷ- ἰδίῳ, ἐκεῖνον λήψεσθε.

예수님은 이어서 "너희가 성경에서 영생을 얻는 줄 생각하고 성경을 상고하거니와 이 성경은 곧 내게 대하여 증거 하는 것이라"고 말씀하고 있습니다. 오늘날 기독교인들 중에는 성경을 수십 독 혹은 수백 독을 하면서 심지어 성경을 통째로 외우는 사람도 있다고 합니다. 그런데 그것도 모자라 이제는 성경 전체를 글로 쓰는 사람들이 늘어나고 있습니다.

또한 요즈음 군소 신학교들이 수도 없이 생겨나 신학공부를 마친 분들도 많이 있습니다. 이렇게 오늘날 기독교인들은 성경을 보기도 하고 쓰기도 하고 외우기도 하는데 성경이 무엇에 대하여 기록되어 있는지를 확실히 모르고 있다는 것입니다.

왜냐하면 성경은 예수님의 말씀과 같이 하나님의 아들에 대하여 기록되어 있는데 구약성경은 오실 메시야에 대해서 그리고 신약성경은 오신 메시야, 즉 지금 오셔서 계신 하나님의 아들에 대하여 말씀하고 있음에도 불구하고 오늘날 기독교인들이 오늘날 예수에 대해서 모르는 것은 아직 하나님의 아들로 거듭나지 못했기 때문입니다. 그러므로 오늘날 기독교인들이 성경을 그렇게 열심히 보고 공부하면서도 지금 오셔서 계신 하나님의 아들에 대해서 전혀 모르고 있는 것입니다.

때문에 유대인들이 오신 예수를 모르고 배척하고 핍박한 것처럼 오늘날 기독교인들도 지금 오셔서 살아계신 하나님의 아들을 모르고 오히려 이단으로 몰아 배척을 하며 핍박을 하고 있는 것입니다. 이렇게 지금 오셔서 계신 예수님을 모르고 배척을 하는 것은 성경을 보는 목적이 영생이 아니라 모두 복을 받아 잘살기 위한 기복신앙이기 때문입니다. 때문에 예수님은 하나님의 백성들에게 너희가 영생을 얻기 위하여 내게 오기를 원치 않는다고 말씀하시는 것입니다. 이어서 예수님은 나는 사람에게서 영광을 취하지 않는다고 말씀하시면서 너희가 내게 오지 않는 것은 하나님을 사랑하는 것이 너희 속에 없음을 알았다는 것입니다. 그러시면서 나는 내 아버지의 이름으로 왔으매 너희가 영접하지 아니하나 만일 다른 사람이 자기 이름으로 오면 영접한다고 말씀하십니다.

이 말씀의 뜻은 유대인들은 물론 오늘날 기독교인들도 하나님의 말씀을 가지고 오시는 하나님의 아들은 영접하지 않고 양자, 즉 거짓목자나 삯꾼목자들이 자신들이 하나님의 말씀을 가감하여 만든 각종 교리를 가지고 오면 잘 영접한다는 것입니다. 때문에 예수님께서 유대인들은 물론 오늘날 기독교인들에게 너희는 하나님의 말씀보다 사람이 만든 교리나 유전 그리고 복을 더 사랑하고 있다고 말씀하시는 것입니다.

이러한 신앙생활은 사도바울의 말씀과 같이 다른 복음, 다른 예수, 다른 영을 믿고 따르는 기복신앙입니다.

[요한복음 5장 44절-47절] 너희가 서로 영광을 취하고 유일하신 하나님께로부터 오는 영광은 구하지 아니하니 어찌 나를 믿을 수 있느냐 내가 너희를 아버지께 고소할까 생각지 말라 너희를 고소하는 이가 있으니 곧 너희의 바라는 자 모세니라 모세를 믿었더면 또 나를 믿었으리니 이는 그가 내게 대하여 기록하였음이라 그러나 그의 글도 믿지 아니하거든 어찌 내 말을 믿겠느냐 하시니라.

요 5·44 πῶς δύνασθε- ὑμεῖς πιστεῦσαι, δόξαν παρὰ ἀλλήλων λαμβάνοντες, καὶ τὴν δόξαν τὴν παρὰ τοῦ μόνου θεοῦ οὐ- ζητεῖτε

요 5·45 μὴ- δοκεῖτε ὅτι ἐγὼ κατηγορήσω ὑμῶν πρὸς τὸν πατέρα· ἔστιν ὁ κατηγορῶν ὑμῶν, Μωσῆς, εἰς ὃν ὑμεῖς ἠλπίκατε.

요 5·46 εἰ- γὰρ ἐπιστεύετε Μωσῇ, ἐπιστεύετε- ἂν ἐμοί περὶ- γὰρ ἐμοῦ ἐκεῖνος ἔγραψεν.

요 5·47 εἰ- δὲ τοῖς ἐκείνου γράμμασιν οὐ- πιστεύετε, πῶς τοῖς- ἐμοῖς- ῥήμασιν πιστεύσετε

예수님은 너희가 서로 영광을 취하고 유일하신 하나님

께로부터 오는 영광은 구하지 아니하니 어찌 나를 믿을 수 있느냐고 말씀하십니다. 유일하신 하나님으로부터 오는 영광은 곧 예수님을 말씀하고 있습니다. 그런데 오늘날 목회자들이 예수님의 자리에 앉아서 하나님의 말씀을 가감하여 이신칭의라는 교리를 만들어 교인들을 구원시켜 하나님의 아들을 만들어내기 때문에 예수님을 구하거나 찾지도 않는다는 것입니다. 그러나 구원과 영생은 오직 예수님과 사도들 그리고 오늘날 하나님의 생명으로 거듭난 하나님의 아들만이 할 수 있는 일인데 아직 하나님의 아들로 거듭나지도 못한 거짓선지자와 삯꾼목자들이 예수를 믿기만 하면 구원을 받아 하나님의 아들이 되었다고 속여서 자기 교인을 만들고 있는 것입니다.

이렇게 하나님께 드려야 할 영혼들을 가로채고 있는 삯꾼목자들을 향해 예수님은 내가 너희를 아버지께 고소할까 생각지 말라고 하시면서 너희를 고소하는 자가 따로 있으니 곧 너희가 바라고 기다리고 있는 모세라 말씀하고 있습니다.

예수님은 이어서 너희가 모세를 믿었다면 또 나를 믿었을 터인데 나를 믿지 않는 것은 모세도 믿지 않고 있다는 것입니다. 왜냐하면 모세는 나에 대하여 증거 하였으며 또한 그의 율법에도 모두 내게 대하여 기록하였기 때문이라는 것입니다.

예수님은 이어서 너희가 모세의 글도 믿지 않는데 어떻게 내 말을 믿겠느냐고 한탄을 하시는 것입니다. 문제는 오늘날 기독교인들도 예수님이 오셔서 모세의 율법을 모두 폐하셨다는 삯꾼목자의 말을 믿고 율법을 지키지 않고 있기 때문에 오늘날 모세나 율법이 있는지 조차도 모르고 있으며 따라서 오늘날 하나님께서 구원자로 보내주시는 하나님의 아들도 모르고 있는 것입니다.

그러나 오늘날도 모세의 율법은 존재하고 있으며 하나님께서 구원자로 보내주시는 하나님의 아들도 엄연히 존재하고 계십니다.

환난의 날

환난 날의 잡힌 마음이
등불을 밝히는 구나

부끄러운 줄 모르며 달려 가더니
어리석음을 깨닫고 후회하면서

지난밤의 쑤시던 뼈마디가
쉬지 아니하였더면

흑암 중에 잡히지 않은 마음이
고생의 날 보내는 자가
광명을 볼 수 있었던가

제6장

오병이어의 표적

그 후에 예수께서
갈릴리 바다 곧 디베랴 바다 건너편으로 가시매
큰 무리가 따르니 이는 병인들에게 행하시는 표적을 봄이러라.
Μετὰ ταῦτα ἀπῆλθεν ὁ Ἰησοῦς πέραν τῆς θαλάσσης τῆς Γαλιλαίας
τῆς Τιβεριάδος·
καὶ ἠκολούθει αὐτῷ ὄχλος πολύς, ὅτι ἑώρων αὐτοῦ τὰ σημεῖα ἃ
ἐποίει ἐπὶ τῶν ἀσθενούντων.

[요한복음 6장 1절-2절] 그 후에 예수께서 갈릴리 바다 곧 디베랴 바다 건너편으로 가시매 큰 무리가 따르니 이는 병인들에게 행하시는 표적을 봄이러라.

요 6·1 Μετὰ ταῦτα ἀπῆλθεν ὁ Ιησοῦς πέραν τῆς θαλάσσης τῆς Γαλιλαίας τῆς Τιβεριάδος·

요 6·2 καὶ ἠκολούθει αὐτῷ ὄχλος πολύς, ὅτι ἑώρων αὐτοῦ τὰ σημεῖα ἃ ἐποίει ἐπὶ τῶν ἀσθενούντων.

예수님은 예루살렘을 떠나 갈릴리 바다 곧 디베랴 바다 건너편으로 가시니 큰 무리가 따라가는데 이는 예수님께서 병자들을 치료하시는 표적을 보았기 때문입니다. 이렇게 하나님의 백성들은 예전이나 오늘날이나 표적을 보지 않고는 믿지 않기 때문에 어떤 목사님이 표적만 행하면 능력이 있다 참 목자다 하면서 모두 몰려다니는 것을 볼 수 있습니다.

오늘날 기독교인들이 예수를 믿는 것도 성경을 통해서 가나안에서 물로 포도주를 만드시는 표적과 죽은 나사로를 살리는 표적 그리고 물위를 걸으시는 표적 등 예수님이 행하신 수많은 표적을 보았기 때문입니다. 그러나 예수님이

203

행하신 표적은 모두 영적인 요나의 표적이라는 것을 알아야 합니다. 즉 예수님이 행하신 표적은 오직 죽은 영혼을 구원하고 살리는 표적이라는 것입니다.

[요한복음 6장 3절-7절] 예수께서 산에 오르사 제자들과 함께 거기 앉으시니 마침 유대인들의 명절인 유월절이 가까운지라 예수께서 눈을 들어 큰 무리가 자기에게로 오는 것을 보시고 빌립에게 이르시되 우리가 어디서 떡을 사서 이 사람들로 먹게 하겠느냐 하시니 이렇게 말씀하심은 친히 어떻게 하실 것을 아시고 빌립을 시험코자 하심이라 빌립이 대답하되 각 사람으로 조금씩 받게 할지라도 이백 데나리온의 떡이 부족하리이다.

요 6:3 ἀνῆλθεν- δε εἰς τὸ ὄρος ὁ Ἰησοῦς, καὶ ἐκεῖ ἐκάθητο μετὰ τῶν- μαθητῶν- αὐτοῦ.

요 6:4 ην δε ἐγγὺς τὸ πάσχα ἡ ἑορτὴ τῶν Ἰουδαίων.

요 6:5 ἐπάρας ουν ὁ Ἰησοῦς τοὺς ὀφθαλμούς, καὶ θεασόμενος ὅτι πολὺς ὄχλος ἔρχεται πρὸς αὐτόν, λέγει πρὸς τὸν Φίλιππον, Πόθεν ἀγοράσομεν ἄρτους ἵνα φάγωσιν οὗτοι

요 6:6 Τοῦτο- δε ἔλεγεν πειράζων αὐτόν· αὐτὸς- γὰρ ᾔδει τί

ἔμελλεν ποιεῖν.

"요 6:7 ἀπεκρίθη αὐτῷ Φίλιππος, Διακοσίων δηναρίων ἄρτοι οὐκ ἀρκοῦσιν αὐτοῖς ἵνα ἕκαστος αὐτῶν βραχύ- τι λάβῃ.

예수께서 제자들과 함께 산에 오르사 자리에 앉으셨는데 마침 유대인들의 명절인 유월절이 가까울 때였습니다. 예수께서 고개를 들어 큰 무리가 자신에게로 오는 것을 바라보시고 빌립에게 말씀하시되 우리가 어디서 떡을 사서 이 사람들을 먹게 하겠느냐고 말씀하시니 예수님께서 이렇게 말씀하시는 것은 빌립이 친히 어떻게 말할 것을 아시고 빌립을 시험코자 하시려는 것입니다.

예수님은 무리들에게 먹일 양식을 걱정하시고 빌립에게 질문을 하신 것인데 예수님은 빌립이 어떻게 대답하실 것을 이미 아셨다고 말씀하고 있습니다.

왜냐하면 예수님이 걱정하는 무리에게 먹일 양식은 영적인 양식으로 하나님의 말씀인데 빌립이 걱정을 하는 것은 육신적인 양식이기 때문입니다. 예수님의 질문에 빌립은 예수님이 예상하신대로 각 사람에게 조금씩 나누어 줄지라도 이백 데나리온을 가지고 떡을 사도 좀 부족할 것 같다고 대답하고 있는 것입니다. 이렇게 예수님은 항상 영생할 수 있도록 준비되어 있는 영의 양식인 생명의 떡(생명의 말씀)을 말씀하고 있는데 육신에 속한 존재들은 언제나 육신이 먹고 배부를 육신의 양식을 염려하며 구하고 찾는 것입니다. 이렇게 예수님이 행하시는 표적을 보고 예수님을 따라 산에 오른 무리들이 바라는 목적도 모두 예수님으로부터 육신의 양식, 즉 육신의 복을 받으려는 것입니다. 문제는 예수님의 제자인 빌립도 무리에게 먹일 양식을 육신적인 양식으로 오해하고 있다는 것입니다.

[요한복음 6장 8절-10절] 제자 중의 하나 곧 시몬 베드로의 형제 안드레가 예수께 여짜오되 여기 한 아이가 있어 보리떡 다섯 개와 물고기 두 마리를 가졌나이다. 그러나 그것이 이 많은 사람에게 얼마나 되겠삽나이까 예수께서 가라사대 이 사람들로 앉게 하라 하신대 그 곳에 잔디가 많은 지라 사람들이 앉으니 수효가 오천쯤 되더라.

요 6·8 Λέγει αὐτῷ εἷς ἐκ τῶν- μαθητῶν- αὐτοῦ, Ἀνδρέας ὁ ἀδελφὸς Σίμωνος Πέτρου,

요 6·9 Ἔστιν παιδάριον ἓν ὧδε, ὃ ἔχει πέντε ἄρτους κριθίνους καὶ δύο ὀψάρια· ἀλλὰ ταῦτα τί ἐστιν εἰς τοσούτους

요 6·10 Ειπεν δὲ ὁ Ἰησοῦς, Ποιήσατε τοὺς ἀνθρώπους ἀναπεσεῖν. ην δὲ χόρτος πολὺς ἐν τῷ τόπῳ. ἀνέπεσον ουν οἱ ἄνδρες τὸν ἀριθμὸν ὡσεὶ πεντακισχίλιοι.

예수님과 빌립은 무리가 먹을 떡을 염려하고 있는데 제자 중의 하나 곧 시몬 베드로의 형제 안드레가 예수님에게 "여기 한 아이가 보리떡 다섯 개와 물고기 두 마리를 가지고 있습니다. 그러나 그것으로 이 많은 사람들을 어떻게 먹일 수 있습니까?" 하고 예수님께 말씀드리는 것입니다. 그때 예수님은 제자들에게 이 사람들을 잔디가 많은 이곳에 모두 앉게 하라고 말씀하십니다.

예수님의 말씀에 따라 그 잔디에 앉은 사람의 수는 약 오천 명이나 된다고 말씀하고 있습니다. 때문에 예수님의 제자들은 보리떡 다섯 개와 물고기 두 마리를 가지고 어떻게 오천 명이나 되는 사람들에게 양식을 나누어 줄지 제자들은 몹시 걱정을 하고 있었습니다. 그런데 예수님은 보리떡 다섯 개와 물고기 두 마리를 가지고 오천 명을 먹이고도 남은 것이 열두 광주리가 차고 넘쳤다고 말씀하고 있습니다. 과연 이런 일이 가능할까요?

그런데 오늘날 기독교인들은 예수님은 하나님의 아들

로 능력이 많으시기 때문에 능히 하실 수 있다고 말하며 또한 그렇게 믿고 있는 것입니다. 때문에 이렇게 큰 표적을 행하는 예수님을 유대인들도 믿고 따른 것이며 오늘날 기독교인들도 이러한 예수님의 능력을 믿고 지금도 따르고 있는 것입니다. 그런데 오늘날 기독교인들은 어린 아이가 가지고 있는 떡 다섯 개와 물고기 두 마리 속에 감추어져 있는 하나님의 비밀은 전혀 모르고 있다는 것입니다. 그러면 떡 다섯 개와 물고기 두 마리는 영적으로 무엇을 말하며 떡과 물고기를 소유하고 있는 어린아이는 영적으로 누구를 말하고 있을까요?

떡 다섯 개와 물고기 두 마리를 소유하고 있는 어린 아이는 예수님을 말씀하고 있으며 떡은 말씀을 말하며 물고기는 산 생명을 비사로 말씀하고 있습니다. 때문에 어린아이와 떡과 물고기는 예수님과 예수님이 소유하고 계신 생명의 말씀을 비유로 말씀하는 것입니다. 왜냐하면 예수님은 굶주린 자에게 육신의 양식을 주시기 위해 오신 분이 아니라 심령이 가난한 자(말씀이 갈급한 자)들에게 하나님의 양식, 즉 생명의 말씀을 주어 영원한 생명을 주시러 온 분이시기 때문입니다.

[요한복음 6장 11절-13절] 예수께서 떡을 가져 축사하신 후에 앉은 자들에게 나눠주시고 고기도 그렇게 저희의 원대로 주시다 저희가 배부른 후에 예수께서 제자들에게 이르시되 남은 조각을 거두고 버리는 것이 없게 하라 하시므로 이에 거두니 보리떡 다섯 개로 먹고 남은 조각이 열두 바구니에 찼더라.

요 6·11 ἔλαβεν δὲ τοὺς ἄρτους ὁ Ἰησοῦς, καὶ εὐχαριστήσας διέδωκεν τοῖς μαθηταῖς, οἱ-δὲ μαθηταὶ τοῖς ἀνακειμένοις· ὁμοίως- καὶ ἐκ τῶν ὀψαρίων ὅσον ἤθελον.

요 6·12 ὡς- δὲ ἐνεπλήσθησαν λέγει τοῖς-μαθηταῖς-αὐτοῦ, Συναγάγετε τὰ περισσεύσαντα κλάσματα, ἵνα μή-τι ἀπόληται.

요 6·13 Συνήγαγον ουν καὶ ἐγέμισαν δώδεκα κοφίνους κλασμάτων ἐκ τῶν πέντε ἄρτων τῶν κριθίνων ἃ ἐπε- ρίσσευσεν τοῖς βεβρωκόσιν.

예수님은 어린 아이가 가지고 있던 보리떡 다섯 개와 물고기 두 마리를 가지고 감사기도를 하신 후 제자들을 통해서 앉아있는 무리들에게 떡과 물고기를 저희가 원하는 대로 나누어주었는데 저희가 배부르게 먹고도 남은 것이 열두 바구니에 꽉 찼다고 말씀하고 있습니다. 때문에 오늘날 기독교인들은 예수님께서 행하신 이러한 놀라운 기적들을 보고 예수님은 능력의 주라 믿으며 자신에게도 이러한 기적이 일어나기를 바라고 있는 것입니다. 그런데 만일 예수님께서 무리들에게 배가 부르도록 먹을 육신의 양식을 채워주셨다면 예수님은 사람들을 미혹하는 마술쟁이지 구원자가 아니라는 것입니다. 왜냐하면 예수님은 말씀이 육신 되신 하나님의 아들로 죽어가는 하나님의 백성들을 구원하여 영원한 생명을 주시기 위해서 오신 구원자이며 육신의 복이나 먹을 양식을 주시기 위해서 오신 분이 아니기 때문입니다.

또한 지금 예수님을 믿고 따라온 무리들도 육신의 양식을 한 끼 얻어먹으려고 온 자들이 아니라 예수님의 말씀을 듣기 위해서 온 자들이기 때문입니다. 이렇게 예수님이 잔디 위에 앉아있는 오천 명에게 떡 다섯 개와 물고기 두 마리로 나누어 주어 먹고 열두 광주리에 차고도 넘친 양식은 육신의 양식이 아니라 예수님의 입에서 나오는 생명의 말씀을 말하고 있는 것입니다.

이어서 예수님은 무리들에게 말씀을 먹이시고 난 후 제자들에게 남은 조각을 거두고 버리는 것이 없게 하라 명하시므로 남은 것들을 거두니 보리떡 다섯 개로 먹고 남은 조각이 열두 바구니에 찼다고 말씀하십니다.

이 말씀은 예수님이 주신 생명의 말씀을 먹고 아구까지 찬 사람은 오천 명 가운데서 열두 명, 즉 예수님의 열두 제자밖에 없었다는 것을 비유하여 말씀하고 있는 것입니다. 왜냐하면 예수님의 말씀을 듣고 배부르게 먹은 자들은 오천 명이나 되었지만 모두 떠나가고 그 중에 남은 자는 오직 예수님의 열두 제자밖에 없었기 때문입니다.

[요한복음 6장 14절-15절] 그 사람들이 예수의 행하신 이 표적을 보고 말하되 이는 참으로 세상에 오실 그 선지자라 하더라 그러므로 예수께서 저희가 와서 자기를 억지로 잡아 임금 삼으려는 줄을 아시고 다시 혼자 산으로 떠나 가시니라.

요 6·14 οἱ- ουν ἄνθρωποι ἰδόντες ὃ ἐποίησεν σημεῖον ὁ Ἰησοῦς, ἔλεγον, Ὅτι οὗτός ἐστιν ἀληθῶς ὁ προφήτης ὁ ἐρχόμενος εἰς τὸν κόσμον.

요 6·15 Ἰησοῦς ουν γνοὺς ὅτι μέλλουσιν ἔρχεσθαι καὶ ἁρπάζειν αὐτόν, ἵνα ποιήσωσιν αὐτὸν βασιλέα, ἀνεχώρησεν πόλιν εἰς τὸ ὄρος αὐτὸς μόνος.

그 무리들이 예수께서 행하신 오병이어의 표적을 보고 말하되 이분은 참으로 세상에 오실 그 선지자라고 이구동성으로 말하고 있습니다. 그러므로 무리들은 예수님을 자기들의 왕을 삼으려고 하는데 예수님은 저희가 자기를 억지로 임금을 삼으려는 줄을 이미 아시고 다시 홀로 산으로 떠나가시게 된 것입니다. 오늘날 목회자들은 노회장이 되고 총회장이 되려고 금전공세까지 하는데 예수님은 자기를 임금 삼으려하기 때문에 사람들을 피해서 산으로 도망을 가신 것입니다.

왜냐하면 예수님은 기존교회로부터 이단자로 소외된 나그네, 고아, 과부와 같이 영적으로 헐벗고 굶주린 자 그리고 병들고 심령이 가난한 자들의 구원자이지 전통적인 보수신앙이나 자신은 이미 구원을 받아 하나님의 아들이 되어 있는 자들의 구원자가 아니기 때문입니다. 이렇게 오늘날 기독교인들은 예수를 믿음으로 이미 구원을 받아 하나님의 아들이 되어 있기 때문에 예수님이 오시거나 지금 오셔서 계신다 해도 아무런 소용이 없는 것입니다.

[요한복음 6장 16절-21절] 저물매 제자들이 바다에 내려가서 배를 타고 바다를 건너 가버나움으로 가는데 이미 어두웠고

예수는 아직 저희에게 오시지 아니하셨더니 큰 바람이 불어 파
도가 일어나더라 제자들이 노를 저어 십여리쯤 가다가 예수께
서 바다위로 걸어 배에 가까이 오심을 보고 두려워하거늘 가라
사대 내니 두려워 말라 하신대 이에 기뻐서 배로 영접하니 배
는 곧 저희의 가려던 땅에 이르렀더라.

요 6·16 Ὡς- δὲ ὀψία ἐγένετο κατέβησαν οἱ- μαθηταὶ- αὐτοῦ
ἐπὶ τὴν θάλασσαν,

요 6·17 καὶ ἐμβάντες εἰς τὸ πλοῖον ἤρχοντο πέραν τῆς
θαλάσσης εἰς Καπερναούμ. καὶ σκοτία ἤδη ἐγεγόνει, καὶ οὐκ
ἐληλύθει πρὸς αὐτοὺς ὁ Ἰησοῦς,

요 6·18 ἥ- τε θάλασσα ἀνέμου μεγάλου πνέοντος διηγείρετο

요 6·19 ἐληλακότες ουν ὡς σταδίους εἰκοσιπέντε ἢ
τριάκοντα θεωροῦσιν τὸν Ἰησοῦν περιπατοῦντα ἐπὶ τῆς
θαλάσσης, καὶ ἐγγὺς τοῦ πλοίου γινόμενον καὶ ἐφοβήθησαν.

요 6·20 ὁ- δὲ λέγει αὐτοῖς, Ἐγώ εἰμι· μὴ- φοβεῖσθε.

요 6·21 Ἤθελον ουν λαβεῖν αὐτὸν εἰς τὸ πλοῖον, καὶ εὐθέως
τὸ πλοῖον ἐγένετο ἐπὶ τῆς γῆς εἰς ἣν ὑπῆγον.

해가 저물매 제자들이 바다에 내려가서 배를 타고 바다

213

를 건너 가버나움으로 가고 있는데 날은 이미 어두웠고 홀
로 산에 오르신 예수님은 아직 저희에게 오시지 않아 제자
들만 배를 타고 가는데 바다에 큰 바람이 불어 파도가 일어
모두 두려워하게 된 것입니다. 때문에 예수님의 제자들은
노를 열심히 저어 십여리쯤 가고 있는데 예수님께서 바다
위로 걸어서 배에 가까이 오심을 보고 유령이 오는 것 같아
무서워하고 있는데 예수님께서 내니 두려워 말라고 말씀을
하신 것입니다. 제자들은 예수님이라는 말씀에 너무 기뻐
서 예수님을 배로 영접하였고 배는 곧 저희가 가려고 하던
가버나움 땅에 도착하게 된 것입니다.

문제는 예수님을 믿고 따르는 제자들이 예수님이 홀로
산으로 가실 때 왜 따라가지 않았고 또한 예수님이 없는데
찾거나 기다리지도 않고 제자들만 배를 타고 떠났느냐는
것입니다. 때문에 바다에 큰 바람과 더불어 파도가 일어난
것이며 제자들은 위험에 처해 두려워진 것입니다.

바다에 큰 파도가 일어났다는 것은 예수님이 함께 계시
지 않아 어둠이 몰려와 마음에 큰 동요가 일어났다는 뜻입
니다. 이것은 제자들이 타고 가는 배(교회)에 예수님이 함
께 하지 않으면 항상 위험과 고난이 따른다는 것을 보여주
신 것입니다.

제자들이 위험에 처해 있을 때 예수님이 바다 위를 걸어서 배에 오르셨고 제자들은 무사히 가버나움에 도착하게 된 것입니다.

이 말씀 때문에 오늘날 기독교인들은 예수님은 물위를 걸으실 수 있는 분이라 믿고 있는 것입니다. 그런데 예수로 말미암아 하나님의 아들로 거듭난 사도바울을 비롯한 예수님의 제자들은 단 한분도 물위를 걷지 못했다는 것입니다. 때문에 예수님께서 물위를 걸으셨다는 것은 비유로 애굽의 교리나 광야의 율법을 초월해 계신 분이라는 것을 말씀하고 있는 것입니다. 즉 창세기 1장에 하나님의 신이 수면위에 운행하시는 것과 같이 예수님도 물위를 걸으시는 분인데 물은 말씀을 비유한 것이기 때문에 물위는 곧 말씀 위에 있는 생명의 말씀을 소유하고 계신 분으로 제자들이 풍랑을 만날 때나 어려운 일을 당할 때 가까이 다가오시는 분이라는 것을 말씀하고 있는 것입니다.

[요한복음 6장 22절-27절] 이튿날 바다 건너편에 섰는 무리가 배 한척 밖에 다른 배가 거기 없는 것과 또 어제 예수께서 제자들과 함께 그 배에 오르지 아니하시고 제자들만 가는 것을 보았더니 (그러나 디베랴에서 배들이 주의 축사하신 후 여럿이

떡 먹던 그 곳에 가까이 왔더라) 무리가 거기 예수도 없으시고 제자들도 없음을 보고 곧 배들을 타고 예수를 찾으러 가버나움으로 가서 바다 건너편에서 만나 랍비여 어느 때에 여기 오셨나이까 하니 예수께서 대답하여 가라사대 내가 진실로진실로 너희에게 이르노니 너희가 나를 찾는 것은 표적을 본 까닭이 아니요 떡을 먹고 배부른 까닭이로다 썩는 양식을 위하여 일하지 말고 영생하도록 있는 양식을 위하여 하라 이 양식은 인자가 너희에게 주리니 인자는 아버지 하나님의 인치신 자니라.

요 6·22 Τῇ ἐπαύριον ὁ ὄχλος ὁ ἑστηκὼς πέραν τῆς θαλάσσης, ἰδὼν ὅτι πλοιάριον ἄλλο οὐκ ἦν ἐκεῖ εἰ μὴ ἕν ἐκεῖνο εἰς ὃ ἐνέβησαν οἱ- μαθηταὶ- αὐτοῦ, καὶ ὅτι οὐ συνεισῆλθεν τοῖς- μαθηταῖς- αὐτοῦ ὁ Ἰησοῦς εἰς τὸ πλοιάριον, ἀλλὰ μόνοι οἱ- μαθηταὶ- αὐτοῦ ἀπῆλθον,

요 6·23 ἄλλα- δὲ ηλθεν πλοιάρια ἐκ Τιβεριάδος ἐγγὺς τοῦ τόπου ὅπου ἔφαγον τὸν ἄρτον, εὐχαριστήσαντος τοῦ κυρίου·

요 6·24 ὅτε ουν ειδεν ὁ ὄχλος ὅτι Ἰησοῦς οὐκ ἔστιν ἐκεῖ οὐδὲ οἱ- μαθηταὶ- αὐτοῦ, ἐνέβησαν καὶ αὐτοὶ εἰς τὰ πλοῖα καὶ ηλθον εἰς Καπερναούμ, ζητοῦντες τὸν Ἰησοῦν.

요 6·25 καὶ εὑρόντες αὐτὸν πέραν τῆς θαλάσσης, ειπον

αὐτῷ, Ραββί, πότε ὧδε γέγονας

요 6:26 Ἀπεκρίθη αὐτοῖς ὁ Ἰησοῦς καὶ εἶπεν Ἀμὴν ἀμὴν λέγω ὑμῖν, ζητεῖτέ με, οὐχ ὅτι εἴδετε σημεῖα, ἀλλ᾽ ὅτι ἐφάγετε ἐκ τῶν ἄρτων καὶ ἐχορτάσθητε.

요 6:27 ἐργάζεσθε μὴ τὴν βρῶσιν τὴν ἀπολλυμένην, ἀλλὰ τὴν βρῶσιν τὴν μένουσαν εἰς ζωὴν αἰώνιον, ἣν ὁ υἱὸς τοῦ ἀνθρώπου ὑμῖν δώσει· τοῦτον- γὰρ ὁ πατὴρ ἐσφράγισεν ὁ θεός.

예수님께서 오병이어의 표적을 행하신 그 이튿날 바다 건너편에 있는 무리가 배 한척 밖에 다른 배가 없는 것과 또 어제 예수께서 제자들과 함께 그 배에 오르지 아니하시고 제자들만 가는 것을 본 것입니다. 그래서 그곳에 예수도 없고 제자들도 없음을 보고 곧 배를 타고 예수를 찾으러 가버나움으로 가서 바다 건너편에서 예수님을 만나게 된 것입니다. 예수님을 만난 무리는 예수님에게 랍비여 언제 이곳으로 오셨습니까? 하고 묻는 것입니다. 그들의 말을 들으신 예수님께서 대답하시기를 내가 진실로 진실로 너희에게 이르노니 너희가 나를 찾는 것은 표적을 본 까닭이 아니요 떡을 먹고 배부른 까닭이라고 말씀하십니다.

이어서 예수님은 너희는 썩는 양식을 위하여 일하지 말

고 영생하도록 있는 양식을 위하여 일하라고 말씀하시면서 이 양식은 인자가 너희에게 주리니 인자는 하나님 아버지가 인친 자라고 말씀하십니다. 오늘날 기독교인들이 예수를 믿고 신앙생활을 하는 목적은 구원을 받아 영생에 이르려는 것이 아니라 예수를 통해서 축복을 받아 이 세상에서 행복하게 잘 살려는 것입니다. 왜냐하면 오늘날 기독교인들은 예수를 믿음으로 이미 구원을 받아 하나님의 아들이 되어있기 때문에 구원이나 영생을 위해 신앙생활을 할 필요가 없기 때문입니다.

이렇게 지금 예수를 찾는 무리들이나 오늘날 기독교인들이 예수를 믿는 목적은 한결같이 구원이나 영생이 아니라 예수님을 통해서 축복을 받아 잘 살려는 것입니다. 때문에 예수님께서 너희는 썩는 양식을 위해서 일하지 말고 영생하도록 있는 양식을 위하여 일하라고 말씀하시는 것입니다. 그런데 "썩는 양식"은 원문에 "τὴν βρῶσιν τὴν ἀπολλυμένην(텐 브로신 텐 아폴루메넨)"이라 기록되어 있으며 썩는 양식의 진정한 뜻은 "상한 음식"이 아니라 "누룩 섞인 말씀" 즉 하나님의 말씀을 가감하여 만든 각종 교리를 말하고 있습니다. 그러므로 예수님이 말씀하시는 진정한 뜻은 썩는 양식, 즉 삯꾼목자가 주는 가감된 비 진리(교리와 기복)를 받아먹지 말고 영생하도록 있는 양식, 즉 참 목자가 주는 생명의 말씀을 먹으라는 것입니다.

이 생명의 말씀은 인자, 즉 예수님만이 줄 수 있는 것인데 그 이유는 예수님은 하나님으로부터 말씀의 인을 받아 말씀이 육신되어 오신 분이기 때문입니다.

하나님의 백성들도 하나님의 아들이 되려면 반드시 하나님이나 예수님으로부터 말씀의 인을 받아야 합니다. 그런데 말씀의 인은 하나님의 아들만 치는 것이 아니라 삯꾼목자들도 오염된 말씀을 가지고 인을 치고 있다는 것입니다. 때문에 요한계시록을 통해서 삯꾼목자 곧 짐승이 치는 인은 받지 말라는 것입니다.

그러므로 오늘날 기독교인들은 반드시 하나님의 아들이 생명의 말씀으로 치는 인을 맞아야 예수님처럼 하나님의 아들로 거듭나는 것입니다. 그런데 만일 삯꾼목자, 곧 짐승의 이름(말씀)으로 오른손이나 이마에 인(666)을 맞으면 예수님의 구원의 대상에서 제외되는 것입니다.

[요한복음 6장 28절-33절] 저희가 묻되 우리가 어떻게 하여야 하나님의 일을 하오리까 예수께서 대답하여 가라사대 하나님의 보내신 자를 믿는 것이 하나님의 일이니라 하시니 저희가

219

묻되 그러면 우리로 보고 당신을 믿게 행하시는 표적이 무엇이
니이까 하시는 일이 무엇이니이까 기록된바 하늘에서 저희에게
떡을 주어 먹게 하였다 함과 같이 우리 조상들은 광야에서 만
나를 먹었나이다. 예수께서 이르시되 내가 진실로 진실로 너희
에게 이르노니 하늘에서 내린 떡은 모세가 준것이 아니라 오직
내 아버지가 하늘에서 내린 참 떡을 너희에게 주시나니 하나님
의 떡은 하늘에서 내려 세상에게 생명을 주는 것이니라.

요 6·28 Ειπον ουν πρὸς αὐτόν, Τί ποιοῦμεν, ἵνα ἐργαζώμεθα
τὰ ἔργα τοῦ θεοῦ

요 6·29 Ἀπεκρίθη ὁ Ἰησοῦς καὶ ειπεν αὐτοῖς, Τοῦτό ἐστιν τὸ
ἔργον τοῦ θεοῦ, ἵνα πιστεύσητε εἰς ὃν ἀπέστειλεν ἐκεῖνος.

요 6·30 Ειπον ουν αὐτῷ, Τί ουν ποιεῖς σὺ σημεῖον, ἵνα
ἴδωμεν καὶ πιστεύσωμέν σοι τί ἐργάζῃ

요 6·31 οἱ- πατέρες- ἡμῶν τὸ μάννα ἔφαγον ἐν τῇ ἐρήμῳ,
καθώς ἐστιν γεγραμμένον, Ἄρτον ἐκ τοῦ οὐρανοῦ ἔδωκεν
αὐτοῖς φαγεῖν.

요 6·32 Ειπεν ουν αὐτοῖς ὁ Ἰησοῦς, Ἀμὴν ἀμὴν λέγω ὑμῖν,
Οὐ Μωσῆς δέδωκεν ὑμῖν τὸν ἄρτον ἐκ τοῦ οὐρανοῦ· ἀλλ᾽ ὁ-
πατήρ- μου δίδωσιν ὑμῖν τὸν ἄρτον ἐκ τοῦ οὐρανοῦ τὸν

ἀληθινόν.

요 6:33 ὁ γὰρ ἄρτος τοῦ θεοῦ ἐστιν ὁ καταβαίνων ἐκ τοῦ οὐρανοῦ, καὶ ζωὴν διδοὺς τῷ κόσμῳ.

예수님의 말씀을 들은 무리들이 예수님에게 어떻게 하는 것이 하나님의 일을 하는 것이냐고 묻고 있습니다. 이 질문은 오늘날 기독교인들에게 가장 중요한 질문이며 지금도 반드시 알아야 할 일입니다. 왜냐하면 오늘날 기독교인들은 하나님의 일이 무엇인지도 모르고 하나님의 일이라 착각하고 열심히 행하고 있기 때문입니다. 이 질문에 대해서 예수께서 답변하시기를 하나님의 일은 하나님께서 보내신 자 곧 하나님께서 구원자로 보내주시는 하나님의 아들을 믿는 것이 하나님의 일이라고 말씀하고 있습니다.

왜냐하면 하나님께서 보내주시는 구원자를 믿을 때 구원과 영생을 받을 수 있기 때문입니다. 이 말은 아직 하나님의 아들로 거듭나지 못한 목회자나 삯꾼목자를 믿으면 구원받지 못하는 것은 물론 멸망을 당하기 때문입니다.

예수님의 말씀에 저희가 묻되 성경에 하늘에서 저희에게 떡을 주어 먹게 하였다 함과 같이 우리 조상들은 광야에서 만나를 먹었는데 당신은 우리가 보고 믿을 수 있게 행하는 표적은 무엇이며 또한 당신이 하는 일은 무엇이냐고 묻는 것입니다.

이 질문에 예수님은 "내가 진실로 진실로 너희에게 이르노니 하늘에서 내린 떡은 모세가 준 것이 아니라 오직 내 아버지가 하늘에서 내려준 만나(율법)이며 내가 너희에게 주는 참 떡(산 떡)은 육신의 배를 채워주는 양식이 아니라 진리, 곧 생명의 말씀이라" 말씀하시면서 "이 생명의 말씀은 세상 사람들에게 생명을 주기 위한 것이라"고 말씀하고 있습니다.

왜냐하면 하나님의 백성들이 먹고 살 수 있는 양식은 육신의 떡이 아니라 하늘에서 내려온 산 떡, 곧 하나님의 아들이 주시는 생명의 말씀이기 때문입니다.

[요한복음 6장 34절-37절] 저희가 가로되 주여 이 떡을 항상 우리에게 주소서 예수께서 가라사대 내가 곧 생명의 떡이니 내게 오는 자는 결코 주리지 아니할 터이요 나를 믿는 자는 영원히 목마르지 아니하리라 그러나 내가 너희더러 이르기를 너희는 나를 보고도 믿지 아니하는도다 하였느니라 아버지께서 내게 주시는 자는 다 내게로 올 것이요 내게 오는 자는 내가 결코 내어 쫓지 아니하리라.

요 6·34 Ειπον ουν πρὸς αὐτόν, Κύριε, πάντοτε δὸς ἡμῖν τὸν ἄρτον- τοῦτον.

요 6·35 Ειπεν δὲ αὐτοῖς ὁ Ἰησοῦς, Ἐγώ εἰμι ὁ ἄρτος τῆς ζωῆς· ὁ ἐρχόμενος πρός με οὐ- μὴ πεινάσῃ· καὶ ὁ πιστεύων εἰς ἐμὲ οὐ- μὴ διψήσῃ πώποτε.

요 6·36 ἀλλ᾽ ειπον ὑμῖν ὅτι καὶ ἑωράκατέ με καὶ οὐ- πιστεύετε.

요 6·37 πᾶν ὃ δίδωσίν μοι ὁ πατὴρ πρὸς ἐμὲ ἥξει· καὶ τὸν ἐρχόμενον πρός με οὐ- μὴ ἐκβάλω ἔξω·

예수님의 말씀을 들은 무리들은 예수님에게 이 떡을 항상 우리에게 달라고 간청을 하고 있습니다. 예수님은 무리에게 "내가 곧 생명의 떡이니 내게 오는 자는 결코 주리지 아니할 터이요 나를 믿는 자는 영원히 목마르지 아니하리라 그러나 내가 너희에게 말하노니 너희는 나를 보고도 믿지 않는다"고 말씀하고 있습니다.

예수님께서 이들에게 너희는 나를 보고도 믿지 않는다고 말씀하시는 것은 이들이 예수님께서 행하시는 표적을 보고 예수님을 통해서 육신의 복을 받기위해서 찾아온 자들이지 예수님을 구원의 주로 믿고 영생을 얻기 위해 찾아

온 자들이 아니기 때문입니다.

이어서 예수님은 "아버지께서 내게 주시는 자는 다 내게로 올 것이요 내게 오는 자는 내가 결코 내어 쫓지 아니하리라"고 말씀하고 있습니다. 오늘날 기독교인들이 이 말씀에 유의해야 하는 것은 예수님도 구원할 자들을 하나님께서 보내주셔야 구원을 시키지 보내주시지 않으면 예수님도 구원하실 수가 없다는 뜻입니다.

하나님께서 보내주시는 자들은 영생을 얻을 준비가 된 자들, 즉 출애굽을 하여 광야의 훈련을 모두 마치고 요단강을 건너 가나안에 이른 자들을 말하고 있습니다. 이들은 하나님께서 이미 아시고 부르시고 택하신 자들, 곧 예수님의 제자들을 말하고 있습니다.

이렇게 예수님은 하나님이나 예수님을 믿는다하여 아무나 구원을 시키는 것이 아니라 하나님께서 준비하여 보내준 자들만을 구원시키며 또한 하나님께서 자신에게 보내준 자들은 결코 내어 쫓지 않고 모두 구원을 시켜 영생에 이르게 하신다는 것입니다. 예수님은 구원에 대해서 이렇게 말씀을 하시는데 오늘날 삯꾼목자들은 예수를 믿기만 하면 아무나 구원 받는 것은 물론 이미 하나님의 아들이 되었다고 거짓증거를 하고 있는 것입니다.

[요한복음 6장 38절-40절] 내가 하늘로서 내려온 것은 내 뜻을 행하려 함이 아니요 나를 보내신 이의 뜻을 행하려 함이니라 나를 보내신 이의 뜻은 내게 주신자 중에 내가 하나도 잃어버리지 아니하고 마지막 날에 다시 살리는 이것이니라 내 아버지의 뜻은 아들을 보고 믿는 자마다 영생을 얻는 이것이니 마지막 날에 내가 이를 다시 살리리라 하시니라.

요 6:38 ὅτι καταβέβηκα ἐκ τοῦ οὐρανοῦ, οὐχ ἵνα ποιῶ τὸ θέλημα τὸ ἐμὸν, ἀλλὰ τὸ θέλημα τοῦ πέμψαντός με.

요 6:39 τοῦτο- δὲ ἐστιν τὸ θέλημα τοῦ πέμψαντός με πατρός, ἵνα πᾶν ὃ δέδωκέν μοι, μὴ- ἀπολέσω ἐξ αὐτοῦ, ἀλλὰ ἀναστήσω αὐτὸ ἐν τῇ ἐσχάτῃ ἡμέρᾳ.

요 6:40 τοῦτο- δὲ ἐστιν τὸ θέλημα τοῦ πέμψαντός με, ἵνα πᾶς ὁ θεωρῶν τὸν υἱὸν καὶ πιστεύων εἰς αὐτὸν, ἔχῃ ζωὴν αἰώνιον, καὶ ἀναστήσω αὐτὸν ἐγὼ τῇ ἐσχάτῃ ἡμέρᾳ.

예수님께서 내가 하늘로서 내려온 것은 내 뜻을 행하려 함이 아니요 나를 보내신 이의 뜻을 행하려는 것이라 말씀하시면서 나를 보내신 아버지의 뜻은 내게 보내주신 자중에 내가 하나도 잃어버리지 아니하고 마지막 날에 다시 살리는 것이라 말씀하고 있습니다.

　예수님은 자신의 뜻을 행하기 위해서 온 것이 아니라 아버지의 뜻을 행하러 오셨는데 아버지의 뜻은 아들을 보고 믿는 자는 모두 영생을 얻게 하는 것이며 또한 아버지께서 내게 보내준 자는 하나도 잃어버리지 않고 마지막 날에 다시 살리는 것이라 말씀하십니다. 이렇게 예수님은 아버지께서 보내준 자라 해도 자기 마음대로 구원을 시키는 것이 아니라 아버지가 원하시는 뜻에 따라 자신을 믿고 따르는 자들을 말씀으로 준비시켜 마지막 날에 다시 살려서 아들을 만든다고 말씀하고 있습니다.

　예수님께서 다시 살리는 마지막 날은 예수님께서 주시는 말씀이 아구까지 채워지는 날을 말하고 있습니다. 예수님의 제자들이 하나님의 생명으로 거듭나 사도들이 된 것은 예수님께서 주시는 생명의 말씀을 3년 반 동안 먹고 마시며 아구까지 채웠기 때문입니다. 이렇게 예수님이 말씀하시는 구원은 힘들고 어려운데 삯꾼목자들은 자기 마음대로 예수를 믿고 입으로 시인하는 자들은 즉시 구원을 시켜 모두 하나님의 아들을 만들고 있는 것입니다.

[요한복음 6장 41절-44절] 자기가 하늘로서 내려온 떡이라

하시므로 유대인들이 예수께 대하여 수군거려 가로되 이는 요
셉의 아들 예수가 아니냐 그 부모를 우리가 아는데 제가 지금
어찌하여 하늘로서 내려왔다 하느냐 예수께서 대답하여 가라사
대 너희는 서로 수군거리지 말라 나를 보내신 아버지께서 이끌
지 아니하면 아무라도 내게 올 수 없으니 오는 그를 내가 마지
막 날에 다시 살리리라.

요 6:41 Ἐγόγγυζον ουν οἱ Ἰουδαῖοι περὶ αὐτοῦ, ὅτι εἶπεν Ἐγώ
εἰμι ὁ ἄρτος ὁ καταβὰς ἐκ τοῦ οὐρανοῦ.

요 6:42 καὶ ἔλεγον, Οὐχ- οὗτός- ἐστιν Ἰησοῦς ὁ υἱὸς Ἰωσήφ,
οὗ ἡμεῖς οἴδαμεν τὸν πατέρα καὶ τὴν μητέρα πῶς ουν λέγει
οὗτος, Ὅτι ἐκ τοῦ οὐρανοῦ καταβέβηκα

요 6:43 Ἀπεκρίθη ουν ὁ Ἰησοῦς καὶ ειπεν αὐτοῖς, Μὴ-
γογγύζετε μετ᾽ ἀλλήλων.

요 6:44 οὐδεὶς δύναται ἐλθεῖν πρός με ἐὰν- μὴ ὁ πατὴρ ὁ
πέμψας με ἑλκύσῃ αὐτόν, καὶ ἐγὼ ἀναστήσω αὐτὸν τῇ ἐσχάτῃ
ἡμέρα.

예수님께서 내가 하늘로서 내려온 산 떡이라고 말씀하
심으로 유대인들이 서로 수군거리며 말하되 이 자는 요셉

의 아들 예수가 아니냐 우리가 그 부모를 알고 있는데 제가 언제 하늘로서 내려왔다 하느냐고 예수께 항변하고 있는 것입니다. 문제는 유대인들이나 오늘날 기독교인들도 예수님께서 말씀하시는 영적인 의미를 모르고 있다는 것입니다. 예수님께서 하늘에서 내려온 산 떡이라 말씀하신 것은 예수님 안에 있는 말씀이 하나님께로부터 받은 생명의 말씀(산 떡)이라는 뜻인데 유대인들은 예수님의 육체가 하늘에서 내려왔다는 뜻으로 오해를 하고 있는 것입니다.

이에 예수께서 말씀하시기를 너희는 서로 수군거리지 말라고 하시면서 나를 보내신 아버지께서 너희를 이끌지 아니하면 아무도 내게 올 수 없다고 말씀하시면서 내게 오는 자는 내가 마지막 날에 다시 살릴 것이라 말씀하고 있습니다. 이 말씀에 중요한 것은 예수님께서 하나님을 믿는다 하여 아무나 구원하고 살리는 것이 아니라 하나님 아버지께서 이끌어 보내주시는 자만을 마지막 날에 다시 살린다고 말씀하신다는 것입니다.

즉 하나님께서 아시고 부르시고 택하신 자만을 예수님께서 구원하여 살리시는데 택한 자들도 마지막 날 곧 예수님이 주시는 생명의 말씀으로 육과 혼적 존재(자아)가 모두 죽을 때 다시 부활을 시켜 하나님의 아들로 만드신다는 것입니다. 이렇게 예수님께서 말씀하시는 구원과 영생은 오늘날 기독교인들이 주장하는 이신칭의 구원관, 즉 예수를 믿음으로 의롭게 되어 하나님의 아들이 된다는 구원관과는 전혀 다른 것입니다. 그럼에도 불구하고 오늘날 기독교인들은 기독교의 구원관을 믿으며 예수님이 말씀하시는 구원은 부정을 하거나 배척을 하고 있는 것입니다.

[요한복음 6장 45절-46절] 선지자의 글에 저희가 다 하나님의 가르치심을 받으리라 기록되었은즉 아버지께 듣고 배운 사람마다 내게로 오느니라 이는 아버지를 본 자가 있다는 것이 아니라 오직 하나님에게서 온 자만 아버지를 보았느니라.

요. 6:45 ἔστιν γεγραμμένον ἐν τοῖς προφήταις, Καὶ ἔσονται πάντες διδακτοὶ τοῦ θεοῦ. Πᾶς ουν ὁ ἀκούσας παρὰ τοῦ πατρὸς καὶ μαθών, ἔρχεται πρός με·

요. 6:46 οὐχ ὅτι τὸν πατέρα τις ἑώρακέν, εἰ-μὴ ὁ ὢν παρὰ τοῦ θεοῦ, οὗτος ἑώρακεν τὸν πατέρα.

예수님은 유대인들에게 이사야 선지자의 글을 인용하여 말씀을 하시면서 저희가 모두 하나님의 가르침을 받으리라고 기록되어 있듯이 아버지께 듣고 배운 자들은 내게 오는 것이며 사람의 가르침을 받은 자들은 올 수 없다는 뜻으로 말씀하고 있습니다.

[이사야 54장 13절-14절] 네 모든 자녀는 여호와의 교훈을 받을 것이니 네 자녀는 크게 평강할 것이며 너는 의로 설 것이며 학대가 네게서 멀어질 것인즉 네가 두려워 아니할 것이며 공포 그것도 너를 가까이 못할 것이라.

상기의 말씀은 모든 자녀들이 여호와의 교훈을 받으면 크게 평강할 것이며 의롭게 되어 하나님의 아들로 거듭나게 되어 학대와 두려움과 공포가 모두 떠나갈 것이라 말씀하고 있습니다. 그런데 여호와의 교훈은 하나님께서 세운 선지자들을 통해서 가르치는 말씀과 오늘날 하나님의 생명으로 거듭난 자들의 말씀을 말하고 있습니다. 그런데 내게 오는 자들이라 해도 모두 아버지를 보았다는 것이 아니라 오직 하나님으로부터 실제 거듭난 하나님의 아들만이 아버지를 보았다는 뜻입니다. 이 말은 하나님이나 예수님을 믿는다하여 하나님을 본 자들이 아니라 하나님의 생명으로 거듭난 하나님의 아들만이 아버지를 보았다는 뜻입니다.

[요한복음 6장 47절–51절] 진실로 진실로 너희에게 이르노니 믿는 자는 영생을 가졌나니 내가 곧 생명의 떡이로라 너희 조상들은 광야에서 만나를 먹었어도 죽었거니와 이는 하늘로서 내려오는 떡이니 사람으로 하여금 먹고 죽지 아니하게 하는 것이니라 나는 하늘에서 내려온 산 떡이니 사람이 이 떡을 먹으면 영생하리라 나의 줄 떡은 곧 세상의 생명을 위한 내 살이로라 하시니라.

요 6:47 ἀμὴν ἀμὴν λέγω ὑμῖν, ὁ πιστεύων εἰς ἐμὲ ἔχει ζωὴν αἰώνιον.

요 6:48 ἐγώ εἰμι ὁ ἄρτος τῆς ζωῆς.

요 6:49 οἱ- πατέρες- ὑμῶν ἔφαγον τὸ μάννα ἐν τῇ ἐρήμῳ, καὶ ἀπέθανον·

요 6:50 οὗτός ἐστιν ὁ ἄρτος ὁ ἐκ τοῦ οὐρανοῦ καταβαίνων, ἵνα τις ἐξ αὐτοῦ φάγῃ καὶ μὴ ἀποθάνῃ.

요 6:51 ἐγώ εἰμι ὁ ἄρτος ὁ ζῶν, ὁ ἐκ τοῦ οὐρανοῦ καταβάς· ἐάν τις φάγῃ ἐκ τούτου τοῦ ἄρτου ζήσεται εἰς- τὸν- αἰῶνα. καὶ ὁ ἄρτος δὲ ὃν ἐγὼ δώσω, ἡ- σάρξ- μού ἐστιν, ἣν ἐγὼ δώσω ὑπὲρ τῆς τοῦ κόσμου ζωῆς.

예수님께서 유대인들에게 나를 믿는 자는 영생을 소유하였다고 말씀하고 있습니다. 이 말씀의 뜻을 올바로 모르면 오늘날 기독교인들처럼 예수를 믿는 자는 모두 영생을 얻었다고 오해할 수도 있습니다. 그러나 이 말씀은 예수를 믿는 자는 생명의 떡을 소유하고 계신 예수님을 가졌다(외적으로)는 뜻이며 내적으로 영생이 이루어졌다는 뜻이 아닙니다. 왜냐하면 이어지는 말씀에 내가 곧 생명의 떡이라고 말씀하시면서 너희 조상들은 광야에서 만나를 먹었어도 죽었지만 나는 하늘로서 내려오는 산 떡이니 사람으로 하여금 먹고 죽지 않게 하려는 것이라고 말씀하고 있기 때문입니다.

이 문장은 원문을 찾아보면 완료가 아니라 가정법으로 내가 주는 산 떡, 즉 생명의 말씀을 먹는 자는 죽지 않고 "살았다"가 아니라 "살게 하려는"것이라고 기록되어 있습니다. 때문에 이어지는 말씀도 가정법으로 나는 하늘에서 내려온 산 떡이니 사람이 이 떡을 먹으면 "영생을 얻었다"가 아니라 "영생하리라"고 말씀하고 있는 것입니다.

이어서 예수님은 내가 너희에게 줄 떡은 곧 세상의 생명을 위한 내 살이라고 말씀하고 있습니다. 이 말씀대로 만일 예수님이 유대인들이나 오늘날 기독교인들에게 먹으라고 주시는 산 떡이 곧 예수님의 살이라면 하나님의 백성들이 식인종처럼 예수님의 살을 먹으라는 것이며 만일 예수님의 살을 먹지 않으면 영생할 수 없다고 오해 할 수도 있습니다. 그러나 예수님은 말씀이 육신 되신 분으로 예수님의 몸은 말씀이며 예수님의 입에서 나오는 말씀을 살이라고 비유하여 말씀하신 것입니다.

[요한복음 6장 52절-59절] 이러므로 유대인들이 서로 다투어 가로되 이 사람이 어찌 능히 제 살을 우리에게 주어 먹게 하겠느냐 예수께서 이르시되 내가 진실로 진실로 너희에게 이르노니 인자의 살을 먹지 아니하고 인자의 피를 마시지 아니하면 너희 속에 생명이 없느니라 내 살을 먹고 내 피를 마시는 자는 영생을 가졌고 마지막 날에 내가 그를 다시 살리리니 내 살은 참된 양식이요 내 피는 참된 음료로다 내 살을 먹고 내 피를 마시는 자는 내 안에 거하고 나도 그 안에 거하나니 살아계신 아버지께서 나를 보내시매 내가 아버지로 인하여 사는 것 같이 나를 먹는 그 사람도 나로 인하여 살리라 이것은 하늘로서 내려온 떡이니 조상들이 먹고도 죽은 그것과 같지 아니하여 이 떡을 먹는 자는 영원히 살리라 이 말씀은 예수께서 가버나움 회당에서 가르치실 때에 하셨느니라.

Ω 6·52 Ἐμόχοντο ουν πρὸς ἀλλήλους οἱ Ἰουδαῖοι, λέγοντες, Πῶς δύναται οὗτος ἡμῖν δοῦναι τὴν σάρκα φαγεῖν

Ω 6·53 Ειπεν ουν αὐτοῖς ὁ Ἰησοῦς, Ἀμὴν ἀμὴν λέγω ὑμῖν, ἐὰν- μὴ φάγητε τὴν σάρκα τοῦ υἱοῦ τοῦ ἀνθρώπου καὶ πίητε αὐτοῦ τὸ αἷμα, οὐκ- ἔχετε ζωὴν ἐν ἑαυτοῖς.

Ω 6·54 ὁ τρώγων μου τὴν σάρκα, καὶ πίνων μου τὸ αἷμα, ἔχει ζωὴν αἰώνιον, καὶ ἐγὼ ἀναστήσω αὐτὸν τῇ ἐσχάτῃ ἡμέρᾳ·

Ω 6·55 ἡ- γὰρ- σάρξ- μου ἀληθῶς ἐστιν βρῶσις, καὶ τὸ- αἷμά- μου ἀληθῶς ἐστιν πόσις.

Ω 6·56 ὁ τρώγων μου τὴν σάρκα καὶ πίνων μου τὸ αἷμα, ἐν ἐμοὶ μένει, κἀγὼ ἐν αὐτῷ

Ω 6·57 καθὼς ἀπέστειλέν με ὁ ζῶν πατήρ, κἀγὼ ζῶ διὰ τὸν πατέρα· καὶ ὁ τρώγων με, κἀκεῖνος ζήσεται δι᾽ ἐμέ.

Ω 6·58 οὗτός ἐστιν ὁ ἄρτος ὁ ἐκ τοῦ οὐρανοῦ καταβάς· οὐ καθὼς ἔφαγον οἱ πατέρες ὑμῶν τὸ μάννα, καὶ ἀπέθανον· ὁ τρώγων τοῦτον τὸν ἄρτον ζήσεται εἰς- τὸν- αἰῶνα.

Ω 6·59 Ταῦτα ειπεν ἐν συναγωγῇ διδάσκων ἐν Καπερναούμ.

예수님의 말씀을 들은 유대인들이 서로 다투어 말하되

234

이 사람이 어찌 제 살을 우리에게 줄 수 있으며 어떻게 자기 살을 먹게 하겠느냐고 수군거리는 것입니다. 이렇게 하나님의 말씀이나 예수님이 하시는 말씀은 모두 비유와 비사로 되어있기 때문에 영적인 감각이나 영안이 없으면 볼수도 없고 들을 수도 없는 것입니다. 때문에 예수님께서 내가 하는 말은 귀가 있어도 듣지 못하고 눈이 있어도 보지 못하고 마음이 있어도 깨닫지 못한다고 말씀하신 것입니다.(사도행전 28장 26절)

예수님의 말씀 때문에 서로 수군대는 유대인들을 보시고 예수님은 내가 진실로 너희에게 말하노니 인자의 살을 먹지 아니하고 인자의 피를 마시지 아니하면 너희 속에 생명이 없다고 말씀하시면서 내 살을 먹고 내 피를 마시는 자는 영생을 가졌고 마지막 날에 내가 그를 다시 살린다고 말씀하고 있습니다. 왜냐하면 내 살은 참된 양식이요 내 피는 참된 음료이기 때문이라는 것입니다. 그러면 예수님이 비유로 말씀하시는 먹어야 사는 살과 마셔야할 피는 과연 무엇을 말씀하시는 것일까요?

예수님께서 먹으라는 살은 하나님의 말씀을 말하며 마시라는 피는 성령을 비유로 말씀하고 있는데 예수님께서 말씀하시는 살과 피는 곧 예수님의 입에서 나오는 생명의 말씀을 말하고 있는 것입니다. 왜냐하면 죽은 영혼들이 구원받아 살 수 있는 것은 오직 예수님의 입에서 나오는 생명의 말씀이기 때문입니다. 그런데 문제는 예수님이 주시는 생명의 말씀을 먹어도 즉시 살아나서 영생을 얻는 것이 아니라 마지막 날, 즉 말씀이 내 안에 아구까지 찰 때 다시 살려서 영원한 생명을 주신다는 것입니다.

예수님은 이어서 내 살을 먹고 내 피를 마시는 자는 내 안에 거하고 나도 그 안에 거한다고 말씀하고 있습니다. 그리고 예수님은 살아계신 아버지께서 나를 보내시매 내가 아버지로 인하여 사는 것 같이 내가 주는 생명의 말씀을 먹는 그 사람도 나로 인하여 살게 된다고 말씀하고 있습니다. 왜냐하면 내가 주는 생명의 말씀은 하늘로서 내려 온 산 떡으로 너희 조상들이 먹고도 죽은 만나(율법)와 같지 아니하여 이 말씀을 먹는 자는 영원히 살게 된다는 것입니다. 이렇게 죽은 자들이 살 수 있는 말씀은 오직 산 자, 즉 하나님의 생명으로 거듭난 하나님의 아들의 입에서 나오는 말씀입니다.

이 말은 아직 거듭나지 못한 자는 아무리 유명한 목사나 신학박사라 해도 살릴 수 없다는 말입니다. 이 말씀은 예수께서 가버나움 회당에서 가르치실 때에 하셨다고 말씀하고 있습니다.

[요한복음 6장 60절-64절] 제자 중 여럿이 듣고 말하되 이 말씀은 어렵도다 누가 들을 수 있느냐 한대 예수께서 스스로 제자들이 이 말씀에 대하여 수군거리는 줄 아시고 가라사대 이 말이 너희에게 걸림이 되느냐 그러면 너희가 인자의 이전 있던 곳으로 올라가는 것을 볼것 같으면 어찌 하려느냐 살리는 것은 영이니 육은 무익하니라 내가 너희에게 이른 말이 영이요 생명 이니라 그러나 너희 중에 믿지 아니하는 자들이 있느니라 하시 니 이는 예수께서 믿지 아니하는 자들이 누구며 자기를 팔자가 누군지 처음부터 아심이러라.

요 6:60 Πολλοὶ ουν ἀκούσαντες ἐκ τῶν- μαθητῶν- αὐτοῦ ειπον Σκληρός ἐστιν οὗτος ὁ λόγος· τίς δύναται αὐτοῦ ἀκούειν

요 6:61 Εἰδὼς δὲ ὁ Ἰησοῦς ἐν ἑαυτῷ ὅτι γογγύζουσιν περὶ τούτου οἱ- μαθηταὶ- αὐτοῦ ειπεν αὐτοῖς, Τοῦτο ὑμᾶς σκανδαλίζει

요 6:62 ἐὰν ουν θεωρῆτε τὸν υἱὸν τοῦ ἀνθρώπου ἀναβαίνοντα ὅπου ην τὸ πρότερον

요 6:63 τὸ πνεῦμά ἐστιν τὸ ζῳοποιοῦν, ἡ σὰρξ οὐκ ὠφελεῖ

237

οὐδέν· τὰ ῥήματα ἃ ἐγὼ λαλῶ ὑμῖν, πνεῦμά ἐστιν καὶ ζωή ἐστιν.

요 6·64 ἀλλ᾽ εἰσὶν ἐξ ὑμῶν τινες οἳ οὐ- πιστεύουσιν. ἤδει γὰρ ἐξ ἀρχῆς ὁ Ἰησοῦς τίνες εἰσὶν οἱ μὴ- πιστεύοντες, καὶ τίς ἐστιν ὁ παραδώσων αὐτόν.

예수님께서 유대인들에게 살과 피에 대해서 하시는 말씀을 듣고 제자들 중 여럿이 말하되 이 말씀은 너무 어렵다 그런즉 이런 말씀을 누가 들을 수 있느냐고 불평을 하는 것입니다. 이렇게 예수님이 하시는 영적인 말씀은 유대인들은 물론 예수님의 제자들도 이해할 수가 없어 답답해하는 것을 볼 수 있습니다. 예수님은 제자들이 자신이 한 말이 어렵다고 서로 수군거리는 것을 보시고 가라사대 이 말이 너희에게 걸림이 되느냐고 하시면서 그러면 너희가 인자가 이전에 있던 곳에 올라가 보게 된다면 어찌 하려느냐고 말씀하고 있습니다.

이 말씀은 너희가 만일 인자와 같이 하나님의 아들로 거듭난다면 이 말을 모두 듣고 보고 이해하게 된다는 뜻입니다. 예수님은 이어서 살리는 것은 영이니 육은 무익한 것이라 말씀하시면서 내가 너희에게 이른 말이 곧 영이요 생명이라고 말씀하십니다.

　이 말씀은 죽은 영혼을 살리는 것은 영적인 말씀, 곧 산 자가 주는 생명의 말씀이며 죽은 자가 주는 육적인 말씀은 죽은 영혼을 살리지 못한다는 뜻입니다. 예수님은 이렇게 말씀하시면서 그러나 너희 중에 내 말을 믿지 아니하는 자들이 있다고 말씀하십니다.

　왜냐하면 예수님은 자신을 믿지 아니하는 자들이 누구며 또한 자기를 팔 자가 누군지를 처음부터　알고 계시기 때문인데 예수를 팔 자는 곧 시몬의 아들 가룻유다를 말하고 있는 것입니다.

　[요한복음 6장 65절-71절] 또 가라사대 이러하므로 전에 너희에게 말하기를 내 아버지께서 오게하여 주지 아니하시면 누구든지 내게 올 수 없다 하였노라 하시니라 이러므로 제자 중에 많이 물러가고 다시 그와 함께 다니지 아니하더라 예수께서 열두 제자에게 이르시되 너희도 가려느냐 시몬 베드로가 대답하되 주여 영생의 말씀이 계시매 우리가 뉘게로 가오리까 우리가 주는 하나님의 거룩하신 자신줄 믿고 알았삽나이다 예수께서 대답하시되 내가 너희 열 둘을 택하지 아니하였느냐 그러나 너희 중에 한 사람은 마귀니라 하시니 이 말씀은 가룻 시몬의

아들 유다를 가리키심이라 저는 열 둘 중의 하나로 예수를 팔 자러라.

요 6:65 καὶ ἔλεγεν, Διὰ- τοῦτο εἴρηκα ὑμῖν, ὅτι οὐδεὶς δύναται ἐλθεῖν πρός με ἐὰν- μὴ ᾖ δεδομένον αὐτῷ ἐκ τοῦ- πατρός- μου.

요 6:66 Ἐκ τούτου πολλοὶ ἀπῆλθον τῶν- μαθητῶν- αὐτοῦ εἰς- τὰ- ὀπίσω, καὶ οὐκέτι μετ᾽ αὐτοῦ περιεπάτουν.

요 6:67 εἶπεν οὖν ὁ Ἰησοῦς τοῖς δώδεκα, Μὴ καὶ ὑμεῖς θέλετε ὑπάγειν

요 6:68 Ἀπεκρίθη οὖν αὐτῷ Σίμων Πέτρος, Κύριε, πρὸς τίνα ἀπελευσόμεθα ῥήματα ζωῆς αἰωνίου ἔχεις·

요 6:69 καὶ ἡμεῖς πεπιστεύκαμεν καὶ ἐγνώκαμεν ὅτι σὺ εἶ ὁ χριστὸς ὁ υἱὸς τοῦ θεοῦ τοῦ ζῶντος.

요 6:70 Ἀπεκρίθη αὐτοῖς ὁ Ἰησοῦς, Οὐκ ἐγὼ ὑμᾶς τοὺς δώδεκα ἐξελεξάμην, καὶ ἐξ ὑμῶν εἷς διάβολός ἐστιν

요 6:71 Ἔλεγεν- δὲ τὸν Ἰούδαν Σίμωνος Ἰσκαριώτην· οὗτος- γὰρ ἤμελλεν αὐτὸν παραδιδόναι, εἷς ὢν ἐκ τῶν δώδεκα.

예수님께서 또 제자들에게 말씀하시되 이러므로 전에

240

내가 너희에게 말하기를 내 아버지께서 오게하여 주지 아니하시면 누구든지 내게 올 수 없다고 말한 것이라 말씀하고 있습니다.

예수님의 이 말씀은 오늘날 기독교인들에게 큰 충격과 더불어 많은 고민을 해야 된다고 생각합니다. 왜냐하면 예수님은 어느 누구나 믿을 수 있고 또한 누구나 예수님께 가까이 갈 수 있다고 믿는데 예수님은 하나님 아버지께서 내게 보내주시지 않으면 아무도 내게 올 수 없다고 말씀하고 있기 때문입니다. 예수님의 이러한 말씀 때문에 예수님을 믿고 따르는 제자들 중에 많이 떠나가고 다시는 예수님과 함께 다니지 아니했다고 말씀하고 있습니다.

여기서 예수님을 떠난 제자들은 본래 열두 제자가 아니라 오병이어의 기적을 보고 예수님의 제자가 되겠다고 따르던 무리들을 말하고 있습니다. 때문에 이렇게 예수님을 따르던 제자들이 떠나가는 것을 보시고 예수님은 열두 제자에게 이르시되 너희도 가려느냐고 묻는 것입니다. 이때 시몬 베드로가 대답하되 "주여 영생의 말씀이 계시매 우리가 누구에게로 가오리까 우리가 주는 하나님의 거룩하신 자인 줄 믿고 알았삽나이다"라고 예수님께 말씀드리는 것입니다.

무리중의 제자들이 예수님을 믿고 따르다가 떠난 것은 예수님이 주시는 떡을 먹고 배부른 까닭이며 예수님의 본래 제자들이 예수님을 떠나가지 않은 것은 영생의 말씀을 위해 예수를 믿고 좇았기 때문입니다.

베드로가 하는 말을 들으신 예수님은 내가 너희들 열둘을 택하지 아니하였느냐 그러나 너희 중에 한 사람은 마귀라고 말씀하십니다.

예수님이 말씀하시는 마귀는 가롯 시몬의 아들 유다를 가리키는 것인데 가롯 유다는 열두 제자 중의 하나로 예수님을 유대인들에게 은 삼십 량에 팔아먹은 자입니다.

물고기

물에 있는 물고기는
물 떠나면 죽고

은혜 아래 있는 생명은
말씀 떠나면 죽는다오

물고기의 양식은
물 속에 있고
사람들의 양식은
말씀속에 감추어 있지요

고기들은 물 속에서 여행을 즐기나
사람들은 말씀 속에 여행을 즐기며
영원한 안식을 누린답니다

물고기는
물 속에서 살고
사람들은
말씀 속에서 산답니다

제7장

예수님을 죽이려는 유대인들

이 후에 예수께서 갈릴리에서 다니시고
유대에서 다니려 아니하심은 유대인들이 죽이려 함이러라

Καὶ περιεπάτει ὁ Ἰησοῦς μετὰ ταῦτα ἐν τῇ Γαλιλαίᾳ· οὐ γὰρ ἤθελεν
ἐν τῇ Ἰουδαίᾳ περιπατεῖν, ὅτι ἐζήτουν αὐτὸν ὁ Ἰουδαῖοι ἀποκτεῖναι.

[요한복음 7장 1절–5절] 이 후에 예수께서 갈릴리에서 다니시고 유대에서 다니려 아니하심은 유대인들이 죽이려 함이러라 유대인의 명절인 초막절이 가까운지라 그 형제들이 예수께 이르되 당신의 행하시는 일을 제자들도 보게 여기를 떠나 유대로 가소서 스스로 나타나기를 구하면서 묻혀서 일하는 사람이 없나니 이 일을 행하려하거든 자신을 세상에 나타내소서 하니 이는 그 형제들이라도 예수를 믿지 아니함이러라.

요 7·1 Καὶ περιεπάτει ὁ Ἰησοῦς μετὰ ταῦτα ἐν τῇ Γαλιλαίᾳ οὐ γὰρ ἤθελεν ἐν τῇ Ἰουδαίᾳ περιπατεῖν, ὅτι ἐζήτουν αὐτὸν οἱ Ἰουδαῖοι ἀποκτεῖναι.

요 7·2 δὲ ἐγγὺς ἡ ἑορτὴ τῶν Ἰουδαίων ἡ σκηνοπηγία.

요 7·3 Ην ειπον ουν πρὸς αὐτὸν οἱ- ἀδελφοὶ- αὐτοῦ, Μετάβηθι ἐντεῦθεν, καὶ ὕπαγε εἰς τὴν Ἰουδάιαν, ἵνα καὶ οἱ- μαθηταί- σου θεωρήσωσιν τὰ- ἔργα- σοῦ ἃ ποιεῖς·

요 7·4 οὐδεὶς- γὰρ ἐν κρυπτῷ τι ποιεῖ, καὶ ζητεῖ αὐτὸς ἐν παρρησίᾳ ειναι εἰ ταῦτα ποιεῖς, φανέρωσον σεαυτὸν τῷ κόσμῳ

요 7·5 Οὐδὲ- γὰρ οἱ- ἀδελφοὶ- αὐτοῦ ἐπίστευον εἰς αὐτόν.

이일 후에 예수님께서 갈릴리에서 다니시고 유대로 가시지 않는 것은 유대인들이 예수님을 죽이려고 하기 때문입니다. 하나님께서 구원자로 보내주신 예수님을 죽이려는 자들은 불신자나 타 종교인이 아니라 하나님의 백성들인 유대인이라는 것입니다.

오늘날 기독교인들은 예수님이 무엇을 잘못했기에 하나님의 백성인 유대인들이 예수를 죽이려했는지 모르고 유대인들을 원망하고 있습니다. 그런데 오늘날 기독교인들도 유대인들처럼 하나님께서 오늘날 구원자로 보내주시는 하나님의 아들을 이단으로 몰아 핍박하고 죽이려하는 것입니다. 유대인들이나 오늘날 기독교인들이 하나님의 아들을 죽이려는 것은 예수님께서 지금까지 지켜오고 있는 보수신앙이나 목회자들을 인정하지 않을 뿐만 아니라 그들의 비리와 잘못을 모두 드러내며 질책을 하시기 때문입니다.

[마태복음 23장 13절-15절] 화 있을찐저 외식하는 서기관들과 바리새인들이여 너희는 천국 문을 사람들 앞에서 닫고 너희도 들어가지 않고 들어가려 하는 자도 들어가지 못하게 하는도다 화 있을찐저 외식하는 서기관들과 바리새인들이여 너희는 교인 하나를 얻기 위하여 바다와 육지를 두루 다니다가 생기면

너희 보다 배나 더 지옥자식이 되게 하는도다.

　예수님은 외식하는 서기관들과 바리새인들에게 화가 있으리라고 말씀하시는데 그 이유는 너희가 천국 문을 사람들 앞에서 닫고 너희도 들어가지 않고 들어려 하는 자도 못 들어가게 하고 있으며 또한 너희는 교인하나를 얻기 위하여 바다와 육지를 두루 다니다가 교인이 생기면 너희 보다 배나 더 지옥자식이 되게 한다고 질책을 하십니다. 그런데 외식하는 서기관과 바리새인들은 오늘날 신학자들과 목회자들을 말하고 있는 것입니다. 때문에 예전이나 오늘날이나 이런 말씀을 하는 예수님을 살려 둔다면 목회자들이 목회를 할 수가 없고 교회 문을 닫아야 하기 때문에 할 수 없이 예수를 이단으로 몰아 핍박하고 죽이게 되는 것입니다.

　유대인의 명절인 초막절은 유대인의 3대 절기중 하나로 수장절이라고도 하는데 유대의 조상들이 광야에서 고생하던 것을 기념하기 위해 집을 떠나 일주일간 광야생활을 하는 것입니다. 초막절이 가까워 질 때 예수님의 형제들이 예수께 말하되 당신의 행하시는 일을 제자들도 볼 수 있게 여기를 떠나 유대로 가라고 권하고 있습니다.

예수님의 형제들은 자신을 스스로 나타나기를 원하면서 숨어서 일하는 사람이 없듯이 당신의 일을 행하려거든 자신을 세상에 나타내라고 말하고 있습니다. 그들이 예수님에게 구원의 사역을 하려면 자신이 하나님의 아들이라는 것을 세상에 드러내라는 것입니다. 이렇게 예수님의 형제들이 예수님에게 권하는 것은 형제들이 예수를 하나님의 아들로 믿지 않고 있기 때문입니다.

오늘날 기독교인들은 어느 누구나 예수님을 하나님의 아들로 믿고 있는데 한 배속에서 나온 예수님의 형제들은 성령으로 잉태되신 예수님을 하나님의 아들로 믿지 못하고 있는 것입니다. 왜냐하면 예수님의 형제들은 예수님이 한 배속에서 나와 별일 없이 함께 성장을 하였는데 삼십 세가 되던 해에 요단강에서 세례요한으로부터 세례를 받고 나서 갑자기 자신이 하나님의 아들이라고 말하기 때문입니다.

[요한복음 7장 6절-9절] 예수께서 가라사대 내 때는 아직 이르지 아니하였거니와 너희 때는 늘 준비되어 있느니라 세상이 너희를 미워하지 못하되 나를 미워하나니 이는 내가 세상의 행사를 악하다 증거함이라 너희는 명절에 올라가라 나는 내 때가 아직 차지 못하였으니 이 명절에 아직 올라가지 아니하노라

요 7·6 Λέγει ουν αὐτοῖς ὁ Ἰησοῦς, Ὁ καιρὸς ὁ ἐμὸς οὔπω πάρεστιν· ὁ δὲ καιρὸς ὁ ὑμέτερος πάντοτέ ἐστιν ἕτοιμος.

요 7·7 οὐ δύναται ὁ κόσμος μισεῖν ὑμᾶς· ἐμὲ δὲ μισεῖ, ὅτι ἐγὼ μαρτυρῶ περὶ αὐτοῦ, ὅτι τὰ ἔργα αὐτοῦ πονηρά ἐστιν.

요 7·8 ὑμεῖς ἀνάβητε εἰς τὴν ἑορτήν ταύτην· ἐγὼ οὔπω ἀναβαίνω εἰς τὴν ἑορτὴν ταύτην, ὅτι ὁ καιρὸς ὁ ἐμὸς οὔπω πεπλήρωται.

요 7·9 Ταῦτα δε εἰπὼν αὐτοῖς ἔμεινεν ἐν τῇ Γαλιλαίᾳ.

예수님께서 아직 내 때가 이르지 아니하였다는 것은 자신이 그리스도라는 것을 드러낼 때가 아직 아니라는 뜻이며 너희 때는 늘 준비되어 있다는 것은 너희가 구원 받을 수 있는 때는 항상 준비되어 있다는 뜻입니다. 그리고 세상이 너희는 미워하지 않고 나를 미워하는 것은 내가 세상이 하는 일들의 악함을 모두 드러내어 증거하기 때문이라는 것입니다.

예수님이 말씀하시는 세상은 불신자들이 아니라 하나님을 믿고 있는 하나님의 백성들을 말하고 있습니다.

예수님께서 이 세상에 오셔서 유대인들의 신앙이나 바리새인과 제사장들이 하는 행위가 모두 악하며 잘못되었다고 지적을 하며 질책을 하시기 때문에 예수님을 미워하는 것입니다.

[마태복음 23장 23절] 화 있을찐저 외식하는 서기관들과 바리새인들이여 너희가 박하와 회향과 근채의 십일조는 드리되 율법의 더 중한바 의와 인과 신은 버렸도다 그러나 이것도 행하고 저것도 버리지 말아야 할찌니라 소경된 인도자여 하루살이는 걸러내고 약대는 삼키는 도다.

예수님은 외식하는 서기관과 바리새인들에게 화가 있으리라고 말씀하시는데 그 이유는 땅의 소산으로 드리는 소득의 십일조는 잘 드리고 있지만 더 중요한 의와 인과 신 즉 하늘의 소산인 성령과 진리를 통해서 변화된 자신은 드리지 않고 있다는 것입니다. 그리고 서기관과 바리새인들인 소경된 인도자(삯군목자)들에게 너희는 하루살이는 걸러내고 약대는 삼킨다고 말씀하고 있는데 이것은 돈 없는 가난한 자가 내는 헌금에는 관심이 없고 돈 많은 부자가 내는 헌금에만 마음이 모두 가있다는 뜻입니다.

[마태복음 23장 33절-34절] 뱀들아 독사의 새끼들아 너희가 어떻게 지옥의 판결을 피하겠느냐 그러므로 내가 너희에게 선지자들과 지혜있는 자들과 서기관을 보내매 너희가 그 중에서 더러는 죽이고 십자가에 못 박고 그 중에 더러는 회당에서 채찍질하고 이 동네에서 저동네로 구박하리라.

　　예수님은 유대인과 바리새인들에게 소경된 인도자들이라 말씀하시며 또 이들을 향해 뱀들아 독사의 새끼들이라 말씀하시면서 너희가 어떻게 지옥의 판결을 피하겠느냐는 것입니다. 왜냐하면 하나님께서 너희에게 선지자들과 지혜있는 자들과 서기관을 보내매 너희가 그 중에 더러는 죽이고 십자가에 못 박고 그 중에 더러는 회당에서 채찍질하고 이 동네에서 저동네로 박대하기 때문이라는 것입니다. 예수님은 이렇게 유대인들과 바리새인들의 잘못을 낱낱이 드러내며 악하다고 질책을 하시기 때문에 미워하는 것입니다.

　　이어지는 말씀은 예수님께서 형제들에게 명절에 올라가라고 말씀하시면서 나는 내 때가 아직 이르지 아니하였으니 이 명절에 아직 올라가지 않겠다고 말씀하고 있습니다. 예수님이 내 때가 이르지 않아 명절에 올라가지 않는다는 것은 나는 아직 메시야라는 것이 드러나면 안 되기 때문에 유대에 나중에 올라가겠다고 하신 말씀입니다.

예수님은 이 말씀을 하시고 갈릴리에 그대로 머물러 계시면서 유대의 명절임에도 불구하고 유대로 올라가지 않으신 것입니다.

[요한복음 7장 10절-13절] 그 형제들이 명절에 올라간 후 자기도 올라가시되 나타내지 않고 비밀히 하시니라 명절 중에 유대인들이 예수를 찾으면서 그가 어디 있느냐 하고 예수께 대하여 무리 중에서 수군거림이 많아 혹은 좋은 사람이라 하며 혹은 아니라 무리를 미혹하게 한다하나 그러나 유대인들을 두려워하므로 드러나게 그를 말하는 자가 없더라.

요 7·10 Ὡς- δὲ ἀνέβησαν οἱ- ἀδελφοὶ- αὐτοῦ τότε καὶ αὐτὸς ἀνέβη εἰς τὴν ἑορτήν, οὐ φανερῶς, ἀλλ᾽ ὡς ἐν κρυπτῷ

요 7·11 Οἱ οὐΙουδαῖοι ἐζήτουν αὐτὸν ἐν τῇ ἑορτῇ, καὶ ἔλεγον, Ποῦ ἐστιν ἐκεῖνος

요 7·12 Καὶ γογγυσμὸς πολὺς περὶ αὐτοῦ ην ἐν τοῖς ὄχλοις· οἱ- μὲν ἔλεγον, Ὅτι ἀγαθός ἐστιν· ἄλλοι- δὲ ἔλεγον, Οὔ· ἀλλὰ πλανᾷ τὸν ὄχλον.

요 7·13 Οὐδεὶς μέντοι παῤῥησίᾳ ἐλάλει περὶ αὐτοῦ, διὰ τὸν φόβον τῶν Ἰουδαίων.

예수님의 형제들이 명절에 올라간 후에 예수님도 유대에 올라가시되 자신이 하나님의 아들이라는 것을 드러내지 않고 조심스럽게 은밀하게 행동을 하신 것입니다. 왜냐하면 유대인들에게 자신이 하나님의 아들이라는 것이 드러나면 자신을 이단으로 몰아 배척을 하고 핍박을 하면서 죽인다는 것을 알고 계시기 때문입니다. 그런데 명절 중에 유대인들이 예수가 어디 있느냐고 찾으면서 예수께 대하여 수군거리는데 어떤 무리들은 예수가 좋은 사람이라 하며 혹은 어떤 무리들은 아니라 그는 사람들을 미혹하게 한다고 말하는 것입니다.

이렇게 예수님 당시에도 예수님을 하나님의 아들이라 긍정하는 사람과 하나님의 백성들을 미혹케 하는 이단자라고 배척을 하는 두 부류가 있었던 것입니다. 그러나 예수님에 대해서 긍정적으로 말하는 무리들이라 해도 유대인들이 두렵기 때문에 예수님에 대해서 분명히 드러내어 말하는 자가 없었다고 말씀하고 있습니다. 왜냐하면 예수님을 하나님의 아들이나 구원자로 인정을 한다면 유대인들에게 이단자로 몰려 핍박을 받고 출회를 당하기 때문입니다.

[요한복음 12장 41절-43절] 이사야가 이렇게 말한 것은 주
의 영광을 보고 주를 가리켜 말한 것이라 그러나 관원 중에도
저를 믿는 자가 많되 바리새인들을 인하여 드러나게 말하지 못
하니 이는 출회를 당할까 두려워함이라 저희는 사람의 영광을
하나님의 영광보다 더 사랑하였더라.

요 12·41 Ταῦτα ειπεν Ἡσαΐας, ὅτε ειδεν τὴν δόξαν αὐτοῦ,
καὶ ἐλάλησεν περὶ αὐτοῦ.

요 12·42 ὅμως μέντοι καὶ ἐκ τῶν ἀρχόντων πολλοὶ
ἐπίστευσαν εἰς αὐτόν· ἀλλὰ διὰ τοὺς Φαρισαίους οὐχ-
ὡμολόγουν, ἵνα μὴ ἀποσυνάγωγοι γένωνται.

요 12·43 ἠγάπησαν γὸρ τὴν δόξαν τῶν ἀνθρώπων μᾶλλον
ἤπερ τὴν δόξαν τοῦ θεοῦ.

상기의 주는 예수님을 가리키는 것이며 관원은 영적지
도자를 말하는데 영적지도자는 오늘날 목회자들을 말합니
다. 그런데 관원 중에 예수를 믿는 자가 많아도 바리새인들
때문에 드러내어 말하지 못하는 것은 출교를 당할까 두려

위하기 때문이라는 것입니다.

　　바리새인들은 사람의 영광을 하나님의 영광보다 더 사랑하기 때문이라 말씀하고 있는데 이것은 오늘날 기독교인들이 하나님의 말씀보다 교리를 더 중요시하는 것을 말합니다. 왜냐하면 교인들이 말씀을 가지고 말하는 것은 아무일이 없어도 오늘날의 주(구원자)에 대해서 말하거나 교리가 잘못되었다고 말하면 무조건 이단으로 몰려 교회에서 쫓겨나기 때문입니다.

　　오늘날 기독교회나 천주교회는 모두 교리를 중심으로 교회를 운영하는데 만일 교인들이나 목회자들이 교리를 위배하거나 거스리면 이단으로 몰려 교회에서 출교당하거나 탈퇴를 해야 합니다. 때문에 교단이나 교파 안에서 신앙생활을 하려면 하나님의 말씀보다 교리를 더 잘 섬기고 따라야 하는 것입니다.

[요한복음 7장 14절-16절] 이미 명절의 중간이 되어 예수께서 성전에 올라가사 가르치시니 유대인들이 기이히 여겨 가로되 이 사람은 배우지 아니하였거늘 어떻게 글을 아느냐하니 예수께서 대답하여 가라사대 내 교훈은 내 것이 아니요 나를 보내신 이의 것이니라.

요 7·14 Ἤδη- δὲ τῆς ἑορτῆς μεσούσης ἀνέβη ὁ Ἰησοῦς εἰς τὸ ἱερὸν, καὶ ἐδίδασκεν.

요 7·15 καὶ ἐθαύμαζον οἱ Ἰουδαῖοι λέγοντες, Πῶς οὗτος γράμματα οιδεν μὴ μεμαθηκώς

요 7·16 Ἀπεκρίθη αὐτοῖς ὁ Ἰησοῦς καὶ ειπεν H- ἐμὴ- διδαχὴ οὐκ ἔστιν ἐμὴ, ἀλλ τοῦ πέμψαντός με·

이후 명절의 중간이 되어 예수께서 성전에 올라가서 사람들을 가르치니 유대인들이 이상하게 여겨 가로되 "이 사람은 배우지 아니하였거늘 어떻게 글을 아느냐"고 말하니 그때 예수께서 대답하여 가라사대 "내 교훈은 내 것이 아니요 나를 보내신 이의 것이니라" 라고 말씀하십니다.

유대인들이 예수님께서 성전에 들어가 하나님의 말씀을 가르치는 것을 보고 이 사람은 배우지 않았는데 어떻게 성경을 가르치느냐고 말하는 것은 예수님께서 일반 교육을 받지 않았다는 뜻이 아니라 회당이나 공회, 즉 신학교에 들어가 하나님의 말씀을 공부하지 않았다는 것입니다. 예수님께서 유대인들이 하는 말을 들으시고 내가 가르치는 교훈은 내 것이 아니라 나를 보내신 하나님의 것이라 말씀하고 있습니다. 이 말은 내가 알고 있는 말씀은 사람이나 신학교에서 배운 것이 아니라 하나님으로부터 보고 들어서 알고 있는 것이라는 뜻입니다.

[요한복음 7장 17절–18절] 사람이 하나님의 뜻을 행하려 하면 이 교훈이 하나님께로서 왔는지 내가 스스로 말함인지 알리라 스스로 말하는 자는 자기 영광만 구하되 보내신 이의 영광을 구하는 자는 참되니 그 속에 불의가 없느니라.

요 7·17 ἐάν τις θέλη τὸ θέλημα- αὐτοῦ ποιεῖν, γνώσεται περὶ τῆς διδαχῆς πότερον ἐκ τοῦ θεοῦ ἐστιν, ἢ ἐγὼ ἀπ᾽ ἐμαυτοῦ λαλῶ.

요 7·18 ὁ ἀφ᾽ ἑαυτοῦ λαλῶν, τὴν- δόξαν- τὴν- ἰδίαν ζητεῖ· ὁ δὲ ζητῶν τὴν δόξαν τοῦ πέμψαντος αὐτόν, οὗτος ἀληθής ἐστιν, καὶ ἀδικία ἐν αὐτῷ οὐκ- ἔστιν.

하나님의 뜻대로 신앙생활을 올바로 하고 있는 자는 이 교훈이 하나님으로부터 왔는지 내가 스스로 말함인지 알 수 있다는 것입니다. 왜냐하면 자기 스스로 와서 말하는 자는 자기 영광만을 구하지만 하나님께서 보내신 자는 모두 하나님의 영광만을 나타내기 때문에 그는 진실하고 그 속에 불의가 없다는 것입니다.

　오늘날 목회자들은 자신의 학벌이나 학위를 자랑하며 자신이 영광을 받지만 하나님께서 보내주신 하나님의 아들이나 종들은 모두 하나님을 나타내며 하나님께 영광을 돌리는 것입니다. 이렇게 오늘날도 이 세상에서 신학교를 나와서 목회를 하는 목사들이 있고 예수님이나 사도 바울처럼 하나님으로부터 가르침을 받거나 계시의 눈이 열려 목회를 하는 목자가 있는 것입니다. 그러므로 세상의 목사를 믿고 따르는 자들은 교회를 다니면서 종교생활은 할 수 있지만 죄를 사함 받거나 하나님의 생명으로 거듭날 수는 없는 것입니다.

[요한복음 7장 19절-24절] 모세가 너희에게 율법을 주지 아니하였느냐 너희 중에 율법을 지키는 자가 없도다 너희가 어찌하여 나를 죽이려하느냐 무리가 대답하되 당신은 귀신이 들렸도다 누가 당신을 죽이려 하나이까 예수께서 대답하여 가라사대 내가 한 가지 일을 행하매 너희가 다 이를 인하여 나를 괴이히 여기는도다 모세가 너희에게 할례를 주었으니 (그러나 할례는 모세에게서 난 것이 아니요 조상들에게서 난 것이라) 그러므로 너희가 안식일에도 사람에게 할례를 주느니라 모세의

율법을 폐하지 아니하려고 사람이 안식일에도 할례를 받는 일이 있거든 내가 안식일에 사람의 전신을 건전케 한 것으로 너희가 나를 노여워 하느냐 외모로 판단하지 말고 공의의 판단으로 판단하라 하시니라.

요 7:19 οὐ Μωσῆς δέδωκεν ὑμῖν τὸν νόμον, καὶ οὐδεὶς ἐξ ὑμῶν ποιεῖ τὸν νόμον τί με ζητεῖτε ἀποκτεῖναι

요 7:20 Ἀπεκρίθη ὁ ὄχλος καὶ ειπεν Δαιμόνιον ἔχεις· τίς σε ζητεῖ ἀποκτεῖναι

요 7:21 Ἀπεκρίθη ὁ Ἰησοῦς καὶ ειπεν αὐτοῖς, Ἑν ἔργον ἐποίησα, καὶ πάντες θαυμάζετε.

요 7:22 διὰ τοῦτο Μωσῆς δέδωκεν ὑμῖν τὴν περιτομήν, οὐχ ὅτι ἐκ τοῦ Μωσέως ἐστίν, ἀλλ᾽ ἐκ τῶν πατέρων· καὶ ἐν σαββάτῳ περιτέμνετε ἄνθρωπον.

요 7:23 εἰ περιτομὴν λαμβάνει ἄνθρωπος ἐν σαββάτῳ ἵνα μὴ λυθῇ ὁ νόμος Μωσέως, ἐμοὶ χολᾶτε ὅτι ὅλον ἄνθρωπον ὑγιῆ ἐποίησα ἐν σαββάτῳ

요 7:24 μὴ κρίνετε κατ᾽ ὄψιν, ἀλλὰ τὴν δικαίαν κρίσιν κρίνατε.

예수님은 유대인들에게 모세가 너희에게 율법을 지키라고 주지 아니하였느냐 그런데 너희 중에 율법을 지키는 자가 없다고 말씀하십니다. 왜냐하면 율법을 지키는 자는 예수를 알고 영접해야 하는데 유대인들은 예수를 죽이려하기 때문입니다. 예수님의 말씀을 들은 유대인들은 예수님에게 "당신은 귀신들린 것이 아니냐"고 하면서 "누가 당신을 죽이려 한단 말입니까?" 라고 말을 하는 것입니다. 이 말을 들으신 예수께서 유대인들에게 대답하시기를 내가 한 가지 일을 행하매 너희가 다 이를 인하여 나를 괴이히 여기고 있다고 말씀하십니다. 유대인들이 기다리고 있는 메시야는 큰 권능으로 여러 가지 일들을 하시고 큰 일을 행하시는 분으로 알고 있는데 예수님은 이 세상에 오셔서 오직 한 일, 즉 죄인들의 죄를 사해주고 죽은 영혼을 살리는 일만 하시니까 유대인들은 예수님을 이상히 생각하고 있는 것입니다.

이어서 예수님은 모세가 너희에게 할례를 주었다고 믿고 있지만 그러나 너희가 받은 할례는 모세에게 난 것이 아니라 조상들의 유전에 의해 받은 할례라는 것입니다. 그러므로 예수님은 너희가 아무런 일도 하지 말고 거룩히 지키라는 안식일에도 사람들에게 할례를 주고 있다고 말씀하시면서 너희가 모세의 율법을 폐하지 아니하려고 안식일에도 할례를 받는 일이 있거든 하물며 내가 안식일에 사람의 전신을 건전케 하는것, 즉 죄를 사해주는 일로 너희가 나를 노여워 하느냐고 말씀하시는 것입니다. 이어서 예수님은 유대인들에게 너희는 나를 외모로 판단하지 말고 공의로 판단하라고 말씀하고 있습니다. 왜냐하면 유대인들은 예수님을 겉모습만 바라보고 판단하지 하나님의 공의, 즉 하나님의 말씀으로 판단하지 않고 있기 때문입니다.

[요한복음 7장 25절-27절] 예루살렘 사람 중에서 혹이 말하되 이는 저희가 죽이고자 하는 그 사람이 아니냐 보라 드러나게 말하되 저희가 아무 말도 아니하는도다 당국자들은 이 사람을 참으로 그리스도인줄 알았는가 그러나 우리는 이 사람이 어디서 왔는지 아노라 그리스도께서 오실 때에는 어디서 오시는지 아는 자가 없으리라 하는지라

요 7·25 Ἔλεγον ουν τινες ἐκ τῶν Ἱεροσολυμιτῶν, Οὐχ-οὗτός- ἐστιν ὂν ζητοῦσιν ἀποκτεῖναι

요 7·26 καὶ ἴδε, παρρησίᾳ λαλεῖ, καὶ οὐδὲν αὐτῷ λέγουσιν. μήποτε ἀληθῶς ἔγνωσαν οἱ ἄρχοντες, ὅτι οὗτός ἐστιν ἀληθῶς ὁ χριστός

요 7·27 ἀλλὰ τοῦτον οἴδαμεν πόθεν ἐστίν· ὁ δὲ χριστὸς
ὅταν ἔρχηται, οὐδεὶς γινώσκει πόθεν ἐστίν.

예루살렘에 살고 있는 사람이 말하되 이 사람은 유대인
이 죽이고자 하는 그 예수가 아닌가? 그런데 예수가 드러
내어 말하여도 유대인들이 아무 말도 하지 아니하는 것을
보면 당국자들도 이 사람이 참으로 그리스도인줄 알았단
말인가? 라고 말하며 의아스럽게 생각하고 있는 것입니다.
유대인들은 예수를 죽이려고 항상 기회를 엿보고 있는데
지금 예수님이 유대 예루살렘에 나타나 대낮에 말씀을 선
포하고 있는데 아무도 제재를 하지 않으니 그러면 유대인
들도 이 사람을 그리스도라 인정을 하는 것이냐는 것입니
다. 그러나 우리는 이 사람이 어디서 태어나서 왔는지 알고
있다고 말하고 있습니다.
  왜냐하면 그리스도께서 오실 때에는 어디서 오는지 아
는 자가 없다고 하였는데 우리는 이 사람이 어디서 태어나
서 온 것을 모두 알고 있기 때문에 이 사람은 그리스도가
아니라는 것입니다. 그러나 성경에 그리스도가 오실 때 아
무도 모른다는 말씀은 메시야가 세상에 오실 때 아무도 모

르게 오신다는 뜻이 아니라 그리스도가 내안에 오시는 것을 모른다는 뜻입니다. 즉 우리가 하나님의 아들로 거듭나려면 내 안에 그리스도가 임하셔야 하는데 그리스도가 임하는 것은 아무도 모르게, 즉 자신도 모르게 도적 같이 오신다는 뜻입니다.

[요한복음 7장 28절-30절] 예수께서 성전에서 가르치시며 외쳐 가라사대 너희가 나를 알고 내가 어디서 온 것도 알거니와 내가 스스로 온 것이 아니로라 나를 보내신 이는 참이시니 너희는 그를 알지 못하나 나는 아노니 이는 내가 그에게서 낳고 그가 나를 보내셨음이니라 하신대 저희가 예수를 잡고자 하나 손을 대는 자가 없으니 이는 그의 때가 아직 이르지 아니하였음이러라.

요 7·28 Ἔκραξεν ουν ἐν τῷ ἱερῷ διδάσκων ὁ Ἰησοῦς καὶ λέγων, Κἀμὲ οἴδατε, καὶ οἴδατε πόθεν εἰμί· καὶ ἀπ' ἐμαυτοῦ οὐκ ἐλήλυθα, ἀλλ' ἔστιν ἀληθινὸς ὁ πέμψας με, ὃν ὑμεῖς οὐκ οἴδατε·

요 7·29 ἐγὼ δε οιδα αὐτόν, ὅτι παρ' αὐτοῦ εἰμι, κἀκεῖνός με ἀπέστειλεν.

요 7·30 Ἐζήτουν οὖν αὐτὸν πιάσαι· καὶ οὐδεὶς ἐπέβαλεν ἐπ᾽
αὐτὸν τὴν χεῖρα, ὅτι οὔπω ἐληλύθει ἡ ὥρα αὐτοῦ.

예수께서 성전에 들어가 가르치시면서 그들에게 큰 소
리로 너희가 나를 알고 내가 어디서 온 것도 알고 있지만
나는 스스로 온 것이 아니라 하나님이 보내주셔서 왔다고
말씀하고 있습니다. 예수님을 어릴 때부터 한 마을에서 알
고 지내던 유대인들은 예수님의 육신이 언제, 어디서 태어
난 것은 잘 알고 있는데 예수님의 몸에 성령이 잉태 된 것,
즉 그리스도가 예수님의 몸에 임한 것은 전혀 모르고 있는
것입니다. 때문에 예수님은 유대인들에게 나는 스스로 하
나님의 아들이 되어서 온 것이 아니라 하나님으로부터 성
령이 임하여 하나님의 아들이 되어 왔다는 것을 담대하게
큰 소리로 말씀하시는 것입니다.

이어서 예수님은 나를 보내신 하나님은 참이시니 너희
는 그를 알지 못하나 나는 아노니 이는 내가 하나님에게서
낳고 그가 나를 보내셨다고 말씀하시는 것입니다. 왜냐하
면 너희는 나를 보내신 하나님을 모르지만 내가 하나님을
알고 있는 것은 나는 하나님으로부터 낳음을 받았고 또한
하나님이 나를 보내서 왔기 때문이라는 것입니다. 예수님

이 하시는 말씀을 들은 유대인들은 예수를 잡고자 하였으나 예수님께 손을 대지 못하는 것은 예수님의 때, 즉 예수님은 아직 죽으실 때가 되지 않았기 때문입니다.

예수님께서 아직 죽을 때가 아니라는 것은 예수님이 아직 할 일이 남아 있기 때문인데 그 일은 예수님께서 열두 제자들을 아직 하나님의 말씀으로 창조하여 하나님의 아들로 완성하지 못했다는 뜻입니다.

[요한복음 7장 31절-36절] 무리 중에 많은 사람이 예수를 믿고 말하되 그리스도께서 오실찌라도 그 행하실 표적이 이 사람의 행한 것보다 더 많으랴 하니 예수께 대하여 무리의 수군거리는 것이 바리새인들에게 들린지라 대제사장들과 바리새인들이 그를 잡으려고 하속들을 보내니 예수께서 이르시되 내가 너희와 함께 조금 더 있다가 나를 보내신 이에게로 돌아가겠노라 너희가 나를 찾아도 만나지 못할 터이요 나 있는 곳에 오지도 못하리라 하신대 이에 유대인들이 서로 묻되 이 사람이 어디로 가기에 우리가 저를 만나지 못하리요 헬라인 중에 흩어져 사는 자들에게로 가서 헬라인을 가르칠 터인가 나를 찾아도 만나지 못할 터이요 나 있는 곳에 오지도 못하리라 한 이 말이 무슨 말이냐 하니라.

요 7:31 Πολλοὶ- δὲ ἐκ τοῦ ὄχλου ἐπίστευσαν εἰς αὐτόν, καὶ ἔλεγον, Ὅτι ὁ χριστὸς ὅταν ἔλθῃ μήτι πλείονα σημεῖα τούτων ποιήσει ὧν οὗτος ἐποίησεν

요 7:32 Ἤκουσαν οἱ Φαρισαῖοι τοῦ ὄχλου γογγύζοντος περὶ αὐτοῦ ταῦτα· καὶ ἀπέστειλαν οἱ Φαρισαῖοι καὶ οἱ ἀρχιερεῖς ὑπηρέτας, ἵνα πιάσωσιν αὐτόν.

요 7:33 ειπεν ουν αὐτοῖς ὁ Ἰησοῦς, Ἔτι μικρὸν χρόνον μεθ ὑμῶν εἰμι, καὶ ὑπάγω πρὸς τὸν πέμψαντά με.

요 7:34 ζητήσετέ με καὶ οὐχ- εὑρήσετε· καὶ ὅπου εἰμὶ ἐγὼ ὑμεῖς οὐ- δύνασθε ἐλθεῖν.

요 7:35 Εἰπον ουν οἱ Ἰυδαῖοι πρὸς ἑαυτούς, Ποῦ οὗτος μέλλει πορεύεσθαι ὅτι ἡμεῖς οὐχ- εὑρήσομεν αὐτόν μὴ εἰς τὴν διασπορὰν τῶν Ἑλλήνων μέλλει πορεύεσθαι, καὶ διδάσκειν τοὺς Ἕλληνας

요 7:36 τίς ἐστιν οὗτος ὁ λόγος ὃν ειπεν Ζητήσετέ με, καὶ οὐχ- εὑρήσετέ καὶ Ὅπου εἰμὶ ἐγὼ ὑμεῖς οὐ- δύνασθε ελθεῖν

예수님의 말씀을 듣고 있던 무리 중에 많은 사람이 예수를 믿고 서로 수군거리며 말하되 그리스도께서 오실지라도 그 행하실 표적이 이 사람의 행한 것보다 더 많겠는가 하고 말하는데 옆에 있던 바리새인들이 예수에 대하여 말하는 것을 듣고 대제사장들과 바리새인들이 예수를 잡으려고 하속들을 보냈다고 말씀하고 있습니다.

유대의 대제사장과 바리새인들이 예수를 잡으려는 것은 예수님이 행하는 표적과 말씀들이 유대인들의 신앙에 걸림이 되고 또한 유대인들에게 마음의 동요가 일어나기 때문입니다. 그래서 예수를 잡으려고 하는데 예수께서 이들에게 말씀하시되 내가 너희와 함께 조금 더 있다가 나를 보내신 이에게로 돌아갈 것이다 그러니 너희가 나를 찾아도 만나지 못할 터이요 나 있는 곳에 오지도 못하리라고 말씀하고 있습니다.

왜냐하면 예수님은 자신이 세상에서 할 일을 모두 마치면 아버지가 계신 천국으로 돌아가기 때문입니다. 그런데 천국은 하나님을 믿고 예수를 믿는다 해서 누구나 가는 곳이 아니라 성령이 잉태되어 하나님의 생명으로 거듭난 하나님의 아들들만 들어가는 곳이기 때문에 예수님께서 너희는 내가 가는 곳에 오지 못하고 찾아도 찾지 못한다고 말씀하신 것입니다. 그런데 아직 하나님의 생명으로 거듭나지 못한 유대인들은 예수님이 하시는 말씀이 무슨 뜻인지 전혀 모르고 있는 것입니다. 때문에 유대인들이 서로 묻되 이 사람이 어디로 가기에 우리가 저를 만나지 못한단 말인가 하고 의아해 하며 그러면 이제 예수가 헬라인 중에 흩어져 사는 자들에게로 가서 헬라인을 가르치려고 하는가 하면서 나를 찾아도 만나지 못할 것이요 나 있는 곳에 오지도 못하리라 한 이 말이 무슨 뜻인지 몰라서 의아해하고 있는 것입니다.

유대인들이나 기독교인들이 예수님이 말씀하시는 진정한 뜻이나 영적인 의미를 모를 수밖에 없는 것은 아직 하나님의 아들로 거듭나지 못해 들을 수 있는 귀가 없고 또한 영안이 열리지 않았기 때문입니다. 예수님께서 너희는 귀가 있어도 듣지 못하고 눈이 있어도 보지 못하고 마음이 있어도 깨닫지 못한다고 말씀하신 것은 바로 이러한 이유 때문입니다.(사도행전 28장 26절)

[요한복음 7장 37절-44절] 명절 끝날 곧 큰날에 예수께서 서서 외쳐 가라사대 누구든지 목마르거든 내게로 와서 마시라 나를 믿는 자는 성경에 이름과 같이 그 배에서 생수의 강이 흘러나리라 하시니 이는 그를 믿는자의 받을 성령을 가리켜 말씀하신 것이라 (예수께서 아직 영광을 받지 못하신 고로 성령이 아직 저희에게 계시지 아니하시더라) 이 말씀을 들은 무리 중

에서 혹은 이가 참으로 그 선지자라 하며 혹은 그리스도라 하
며 어떤 이들은 그리스도가 어찌 갈릴리에서 나오겠느냐 성경
에 이르기를 그리스도는 다윗의 씨로 또 다윗의 살던 촌 베들
레헴에서 나오리라 하지 아니 하였느냐 하며 예수를 인하여 무
리 중에서 쟁론이 되니 그 중에는 그를 잡고자하는 자들도 있
으나 손을 대는 자가 없었더라.

요 7·37 ʼΕν- δὲ τῇ ἐσχάτῃ ἡμέρᾳ τῇ μεγάλῃ τῆς ἑορτῆς
εἱστήκει ὁ Ἰησοῦς, καὶ ἔκραξεν λέγων, Ἐάν τις διψᾷ, ἐρχέσθω
πρός με καὶ πινέτω·

요 7·38 ὁ πιστεύων εἰς ἐμέ, καθὼς ειπεν ἡ γραφή, ποταμοὶ ἐκ
τῆς- κοιλίας- αὐτοῦ ῥεύσουσιν ὕδατος ζῶντος.

요 7·39 Τοῦτο- δὲ ειπεν περὶ τοῦ πνεύματος οὗ ⁻ ἔμελλον
λαμβάνειν οἱ πιστεύοντες εἰς αὐτόν· οὔπω- γὰρ πνεῦμα ἅγιον,
ὅτι Ἰησοῦς οὐδέπω ἐδοξάσθη.

요 7·40 πολλοὶ ουν ἐκ τοῦ ὄχλου ἀκούσαντες τὸν λόγον
ἔλεγον, Οὗτός ἐστιν ἀληθῶς ὁ προφήτης.

요 7·41 ῍Αλλοι ἔλεγον, Οὗτός ἐστιν ὁ χριστός. ῍Αλλοι δὲ
ἔλεγον, Μὴ γὰρ ἐκ τῆς Γαλιλαίας ὁ χριστὸς ἔρχεται

요 7·42 οὐχὶ ἡ γραφὴ ειπεν ὅτι ἐκ τοῦ σπέρματος Δαβίδ, καὶ

ἀπὸ Βηθλέεμ τῆς κώμης ὅπου ην Δαβίδ, ὁ Χριστὸς ἔρχεται

요 7·43 Σχίσμα ουν ἐν τῷ ὄχλῳ ἐγένετο δἰ αὐτόν.

요 7·44 τινὲς- δε ἤθελον ἐξ αὐτῶν πιάσαι αὐτόν, ἀλλ᾽ οὐδεὶς ἐπέβαλεν ἐπ᾽ αὐτὸν τὰς χεῖρας.

　　예수님은 유월절이 끝나는 큰 날에 서서 외쳐 말씀하시되 누구든지 목마르거든 내게로 와서 물을 마시라 나를 믿는 자는 성경에서 말씀하신 바와 같이 그 배에서 생수의 강이 흘러나리리라고 말씀하십니다.

　　예수님이 마시라는 물은 하나님의 말씀을 말하며 생수의 강은 생명의 말씀을 비유하여 말씀하신 것입니다. 때문에 생수의 강이 흘러 넘친다는 뜻은 예수를 믿고 따르며 말씀을 먹는 자는 물이 포도주로 변하듯이 성령, 즉 생명의 말씀이 배에서 넘쳐 나온다는 것을 말씀하신 것입니다. 그리고 예수께서 아직 영광을 받지 못하신 고로 성령이 아직 저희에게 계시지 아니했다는 뜻은 성령이 아직 예수님의 제자들에게 임하지 않아 하나님으로부터 영광을 받지 못했다는 뜻입니다.

　　예수님의 말씀을 들은 무리 중에 어떤 자는 예수가 참으로 선지자라 하며 어떤 자는 그리스도라 하며 또 어떤 이

들은 그리스도가 어찌 갈릴리에서 나오겠느냐고 하면서 성경에 말씀하기를 그리스도는 다윗의 씨로 다윗이 살던 마을 베들레헴에서 나오리라 하지 아니 하였느냐고 말하고 있는 것입니다. 이렇게 예수로 인해서 무리들이 긍정과 부정을 하며 쟁론을 하는데 그 중에는 예수를 잡고자 하는 자들도 있으나 손을 대는 자가 없었다고 말씀하고 있습니다. 예수를 잡고자 하는 하속들이 예수를 잡지 않은 것은 이들이 예수님이 하시는 말씀을 들어보니 지금까지 어느 누구에게서도 들어보지 못한 기이한 말씀으로 거짓이 없고 모두 진실한 말씀을 하시기 때문입니다.

[요한복음 7장 45절-53절] 하속들이 대제사장들과 바리새인들에게로 오니 저희가 묻되 어찌하여 잡아오지 아니하였느냐 하속들이 대답하되 그 사람의 말하는 것처럼 말한 사람은 이때까지 없었나이다 하니 바리새인들이 대답하되 너희도 미혹되었느냐 당국자들이나 바리새인 중에 그를 믿는 이가 있느냐 율법을 알지 못하는 이 무리는 저주를 받은 자로다 그 중에 한 사람 곧 전에 예수께 왔던 니고데모가 저희에게 말하되 우리 율법은 사람의 말을 듣고 그 행한 것을 알기 전에 판결하느냐 저희가 대답하여 가로되 너도 갈릴리에서 왔느냐 상고하여 보라

273

갈릴리에서는 선지자가 나지 못하느니라 하였더라 (다 각각 집으로 돌아가고)

Ω 7·45 ηλδον ουν οἱ ὑπηρέται πρὸς τοὺς ἀρχιερεῖς καὶ Φαρισαίους· καὶ ειπεν αὐτοῖς ἐκεῖνοι, Διατί οὐκ- ἠγάγετε αὐτόν

Ω 7·46 Ἀπεκρίθησαν οἱ ὑπηρέται, Οὐδέποτε οὕτως ἐλάλησεν ἄνθρωπος ὡς οὗτος ὁ ἄνθρωπος.

Ω 7·47 Ἀπεκρίθησαν ουν αὐτοῖς οἱ Φαρισαῖοι, Μὴ καὶ ὑμεῖς πεπλάνησθε

Ω 7·48 μή τις ἐκ τῶν ἀρχόντων ἐπίστευσεν εἰς αὐτὸν, ἢ ἐκ τῶν Φαρισαίων

Ω 7·49 ἀλλ᾽ ὁ- ὄχλος- οὗτος ὁ μὴ- γινώσκων τὸν νόμον ἐπικατάρατοί εἰσιν.

Ω 7·50 Λέγει Νικόδημος πρὸς αὐτούς, ὁ ἐλθὼν νυκτὸς πρὸς αὐτὸν, εἷς ὢν ἐξ αὐτῶν,

Ω 7·51 Μὴ ὁ- νόμος- ἡμῶν κρίνει τὸν ἄνθρωπον, ἐὰν- μὴ ἀκούσῃ παρ᾽ αὐτοῦ πρότερον, καὶ γνῷ τί ποιεῖ

Ω 7·52 Ἀπεκρίθησαν καὶ ειπον αὐτῷ, Μὴ καὶ σὺ ἐκ τῆς Γαλιλαίας εἰ ἐρεύνησον καὶ ἴδε, ὅτι προφήτης ἐκ τῆς

Γαλιλαίας οὐκ- ἐγήγερται.

요 7·53 Καὶ ἐπορεύθη ἕκαστος εἰς τὸν- οικον αὐτοῦ.

　　예수를 잡으러 갔던 하속들이 대제사장들과 바리새인
들에게로 돌아오는 것을 보고 저희가 묻되 어찌하여 예수
를 잡아오지 아니하였느냐고 묻고 있습니다. 이에 하속들
이 대답하여 말하되 그 사람이 말하는 것처럼 진실을 말한
사람은 지금까지 없었다고 말하고 있습니다. 이 말씀을 보
면 어둠가운데에서 빛은 반드시 드러나듯이 예수님이 하시
는 진리의 말씀은 하속들의 마음도 감동시켰다는 것을 알
수 있습니다.

　　하속들의 말하는 것을 들은 바리새인들은 너희도 예수
에게 미혹되었느냐고 물으며 그러면 당국자들이나 바리새
인 중에도 그를 믿는 자가 있느냐고 묻는 것입니다. 이 때
대제사장이 율법을 알지 못하는 이 무리는 저주를 받은 자
라고 말하는 것입니다. 예수에게 모여 말씀을 듣는 무리 중
에 한 사람 곧 전에 예수님을 찾아 왔던 니고데모가 나서서
저희에게 말하되 우리 율법은 사람의 말을 듣고 그 행한 것
을 알아보기도 전에 판결을 하느냐고 말하고 있습니다.

　　니고데모의 말을 들은 바리새인들이 대답하되 너도 갈

릴리에서 왔느냐 너는 생각해 보아라 갈릴리에서는 선지자가 나오지 않는다고 말씀하지 않느냐고 말하는 것입니다. 왜냐하면 성경에 하나님의 아들이신 예수님은 유대 베들레헴에서 태어나 오시며 그 외에 갈릴리와 같은 곳에서는 예수가 태어날 수 없다고 말씀하고 있기 때문입니다. 그런데 예수님이 태어나는 곳이 유대 베들레헴이라는 것은 지정된 특정한 장소를 말하는 것이 아니라 떡집, 곧 말씀의 집으로 예수님과 같이 말씀이 육신된 하나님의 아들에게서 태어난다는 것을 비유로 말씀하고 있는 것입니다.

　　예수님께 모여 말씀을 듣던 무리들은 예수님을 따르지 않고 모두 흩어져 각각 집으로 돌아갔다는 말씀으로 7장을 모두 마치고 있습니다.

가시와 엉겅퀴

찌르는 가시는
피를 원한다

칭칭 감는 엉겅퀴는
목숨을 원한다

가시와 엉겅퀴는
생명을 빼앗고

결국
부끄러움을 모르며
멸망의 길로 달려 간다

제 8장

간음 중에 잡혀온 여인

예수는 감람산으로 가시다 아침에 다시 성전으로 들어오시니
백성이 다 나아오는지라 앉으사 저희를 가르치시더니

Ἰησοῦς- δὲ ἐπορεύθη εἰς τὸ ὄρος τῶν ἐλαιῶν·
ὄρθρου- δὲ πάλιν παρεγένετο εἰς τὸ ἱερόν, καὶ πᾶς ὁ λαὸς ἤρχετο
πρὸς αὐτόν· καὶ καθίσας ἐδίδασκεν αὐτούς.

[요한복음 8장 1절-9절] 예수는 감람산으로 가시다 아침에 다시 성전으로 들어오시니 백성이 다 나아오는지라 앉으사 저희를 가르치시더니 서기관들과 바리새인들이 간음 중에 잡힌 여자를 끌고 와서 가운데 세우고 예수께 말하되 선생이여 이 여자가 간음하다가 현장에서 잡혔나이다. 모세는 율법에 이러한 여자를 돌로 치라 명하였거니와 선생은 어떻게 말하겠나이까 저희가 이렇게 말함은 고소할 조건을 얻고자 하여 예수를 시험함이러라 예수께서 몸을 굽히사 손가락으로 땅에 쓰시니 저희가 묻기를 마지 아니하는지라 이에 일어나 가라사대 너희 중에 죄 없는 자가 먼저 돌로치라 하시고 다시 몸을 굽히사 손가락으로 땅에 쓰시니 저희가 이 말씀을 듣고 양심의 가책을 받아 어른으로 시작하여 젊은이까지 하나씩 하나씩 나가고 오직 예수와 그 가운데 섰는 여자만 남았더라.

요 8·1 Ἰησοῦς- δὲ ἐπορεύθη εἰς τὸ ὄρος τῶν ἐλαιῶν·

요 8·2 ὄρθρου- δὲ πάλιν παρεγένετο εἰς τὸ ἱερόν, καὶ πᾶς ὁ λαὸς ἤρχετο πρὸς αὐτόν· καὶ καθίσας ἐδίδασκεν αὐτούς.

요 8·3 ἄγουσιν δὲ οἱ γραμματεῖς καὶ οἱ Φαρισαῖοι πρὸς αὐτὸν γυναῖκα ἐν μοιχείᾳ κατειλημμένην, καὶ στήσαντες αὐτὴν ἐν μέσῳ

요 8·4 λέγουσιν αὐτῷ Διδάσκαλε, αὕτη ἡ γυνὴ κατειλήφθη ἐπαυτοφώρῳ μοιχευομένη.

요 8·5 ἐν- δὲ τῷ νόμῳ Μωσῆς ἡμῖν ἐνετείλατο τὰς τοιαύτας λιθοβολεῖσθαι· σὺ ουν τί λέγεις

요 8·6 Τοῦτο- δὲ ἔλεγον πειράζοντες αὐτόν ἵνα ἔχωσιν κατηγορεῖν αὐτοῦ. ὁ δὲ- Ἰησοῦς κάτω- κύψας, τῷ δακτύλῳ ἔγραφεν εἰς τὴν γῆν.

요 8·7 ὡς- δὲ ἐπέμενον ἐρωτῶντες αὐτόν, ἀνακύψας ειπρὸς αὐτούς,΄Ο ἀναμάρτητος ὑμῶν πρῶτος τὸν λίθον ἐπ᾽ αὐτῇ βαλέτω.

요 8·8 καὶ πάλιν κάτω- κύψας ἔγραφεν εἰς τὴν γῆν.

요 8·9 οἱ- δὲ ἀκούσαντες, καὶ ὑπὸ τῆς συνειδήσεως ἐλεγχόμενοι, ἐξήρχοντο εἷς καθ᾽ εἷς, ἀρξάμενοι ἀπὸ τῶν πρεσβυτέρων ἕως τῶν ἐσχάτων· καὶ κατελείφθη μόνος ὁ Ἰησοῦς, καὶ ἡ γυνὴ ἐν μέσῳ ἑστῶσα.

예수는 저녁이 되어 성전에서 나와 감람산으로 가셨다가 아침에 다시 성전으로 들어오시니 백성이 다 예수께 모여들었습니다. 예수님은 자리에 앉아서 무리들을 가르치고 있는데 서기관들과 바리새인들이 간음 중에 잡힌 여인을 끌고 와서 무리의 가운데 세우고 예수께 말하되 선생이여 이 여자가 간음 하다가 현장에서 잡혔나이다.

모세는 율법에 이렇게 간음한 여자는 돌로 치라 명하였거니와 선생은 이 여인을 어떻게 해야 한다고 생각하십니까? 저희가 예수님께 이렇게 말하는 것은 고소할 조건을 잡고자 하여 예수를 시험하는 것입니다. 왜냐하면 이 질문은 예수께서 간음한 여인을 돌로 치지 말라면 율법을 범하는 것이고 돌로 치라고 하면 심판자가 되고 또한 살인자가 되기 때문입니다.

진퇴양난에 처한 예수님은 아무 말씀도 하지 않으시고 몸을 굽혀서 손가락으로 땅에 글을 쓰시니 저희가 예수님이 써놓은 글을 보고 아무 말도 하지 못한 것입니다. 예수님은 일어나서 유대인들에게 너희 중에 죄 없는 자가 먼저 돌로 치라고 말씀을 하셨는데 여인을 돌로 치는 자가 한명도 없었습니다.

예수님은 다시 몸을 굽히사 손가락으로 땅에 쓰시니 저희가 예수님이 써놓은 글을 보고 양심의 가책을 받아 어른으로 시작하여 젊은이까지 그 자리에서 한사람씩 모두 떠나가고 오직 예수와 그 가운데 서있는 여자만 남은 것입니다. 문제는 예수님이 몸을 굽혀 땅에 쓰신 글이 어떤 말씀인지 아무도 모르는 상태에서 지금까지 의문으로 남아있다는 것입니다.

　그러나 예수님이 쓰신 글은 영안이 열리면 누구나 알수 있는 말씀입니다. 예수님이 첫 번째 쓰신 글은 새 계명에 네 이웃을 네 몸과 같이 사랑하라는 둘째 계명을 쓰신것이며 두 번째 쓰신 글은 몸과 혼과 마음과 정성을 다해주 너의 하나님을 사랑하라는 첫 계명을 쓰신 것입니다. 예수님이 쓰신 이 계명은 모든 율법과 하나님의 뜻이 모두 담겨있는 것입니다. 때문에 예수님께서 새 계명을 땅에 쓰신후에 이 두 계명을 모두 이룬 자가 먼저 이 여인을 돌로 치라고 말씀하신 것입니다. 간음한 여인을 돌로 치려고 모였던 무리들은 예수님이 쓰신 계명을 보고 양심에 가책이 되어 모두 떠나버린 것입니다. 왜냐하면 간음한 여인을 돌로치려던 무리들 중에 새 계명을 모두 이루어 죄가 없는 자는단 한명도 없었기 때문입니다.

　간음은 육신적인 간음과 영적인 간음이 있는데 육신적인 간음을 한 자는 죄 사함을 받을 수 있지만 영적인 간음을 하는 자는 죄 사함을 받지 못하고 멸망하게 된다는 것을알아야 합니다. 때문에 하나님께서 하나님의 백성들에게하지 말라는 간음은 주로 영적인 간음을 말씀하고 있습니다. 영적인 간음은 두 주인을 섬기듯이 하나님과 재물(자신)을 겸하여 섬기는 것을 말하며 그보다 더 중한 간음은 이방신, 즉 다른 영(하나님)과 다른 예수 그리고 다른 복음을 믿고 좇아가는 것입니다.

이러한 영적인 간음을 하는 자들은 자신의 욕심을 채우기 위해 혹은 육신의 복을 받기 위해 다른 신을 섬기는 것인데 이런 자들은 죄 사함이나 용서를 받을 수 없고 멸망당하게 되는 것입니다. 오늘날 기독교인들이 흔히 범하고 있는 영적간음은 육신의 복을 받기위해 거짓선지자나 삯꾼목자를 주로 믿으며 가감된 비 진리를 좇아가는 것을 말합니다.

[요한복음 8장 10절-11절] 예수께서 일어나사 여자 외에 아무도 없는 것을 보시고 이르시되 여자여 너를 고소하던 그들이 어디 있느냐 너를 정죄한 자가 없느냐 대답하되 주여 없나이다 예수께서 가라사대 나도 너를 정죄하지 아니하노니 가서 다시는 죄를 범치 말라하시니라.

요 8·10 ἀνακύψας- δὲ ὁ Ἰησοῦς, καὶ μηδένα θεασόμενος πλὴν τῆς γυναικός, ειπεν αὐτῇ, Ἡ γυνή, ποῦ εἰσιν ἐκεῖνοι οἱκατήγοροί- σου, οὐδείς σε κατέκρινεν

요 8·11 Ἡ- δε ειπεν Οὐδείς, κύριε. Ειπεν δε αὐτῇ ὁ Ἰησοῦς, Οὐδε ἐγώ σε κατακρίνω· πορεύου καὶ μηκέτι ὁμάρτανε.

　예수께서 자리에서 일어나서 아무도 없는 것을 보시고 여자를 보고 "여자여 너를 고소하던 그들이 어디 있느냐 너를 정죄한 자가 없느냐"고 물으십니다. 여인이 대답하되 "주여 없나이다"라고 말씀드리고 있습니다. 예수께서 여인에게 말씀하시되 나도 너를 정죄하지 아니하노니 가서 다시는 죄를 범치 말라고 명하시는 것입니다. 이 여인이 용서를 받을 수 있었던 것은 영적간음을 한 것이 아니라 육적간음을 했기 때문입니다. 그러나 예수님은 여인에게 육신적인 간음도 다시 범하지 말라고 명하시는 것을 볼 수 있습니다. 오늘날도 불신자는 물론 기독교인 중에도 육신적인 간음을 하는 자가 있고 또한 목회자들도 간음 문제 때문에 교회에서 출교당하는 사례도 볼 수 있습니다.

　육적 간음은 세상의 법으로도 금지되어 있고 또한 윤리 도덕으로도 안 되는 것입니다. 때문에 육신적인 간음도 하지 말아야하지만 하나님과 재물(자신)을 겸하여 섬기는 것과 기복을 따라 다른 하나님(가감된 말씀), 즉 비 진리를 섬기는 영적 간음죄는 절대로 범하면 안 되는 것입니다.

요 8·12 Πάλιν ουν ὁ Ἰησοῦς αὐτοῖς ἐλάλησεν, λέγων,᾽Εγὼ εἰμι τὸ φῶς τοῦ κόσμου· ὁ ἀκολουθῶν ἐμοὶ οὐ- μὴ περιπατήσει ἐν τῇ σκοτίᾳ, ἀλλ᾽ ἕξει τὸ φῶς τῆς ζωῆς.

예수님은 자신을 세상을 비추는 빛이라 말씀하시면서 나를 믿고 따르는 자는 어둠에서 벗어나 생명의 빛을 얻게 된다고 말씀하십니다. 왜냐하면 예수님은 빛이고 세상 사람들은 어둠이기 때문에 하나님의 백성들은 참 빛이신 예수님을 믿고 그 입에서 나오는 말씀을 영접해야 하나님의 자녀가 되는 것입니다.

하늘에 해가 있고 달이 있고 별들이 있어 어둔 세상을 비춰주듯이 예수님은 참 빛(해)으로 모세는 빛(달)으로 제사장은 희미한 빛(별)으로 어둠 가운데 있는 하나님의 백성들을 비쳐주고 있는 것입니다. 때문에 오늘날 기독교인들도 하나님의 자녀가 되려면 세상목자와 교리로부터 벗어나

광야로 나아가 모세를 통해서 율법을 통한 훈련을 받고 요
단을 건너 가나안으로 들어가 예수님이 주시는 생명의 말
씀을 먹어야 하는 것입니다.

[요한복음 8장 13절-18절] 바리새인들이 가로되 네가 너를
위하여 증거하니 네 증거는 참되지 아니하도다 예수께서 대답
하여 가라사대 내가 나를 위하여 증거하여도 내 증거가 참되니
나는 내가 어디서 오며 어디로 가는 것을 앎이어니와 너희는
내가 어디서 오며 어디로 가는 것을 알지 못하느니라 너희는
육체를 따라 판단하나 나는 아무도 판단치 아니하노라 만일 내
가 판단하여도 내 판단이 참되니 이는 내가 혼자 있는 것이 아
니요 나를 보내신 이가 나와 함께 계심이라 너희 율법에도 두
사람의 증거가 참되다 기록하였으니 내가 나를 위하여 증거하
는 자가 되고 나를 보내신 아버지도 나를 위하여 증거하시느니
라.

요 8·13 Ειπον ουν αὐτῷ οἱ Φαρισαῖοι, Σὺ περὶ σεαυτοῦ
μαρτυρεῖς· ἡ- μαρτυρία- σου οὐκ- ἔστιν ἀληθής.

요 8·14 ᾿Απεκρίθη Ἰησοῦς καὶ ειπεν αὐτοῖς, Κἂν ἐγὼ
μαρτυρῶ περὶ ἐμαυτοῦ, ἀληθής ἐστιν ἡ- μαρτυρία- μου, ὅτι

οιδα πόθεν ηλθον καὶ ποῦ ὑπάγω· ὑμεῖς· δὲ οὐκ- οἴδατε πόθεν ἔρχομαι καὶ — ποῦ ὑπάγω.

요 8·15 ὑμεῖς κατὰ τὴν σάρκα κρίνετε· ἐγὼ οὐ κρίνω οὐδένα.

요 8·16 καὶ ἐὰν κρίνω δὲ ἐγώ, ἡ κρίσις ἡ ἐμὴ ἀληθής ἐστιν· ὅτι μόνος οὐκ- εἰμί, ἀλλ᾽ ἐγὼ καὶ ὁ πέμψας με πατήρ.

요 8·17 καὶ ἐν τῷ νόμῳ δὲ τῷ ὑμετέρῳ γέγραπται, ὅτι δύο ἀνθρώπων ἡ μαρτυρία ἀληθής ἐστιν.

요 8·18 ἐγὼ εἰμι ὁ μαρτυρῶν περὶ ἐμαυτοῦ, καὶ μαρτυρεῖ περὶ ἐμοῦ ὁ πέμψας με πατήρ.

예수님의 말씀을 들은 바리새인들이 예수님께 말하되 네가 너를 위하여 증거 하기 때문에 네 증거는 참되지 않다고 말하고 있습니다. 왜냐하면 예전이나 오늘날이나 목회자들은 오직 하나님을 증거 해야지 자신을 증거 하면 안 되기 때문입니다. 그런데 예수님은 지금 내가 나를 위하여 증거 하여도 내 증거가 참되다고 말씀하고 있습니다. 왜냐하면 나는 내가 어디서 오며 어디로 가는 것을 알고 있지만 너희는 내가 어디서 오며 어디로 가는 것을 알지 못하기 때문이라는 것입니다. 문제는 유대인들이나 기독교인들도 신앙생활을 하면서도 예수님이 어디서 오는 것을 모를 뿐만 아니라 자신이 어디서 왔으며 어디로 가는지 조차도 모르고 있다는 것입니다. 왜냐하면 기독교는 하나님께서 말씀하시는 전생과 윤회를 모두 부정하고 믿지 않고 있기 때문입니다.

이어서 예수님은 너희가 육체를 따라 판단하나 나는 아무도 육체를 따라 판단하지 않는다고 말씀하시면서 만일 내가 육체를 따라 판단하여도 내 판단이 참되니 이는 내가 혼자 있는 것이 아니요 나를 보내신 이가 나와 함께 계시기 때문이라고 말씀하십니다.

왜냐하면 너희 율법에도 두 사람의 증거가 참되다 기록하였으니 내가 나를 위하여 증거 하는 자가 되고 나를 보내신 아버지도 나를 위하여 증거 하시기 때문이라는 것입니다. 이와 같이 예수님은 말씀이 육신 되신 분으로 예수님 안에는 하나님이 계시기 때문에 예수님이 하시는 말씀은 곧 하나님의 말씀이며 모두가 참이며 진리인 것입니다.

[요한복음 8장 19절-20절] 이에 저희가 묻되 네 아버지가 어디 있느냐 예수께서 대답하시되 너희는 나를 알지 못하고 내 아버지도 알지 못하는도다 나를 알았더면 내 아버지도 알았으리라 이 말씀은 성전에서 가르치실 때에 연보 궤 앞에서 하셨으나 잡

는 사람이 없으니 이는 그의 때가 아직 이르지 아니하였음이러라.

요 8:19 Ἔλεγον ουν αὐτῷ, Ποῦ ἐστιν ὁ πατήρ- σου
Ἀπεκρίθη ὁ Ἰησοῦς, Οὔτε ἐμὲ οἴδατε οὔτε τὸν πατέρα- μου· εἰ
ἐμὲ ᾔδειτε, καὶ τὸν- πατέρα- μου ᾔδειτε- ἄν.

요 8:20 Ταῦτα τὰ ῥήματα ἐλάλησεν ὁ Ἰησοῦς ἐν τῷ
γαζοφυλακίῳ, διδάσκων ἐν τῷ ἱερῷ καὶ οὐδεὶς ἐπίασεν αὐτόν,
ὅτι οὔπω ἐληλύθει ἡ- ὥρα- αὐτοῦ.

예수님의 말씀을 들은 유대인들은 예수에게 묻되 그러면 네 아버지 곧 네 하나님이 어디 있느냐고 묻고 있는 것입니다. 이에 예수께서 대답하시되 너희는 나를 모르고 내 아버지도 모르고 있다고 말씀하시면서 만일 너희가 나를 알았으면 아버지도 알았을 것인데 너희가 나를 모르기 때문에 아버지도 모른다고 말씀하십니다. 왜냐하면 예수님은 말씀이 육신 되신 하나님의 아들로 아버지는 예수님 안에 계시고 예수님은 아버지 안에 계시기 때문입니다.

지금 이 말씀은 예루살렘 성전 안 연보 궤(헌금함) 앞에서 가르치실 때에 하셨으나 예수님을 잡는 사람이 없었으니 이는 예수님이 아직 잡혀서 죽을 때가 되지 않았기 때문입니다. 즉 예수님은 아직 죽을 때가 되지 못했다는 것은 아버지의 뜻을 온전히 이루지 못했기 때문에 아직 할 일이 남아 있다는 뜻입니다.

[요한복음 8장 21절-24절] 다시 이르시되 내가 가리니 너희가 나를 찾다가 너희 죄 가운데서 죽겠고 나의 가는 곳에는 너희가 오지 못하리라 유대인들이 가로되 저가 나의 가는 곳에는 너희가 오지 못하리라 하니 저가 자결하려는가 예수께서 가라사대 너희는 아래서 났고 나는 위에서 났으며 너희는 이 세상에 속하였고 나는 이 세상에 속하지 아니하였느니라 이러므로 내가 너희에게 말하기를 너희가 너희 죄 가운데서 죽으리라 하였노라 너희가 만일 내가 그 인줄 믿지 아니하면 너희 죄 가운데서 죽으리라.

요 8·21 Ειπεν ουν πάλιν αὐτοῖς ὁ Ἰησοῦς, Ἐγὼ ὑπάγω, καὶ ζητήσετέ με, καὶ ἐν τῇ ἁμαρτίᾳ ὑμῶν ἀποθανεῖσθε· ὅπου ἐγὼ ὑπάγω ὑμεῖς οὐ δύνασθε ἐλθεῖν.

요 8·22 Ἔλεγον ουν οἱ Ἰουδαῖοι, Μήτι ἀποκτενεῖ ἑαυτόν, ὅτι λέγει, Ὅπου ἐγὼ ὑπάγω ὑμεῖς οὐ δύνασθε ἐλθεῖν

요 8·23 Καὶ ειπεν αὐτοῖς, Ὑμεῖς ἐκ τῶν κάτω ἐστέ, ἐγὼ ἐκ

τῶν- ἄνω εἰμί· ὑμεῖς ἐκ τοῦ κόσμου τούτου ἐστέ, ἐγὼ οὐκ- εἰμὶ ἐκ τοῦ- κόσμου- τούτου.

요 8·24 ειπον ουν ὑμῖν ὅτι ἀποθανεῖσθε ἐν ταῖς- ἁμαρτίαις- ὑμῶν· ἐὰν- γὰρ μὴ- πιστεύσητε ὅτι ἐγώ εἰμι, ἀποθανεῖσθε. ἐν ταῖς ἁμαρτίαις ὑμῶν.

예수님께서 그들에게 다시 말씀하시되 "내가 떠나가리니 너희가 나를 찾다가 너희 죄 가운데서 죽을 것이며 또 내가 가는 곳에 너희는 오지 못할 것이다"라고 말씀하시니 유대인들은 저가 자결 하려는 것인가 하고 수군거리는 것입니다. 하나님을 믿는 자들은 죽으면 모두 하나님이 계신 천국으로 들어간다고 믿고 있습니다. 그런데 예수님은 내가 가는 천국에 너희는 오지 못할 것이라고 충격적인 말씀을 하고 있습니다. 왜냐하면 천국은 하나님이나 예수님을 믿는다 하여 모두 들어가는 곳이 아니라 예수님을 구주로 믿고 그의 음성을 듣고 그가 주는 산 떡(생명의 말씀)을 먹고 하나님의 아들로 거듭난 자만이 들어갈 수 있는 곳이기 때문입니다.

예수님은 이어서 너희는 아래서(세상) 났고 나는 위에서(하늘) 났으며 너희는 이 세상에 속하였고 나는 이 세상에 속하지 아니하였다고 말씀하십니다. 왜냐하면 너희는 아래 있는 세상 교회의 목자에 의해서 아들로 낳음을 받았고 나는 위에 계신 하나님으로부터 낳음을 받았기 때문에 너희는 지금 세상(목자)에 속해있고 나는 하늘(하나님)에 속해있다고 말씀하시는 것입니다. 그런데 유대인들이나 오늘날 기독교인들은 위에서 낳아본 적이 없기 때문에 위에서 낳는다는 말이 무슨 뜻인지를 모르고 있다는 것입니다.

　　왜냐하면 이스라엘의 선생인 니고데모나 오늘날 목회자들도 위에서 낳음을 받아 보지 못했기 때문에 위에서 낳는 것이 무엇인지 또한 거듭난다는 말이 무슨 뜻인지 알 수가 없기 때문입니다. 또한 예수님이 내가 전에 너희에게 말하기를 너희는 너희 죄 가운데서 죽는다고 말씀하신 의미는 너희가 이 세상 목자에게 속해 있다가 그곳에서 벗어나지 못하고 죄 가운데서 죽을 것이라는 뜻입니다. 그러므로 너희가 만일 내가 하나님께서 보내주신 하나님의 아들이며 구원할 자라는 것을 믿고 영접하지 아니하면 너희는 죄 가운데서 죽을 것이라고 말씀하신 것입니다. 때문에 지금이라도 하나님께서 보내주시는 오늘날 하나님의 아들을 구원자로 믿고 영접해야 합니다.

[요한복음 8장 25절-30절] 저희가 말하되 네가 누구냐 예수께서 가라사대 나는 처음부터 너희에게 말하여 온 자니라 내가 너희를 대하여 말하고 판단할 것이 많으나 나를 보내신 이가 참되시매 내가 그에게 들은 그것을 세상에게 말하노라 하시되 저희는 아버지를 가리켜 말씀하신 줄을 깨닫지 못하더라 이에 예수께서 가라사대 너희는 인자를 든 후에 내가 그인 줄을 알고 또 내가 스스로 아무 것도 하지 아니하고 오직 아버지께서 가르치신대로 이런 것을 말하는 줄도 알리라 나를 보내신 이가 나와 함께 하시도다 내가 항상 그의 기뻐하시는 일을 행하므로 나를 혼자 두지 아니하셨느니라 이 말씀을 하시매 많은 사람이 믿더라.

요 8:25 Ἔλεγον ουν αὐτῷ, Σὺ τίς ει Καὶ ειπεν αὐτοῖς ὁ Ἰησοῦς, Τὴν- ἀρχὴν ὅ- τι καὶ λαλῶ ὑμῖν.

요 8:26 πολλὰ ἔχω περὶ ὑμῶν λαλεῖν καὶ κρίνειν· ἀλλ᾽ ὁ πέμψας με ἀληθής ἐστιν, κἀγὼ ἃ ἤκουσα παρ᾽ αὐτοῦ, ταῦτα λέγω εἰς τὸν κόσμον.

요 8:27 Οὐκ- ἔγνωσαν ὅτι τὸν πατέρα αὐτοῖς ἔλεγεν.

요 8:28 Ειπεν ουν αὐτοῖς ὁ Ἰησοῦς, Ὅταν ὑψώσητε τὸν υἱὸν τοῦ ἀνθρώπου, τότε γνώσεσθε ὅτι ἐγώ εἰμι· καὶ ἀπ᾽ ἐμαυτοῦ

ποιῶ οὐδέν, ἀλλὰ καθὼς ἐδίδαξέν με ὁ πατὴρ- μου, ταῦτα
λαλῶ

요 8·29 καὶ ὁ πέμψας με, μετ᾽ ἐμοῦ ἐστιν· οὐκ- ἀφῆκέν με
μόνον ὁ πατήρ, ὅτι ἐγὼ τὰ ἀρεστὰ αὐτῷ ποιῶ πάντοτε.

요 8·30 Ταῦτα αὐτοῦ- λαλοῦντος πολλοὶ ἐπίστευσαν εἰς
αὐτόν.

예수님께서 말씀하신 나를 믿지 않으면 너희 죄 가운데
서 죽는다는 말을 저희가 듣고 말하되 그러면 너는 도대체
누구냐고 묻는 것입니다. 이들의 질문에 예수님은 "나는 처
음부터 너희에게 말하여 온 자"라고 말씀하고 있습니다. 그
런데 처음이라는 단어는 원문에 "아르케"로 기록되어 있기
때문에 시제보다 존재의 의미로서 본문에서는 근본 하나
님, 즉 성부하나님을 말씀하고 있는 것입니다. 때문에 이
말씀은 "나는 하나님(성부)께서(성경을 통해) 너희에게 하
나님의 아들, 곧 구원자에 대해 말씀한 자"라는 뜻입니다.
예수님은 내가 너희에 대하여 말하고 판단할 것이 많으
나 나를 보내신 자가 참되시매 내 자의대로 말하지 않고 내
가 아버지(하나님)에게 듣고 본 것을 세상에게 말한다고 말
씀하십니다. 문제는 성령으로 잉태하신 성자 하나님, 즉 예

수님도 말씀을 자의로 하지 못하고 성부하나님께 듣고 본 것을 말씀하신다는 것입니다.

이 말씀은 말씀이 육신 되신 예수님도 하나님의 아들로 거듭나기 전에 우리 인간들과 같이 하나님으로부터 가르침을 받았다는 것을 말해주고 있는 것입니다. 이어지는 말씀을 보면 더 확실하게 알 수 있습니다. 저희는 예수님께서 하나님 아버지를 가리켜 말씀하신 줄을 깨닫지 못하고 있다고 말씀하고 있습니다. 때문에 예수님께서 너희는 인자를 든 후에 내가 그인 줄을 알고 또 내가 스스로 아무것도 하지 아니하고 오직 아버지께서 가르치신 대로 이런 것을 말하는 줄도 알게 될 것이라 말씀하십니다.

예수님의 이 말씀은 너희가 하나님의 아들로 거듭나면 그때 내가 하나님의 아들이라는 것을 알고 또 내가 아무것도 스스로 말하지 않고 오직 아버지께 가르침을 받은 대로 말했다는 것도 알게 될 것이라고 말씀하시는 것입니다.

이어서 예수님은 나를 보내주신 분 곧 하나님 아버지가 나와 함께 하신다고 말씀하십니다. 왜냐하면 내가 항상 아버지께서 기뻐하시는 일을 행함으로 아버지는 나를 혼자 두지 않고 함께 계시기 때문이라는 것입니다. 예수님께서 이런 말씀을 하시매 많은 사람이 예수님의 말씀을 듣고 믿었다고 말씀하고 있습니다.

[요한복음 8장 31절-32절] 그러므로 예수께서 자기를 믿는 유대인들에게 이르시되 너희가 내 말에 거하면 참 내 제자가 되고 진리를 알찌니 진리가 너희를 자유케 하리라.

요 8·31 ″Ελεγεν ουν ο′ Ἰησοῦς πρὸς τοὺς πεπιστευκότας αὐτῷ Ἰουδαίους,′ Ἐὰν ὑμεῖς μείνητε ἐν τῷ λόγῳ τῷ ἐμῷ ἀληθῶς μαθηταί μού ἐστε·

요 8·32 καὶ γνώσεσθε τὴν ἀλήθειαν, καὶ ἡ ἀλήθεια ἐλευθερώσει ὑμᾶς.

예수님이 하시는 말씀을 듣고 자신을 믿는 유대인들에게 말씀하시되 너희가 내 말을 듣고 내 말을 지키고 산다면 참 내 제자가 될 것이며 또한 진리를 알게 되는데 진리를 알게 되면 진리가 너희를 자유하게 해준다고 말씀하고 있습니다.

진리는 예수님의 입에서 나오는 하나님의 말씀을 말하는데 진리를 안다는 것은 말씀 속에 감추어져 있는 영적인 비밀들을 알게 된다는 것입니다. 그리고 진리가 너희를 자유케 해준다는 뜻은 말씀의 영적인 뜻을 알게 되면 하나님의 뜻을 알게 되고 하나님의 뜻을 알게 되면 지금까지 종노릇 하던 교리와 유전과 기복신앙에서 벗어나 진정한 자유와 평강을 누리게 된다는 뜻입니다.

[요한복음 8장 33절-38절] 저희가 대답하되 우리가 아브라함의 자손이라 남의 종이 된 적이 없거늘 어찌하여 우리가 자유케 되리라 하느냐 예수께서 대답하시되 진실로진실로 너희에게 이르노니 죄를 범하는 자마다 죄의 종이라 종은 영원히 집에 거하지 못하되 아들은 영원히 거하나니 그러므로 아들이 너희를 자유케하면 너희가 참으로 자유하리라 나도 너희가 아브라함의 자손인줄 아노라 그러나 내 말이 너희 속에 있을 곳이 없으므로 나를 죽이려 하는도다 나는 내 아버지에게서 본 것을 말하고 너희는 너희 아비에게서 들은 것을 행하느니라.

요 8:33 Ἀπεκρίθησαν αὐτῷ, Σπέρμα Ἀβραάμ ἐσμεν, καὶ οὐδενὶ δεδουλεύκαμεν πώποτε· πῶς σὺ λέγεις, Ὅτι ἐλεύθεροι γενήσεσθε

요 8:34 Ἀπεκρίθη αὐτοῖς ὁ Ἰησοῦς, Ἀμὴν ἀμὴν λέγω ὑμῖν, ὅτι πᾶς ὁ ποιῶν τὴν ἁμαρτίαν δοῦλός ἐστιν τῆς ἁμαρτίας.

요 8·35 ὁ- δὲ δοῦλος οὐ- μένει ἐν τῇ οἰκίᾳ εἰς- τὸν- αἰῶνα· ὁ υἱὸς μένει εἰς- τὸν- αἰῶνα.

요 8·36 ἐὰν ουν ὁ υἱὸς ὑμᾶς ἐλευθερώσῃ, ὄντως ἐλεύθεροι ἔσεσθε.

요 8·37 οιδα ὅτι σπέρμα᾽ Ἀβραάμ ἐστε· ἀλλὰ ζητεῖτέ με ἀποκτεῖναι, ὅτι ὁ λόγος ὁ ἐμὸς οὐ- χωρεῖ ἐν ὑμῖν.

요 8·38 ἐγὼ ὃ ἑώρακα παρὰ τῷ- πατρὶ- μου λαλῶ καὶ ὑμεῖς ουν ὃ ἑωράκατε παρὰ τῷ- πατρὶ- ὑμῶν ποιεῖτε.

예수님께서 말씀하신 진리가 너희를 자유하게 해준다는 말씀을 저희가 듣고 말하되 우리는 아브라함의 자손으로 남의 종이 된 적이 없는데 어찌하여 우리가 자유하게 되리라고 말하느냐는 것입니다. 이에 예수께서 대답하시되 진실로 내가 너희에게 이르노니 죄를 범하는 자는 모두 죄의 종이라고 말씀하시면서 종은 하나님의 집(천국)에 영원히 거하지 못하지만 하나님의 아들로 거듭난 자들은 영원히 거하게 된다고 말씀하십니다.

유대인들은 오늘날 기독교인들처럼 하나님을 믿음으로 모두 하나님의 아들이라 주장하고 있으며 또한 생활가운데 죄를 수시로 범하기 때문에 죄인이라 말하는 것입니다.

그러므로 예수님께서 하나님의 아들이 너희를 자유하게 해주면 너희도 진정한 자유인이 된다고 말씀하시면서 나도 너희가 아브라함의 자손인줄 알고 있다는 것입니다. 그런데 내가 너희에게 하는 말이 너희 속에 있을 곳이 없으므로 나를 죽이려 한다는 것입니다. 이어서 나는 내 아버지에게서 본 것을 말하고 너희는 너희 아비에게서 들은 것을 행하고 있다고 말씀하고 있습니다. 왜냐하면 예수님이 모시고 있는 아버지와 유대인들이 모시고 있는 아버지는 전혀 다른 하나님이기 때문입니다.

즉 하나님은 말씀이신데 유대인들은 오늘날 기독교인들처럼 말씀을 가감하여 만든 교리나 유전을 믿고 섬기며 진리와 생명의 하나님을 섬기는 것이 아니라 기복의 하나님을 섬기고 있기 때문입니다. 이렇게 교리로 의식화 된 유대인들은 예수님이 하시는 말씀을 받아 들이지 못하고 예수님을 이단으로 몰아 죽이려 하는 것입니다.

[요한복음 8장 39절–41절] 대답하여 가로되 우리 아버지는 아브라함이라 하니 예수께서 가라사대 너희가 아브라함의 자손이면 아브라함의 행사를 할 것이어늘 지금 하나님께 들은 진리를 너희에게 말한 사람인 나를 죽이려 하는도다 아브라함은 이

렇게 하지 아니하였느니라 너희는 너희 아비의 행사를 하는도
다 대답하되 우리가 음란한데서 나지 아니하였고 아버지는 한
분 뿐이시니 곧 하나님이시로다.

요 8·39 Ἀπεκρίθησαν καὶ ειπον αὐτῷ, Ὁ- πατὴρ- ἡμῶν
Ἀβραάμ ἐστιν. Λέγει αὐτοῖς ὁ Ἰησοῦς, Εἰ τέκνα τοῦ Ἀβραάμ
ητε τὰ ἔργα τοῦ Ἀβραάμ ἐποιεῖτε- ἄν·

요 8·40 νῦν- δὲ ζητεῖτέ με ἀποκτεῖναι, ἄνθρωπον ὃς τὴν
ἀλήθειαν ὑμῖν λελάληκα, ἣν ἤκουσα παρὰ τοῦ θεοῦ· τοῦτο
Ἀβραὰμ οὐκ- ἐποίησεν.

요 8·41 ὑμεῖς ποιεῖτε τὰ ἔργα τοῦ πατρὸς- ὑμῶν. Ειπον ουν
αὐτῷ Ἡμεῖς ἐκ πορνείας οὐ γεγεννήμεθα. ἕνα πατέρα ἔχομεν,
τὸν θεόν.

유대인들의 말을 들은 예수님이 "너희가 우리 아버지
는 아브라함이라 하는데 너희가 아브라함의 자손이라면 아
브라함과 같이 처신을 해야 하는데 지금 하나님으로부터
들은 말씀을 너희에게 전한 나를 무엇 때문에 죽이려고 하
느냐? 너희 조상 아브라함은 이렇게 하지 아니하였느니라.
너희는 아버지가 아브라함이라고 믿고 있지만 지금 너희가

믿고 섬기는 아버지는 아브라함이 아니기 때문에 너희 아버지를 따라 잘못된 행사를 하는 것이다"라고 말씀하십니다. 유대인이 대답하되 "우리가 음란한데서 나지 아니하였고 아버지는 한 분 뿐이시니 곧 하나님이라"고 말하고 있습니다.

문제는 유대인들이나 오늘날 기독교인들도 자신들이 믿고 섬기고 있는 하나님이 다른 하나님이라는 것을 전혀 모르고 있다는 것입니다. 그러나 하나님은 십계명을 통해서 너희는 나 이외에 다른 하나님(신)을 있게 하지 말라고 명하고 있으며 사도바울도 너희는 무엇 때문에 다른 영(하나님), 다른 예수, 다른 복음을 영접하느냐고 한탄을 하고 있는 것입니다.(고린도후서 4장 4절)

십계명에 다른 신이라고 말씀하고 있는 "신"은 원문에 분명히 "엘로힘"으로 기록되어 있으며 뜻은 "하나님"입니다. 이렇게 유대인들이나 오늘날 기독교인들도 자신들이 믿고 있는 하나님이 어떤 하나님인지도 모르고 무조건 참 하나님이라 믿고 섬기고 있는 것입니다.

[요한복음 8장 42절–44절] 예수께서 가라사대 하나님이 너희 아버지였으면 너희가 나를 사랑하였으리니 이는 내가 하나

님께로 나서 왔음이라 나는 스스로 온 것이 아니요 아버지께서 나를 보내신 것이니라 어찌하여 내 말을 깨닫지 못하느냐 이는 내말을 들을 줄 알지 못함이로다. 너희는 너희 아비 마귀에게서 났으니 너희 아비의 욕심을 너희도 행하고자 하느니라 저는 처음부터 살인한 자요 진리가 그 속에 없음으로 진리에 서지 못하고 거짓을 말할 때마다 제것으로 말하나니 이는 저가 거짓말 장이요 거짓의 아비가 되었음이니라.

요 8·42 Ειπεν ουν αὐτοῖς ὁ Ἰησοῦς, Εἰ ὁ θεὸς πατὴρ ὑμῶν ην ἠγαπᾶτε- ἂν ἐμέ· ἐγὼ- γὰρ ἐκ τοῦ θεοῦ ἐξῆλθον καὶ ἥκω· οὐδὲ γὰρ ἀπ' ἐμαυτοῦ ἐλήλυθα, ἀλλ' ἐκεῖνός με ἀπέστειλεν.

요 8·43 διατί τὴν λαλιὰν τὴν ἐμὴν οὐ- γινώσκετε ὅτι- οὐ- δύνασθε ἀκούειν τὸν λόγον τὸν ἐμόν.

요 8·44 ὑμεῖς ἐκ πατρὸς τοῦ διαβόλου ἐστέ, καὶ τὰς ἐπιθυμίας τοῦ- πατρὸς- ὑμῶν θέλετε ποιεῖν. ἐκεῖνος ἀνθρωποκτόνος ην ἀπ' ἀρχῆς, καὶ ἐν τῇ ἀληθείᾳ οὐχ ἔστηκεν· ὅτι οὐκ- ἔστιν ἀλήθεια ἐν αὐτῷ ὅταν λαλῇ τὸ ψεῦδος, ἐκ τῶν- ἰδίων λαλεῖ· ὅτι ψεύστης ἐστὶν καὶ ὁ πατὴρ αὐτοῦ.

유대인들의 말을 들은 예수님은 하나님이 너희 아버지

였으면 너희가 나를 사랑하였을 것이라고 말씀하고 있습니다. 왜냐하면 나는 하나님께로 낳음을 받은 후 아버지께서 나를 보내서 온 것이며 나 스스로 온 것이 아니기 때문이라는 것입니다. 그런데 너희가 내 말을 깨닫지 못하는 것은 내 말을 들을 줄 모르기 때문이라고 하시면서 유대인들에게 충격적인 말씀을 하시는 것입니다. 왜냐하면 예수님께서 너희는 너희 아비 마귀에게서 낳기 때문에 너희도 너희 아비의 욕심을 따라서 행한다고 말씀하고 있기 때문입니다.

유대인들은 아브라함의 자손으로 오직 하나님 한 분만을 주로 모시고 열심히 신앙생활을 하고 있는데 예수님은 너희 아비(하나님)는 하나님이 아니라 마귀라고 말씀하시는 것입니다. 그리고 예수님은 너희 아비는 처음부터 살인한 자요 진리가 그 속에 없음으로 진리에 올바로 서지 못하고 거짓을 말할 때마다 자기 것으로 말하니 이는 저가 거짓말장이요 거짓의 아비가 되었기 때문이라고 모욕적인 말씀을 하시는 것입니다.

이렇게 유대인들에게 충격적이고 모욕적인 말씀을 하시는 예수님을 유대인들이 어떻게 하나님의 아들이나 구원자로 믿고 영접을 할 수 있느냐는 것입니다. 때문에 유대인들에게 예수님은 좌편강도보다 더 악하고 그 어떤 원수보다 더 증오하는 존재이기 때문에 예수님을 잡아서 십자가에 매달아 죽일 수밖에 없는 것입니다.

[요한복음 8장 45절-47절] 내가 진리를 말하므로 너희가 나를 믿지 아니하는도다 너희 중에 누가 나를 죄로 책잡겠느냐 내가 진리를 말하매 어찌하여 나를 믿지 아니하느냐 하나님께 속한 자는 하나님의 말씀을 듣나니 너희가 듣지 아니함은 하나님께 속하지 아니 하였음이로다

요 8:45 ἐγὼ δὲ ὅτι τὴν ἀλήθειαν λέγω, οὐ πιστεύετέ μοι.

요 8:46 τίς ἐξ ὑμῶν ἐλέγχει με περὶ ἁμαρτίας εἰ- δὲ ἀλήθειαν λέγω, διατί ὑμεῖς οὐ- πιστεύετέ μοι

요 8:47 ὁ ὢν ἐκ τοῦ θεοῦ τὰ ῥήματα τοῦ θεοῦ ἀκούει· διὸ- τοῦτο ὑμεῖς οὐκ- ἀκούετε, ὅτι ἐκ τοῦ θεοῦ οὐκ- ἐστέ.

이어서 예수님은 내가 진리를 말하므로 너희가 나를 믿지 않는다고 하시면서 너희 중에 누가 나를 죄로 책을 잡겠느냐고 말씀하십니다. 이러한 현상은 예전이나 오늘날이나 동일합니다. 왜냐하면 오늘날도 목회자가 진리나 진실을

말하면 이단이 되고 비진리, 즉 교리나 전통, 기복으로 거짓을 말해야 보수로 인정을 하며 존경을 받기 때문입니다.

예수님은 이어서 내가 진리를 말하매 어찌하여 나를 믿지 않느냐고 하시면서 하나님께 속한 자는 하나님의 말씀을 듣는데 너희가 듣지 않는 것은 하나님께 속하지 아니했기 때문이라는 것입니다.

예수님께서 너희가 하나님께 속하지 않았다는 것은 마귀, 즉 광명의 천사로 가장하고 있는 삯꾼목자나 거짓선지자에게 속해 있다는 뜻입니다.

[요한복음 8장 48절–51절] 유대인들이 대답하여 가로되 우리가 너를 사마리아 사람이라 또는 귀신이 들렸다하는 말이 옳지 아니하냐 예수께서 대답하시되 나는 귀신 들린 것이 아니라 오직 내 아버지를 공경함이어늘 너희가 나를 무시하는도다 나는 내 영광을 구치 아니하나 구하고 판단하시는 이가 계시니라 진실로 진실로 너희에게 이르노니 사람이 내 말을 지키면 죽음을 영원히 보지 아니하리라.

요 8·48 Ἀπεκρίθησαν ουν οἱ Ἰουδαῖοι καὶ ειπον αὐτῷ, Οὐ καλῶς λέγομεν ἡμεῖς ὅτι Σαμαρείτης εἶ σὺ, καὶ δαιμόνιον ἔχεις

307

요 8·49 Ἀπεκρίθη Ἰησοῦς, Ἐγὼ δαιμόνιον οὐκ- ἔχω, ἀλλὰ τιμῶ τὸν- πατέρα- μου, καὶ ὑμεῖς ἀτιμάζετέ με.

요 8·50 ἐγὼ- δὲ οὐ- ζητῶ τὴν- δόξαν- μου· ἔστιν ὁ ζητῶν καὶ κρίνων.

요 8·51 ἀμὴν ἀμὴν λέγω ὑμῖν, ἐάν τις τὸν λόγον τὸν ἐμὸν τηρήσῃ, θάνατον οὐ- μὴ θεωρήσῃ εἰς- τὸν- αἰῶνα.

예수님의 말씀을 들은 유대인들이 대답하여 말하되 우리가 너를 사마리아 사람이라 또는 귀신이 들렸다고 하는 말이 옳지 아니하냐고 말하고 있습니다. 왜냐하면 유대인들은 지금까지 전통 보수신앙을 지키며 오직 하나님 한 분만을 모시고 신앙생활을 열심히 하고 있는데 예수님이 갑자기 나타나 너희 아비는 마귀이며 처음부터 살인한 자요 거짓의 아비라고 질책을 하기 때문입니다.

유대인들의 말을 들으신 예수님이 말씀하시되 나는 귀신이 들린 것이 아니며 나는 오직 내 아버지를 공경하고 있는데 너희가 나를 모르고 무시하고 있다고 말씀하시는 것입니다. 왜냐하면 나는 내 영광을 구하지 않으나 구하고 판단하시는 하나님이 계시기 때문이라는 것입니다.

이렇게 예수님과 유대인들은 서로 원수와 같이 상극이

308

되어 싸움이 그치질 않는 것입니다. 그러므로 예수님께서 진실로 진실로 너희에게 이르노니 사람이 내 말을 지키면 죽음을 영원히 보지 않는다고 말씀하시는 것입니다.

예수님의 말씀과 같이 지금이라도 삯꾼목자나 거짓선지자를 떠나서 오늘날 하나님께서 보내주시는 구원자(참목자)를 하나님의 아들로 믿고 따르면서 그의 입에서 나오는 생명의 말씀을 듣고 영접하면 죽지 않고 영생을 얻게 되는 것입니다.

왜냐하면 하나님께서 하나님의 아들을 믿는자 곧 그의 말씀을 영접하는 자는 하나님의 자녀가 되는 권세를 주시겠다고 말씀하고 있기 때문입니다.

[요한복음 8장 52절-56절] 유대인들이 가로되 지금 네가 귀신들린 줄을 아노라 아브라함과 선지자들도 죽었거늘 네 말은 사람이 내 말을 지키면 죽음을 영원히 맛보지 아니하리라 하니 너는 이미 죽은 우리 조상 아브라함보다 크냐 또 선지자들도 죽었거늘 너는 너를 누구라 하느냐 예수께서 대답하시되 내가 내게 영광을 돌리면 내 영광이 아무것도 아니거니와 내게 영광을 돌리시는 이는 내 아버지시니 곧 너희가 너희 하나님이라 칭하는 그이시라 너희는 그를 알지 못하되 나는 아노니 만일

내가 알지 못한다하면 나도 너희 같이 거짓말장이가 되리라 나는 그를 알고 또 그의 말씀을 지키노라 너희 조상 아브라함은 나의 때 볼 것을 즐거워하다가 보고 기뻐하였느니라.

요 8·52 Ειπον ουν αὐτῷ οἱ Ἰουδαῖοι, Νῦν ἐγνώκαμεν ὅτι δαιμόνιον ἔχεις. Ἀβραὰμ ἀπέθανεν καὶ οἱ προφῆται, καὶ σὺ λέγεις, Ἐάν τις τὸν- λόγον- μου τηρήσῃ, οὐ- μὴ γεύσηται θανάτου εἰς- τὸν- αἰῶνα.

요 8·53 μὴ σὺ μείζων εἶ τοῦ- πατρὸς- ἡμῶν Ἀβραάμ, ὅστις ἀπέθανεν καὶ οἱ προφῆται ἀπέθανον· τίνα σεαυτὸν σὺ ποιεῖς

요 8·54 Ἀπεκρίθη Ἰησοῦς, Ἐὰν ἐγὼ δοξάζω ἐμαυτόν, ἡ- δόξα- μου οὐδέν ἐστιν· ἔστιν ὁ- πατήρ- μου ὁ δοξάζων με, ὃν ὑμεῖς λέγετε, ὅτι θεὸς ὑμῶν ἐστιν,

요 8·55 καὶ οὐκ- ἐγνώκατε αὐτόν, ἐγὼ- δὲ οιδα αὐτόν· καὶ ἐὰν εἴπω ὅτι οὐκ- οιδα αὐτόν, ἔσομαι ὅμοιος ὑμῶν, ψεύστης· ἀλλ᾽ οιδα αὐτὸν, καὶ τὸν- λόγον- αὐτοῦ τηρῶ

요 8·56 Ἀβραὰμ ὁ- πατὴρ- ὑμῶν ἠγαλλιάσατο ἵνα ἴδῃ τὴν ἡμέραν τὴν ἐμήν· καὶ ειδεν καὶ ἐχάρη.

예수님의 말씀을 들은 유대인들이 예수님께 말하되 우

310

리가 너를 사마리아 사람이라 또는 귀신이 들렸다하는 말이 옳지 아니하냐고 말하고 있습니다. 왜냐하면 우리조상 아브라함과 선지자들도 죽었는데 너는 네 말을 지키면 영원히 죽지 않는다고 거짓말을 하기 때문이라는 것입니다.

이렇게 유대인들이나 오늘날 기독교인들도 예수님이 말씀하시는 죽음을 모두 육신(몸)의 죽음으로 알고 있는 것입니다. 이것은 사도신경을 통해서 몸이 다시 사는 것과 영원히 사는 것을 믿는다고 예배드릴 때마다 신앙고백을 하기 때문입니다. 예수님께서 죽지 않고 영원히 산다는 생명은 육신의 몸이 아니라 죽은 영혼이 다시 살아나 영원히 산다는 뜻입니다. 유대인들이나 기독교인들은 이러한 영적인 말씀을 모르기 때문에 지금도 예수님과 치열한 싸움을 하고 있는 것입니다.

이와 같이 예수님이 보실 때는 분명히 유대인들이 귀신이 들린 것이지만 유대인들의 기준이나 그들의 신앙기준으로 보면 예수님께서 귀신이 들린 것이 분명하기 때문에 서로 싸우는 것입니다.

유대인들의 말을 들으신 예수님은 유대인들에게 나는 귀신이 들린 것이 아니라 오직 내 아버지를 공경하려는 것인데 너희가 나를 모르고 무시하고 있다고 말씀하시는 것입니다. 즉 예수님은 자신을 드러내거나 자랑하기 위해서 일을 하는 것이 아니라 오직 하나님의 뜻과 그의 영광을 위해서 일을 하고 있다는 뜻입니다.

　　예수님은 이어서 나는 내 영광을 구하지 아니하나 내 대신 구하고 판단하시는 이가 계신다고 말씀하시는데 그는 곧 예수님의 아버지이신 하나님을 말씀하고 있는 것입니다.

　　예수님은 유대인들에게 진실로진실로 너희에게 이르노니 사람이 내 말을 지키면 죽지 않는다고 말씀하고 있습니다. 예수님이 하신 이 말씀은 유대인들뿐만 아니라 오늘날 기독교인들에게도 동일하게 해당되는 말씀으로 오늘날 기독교인들도 오늘날 하나님께서 보내주시는 하나님의 아들을 믿고 그의 말씀을 영접하면 죽지 않고 반드시 살아서 영생을 얻게 되는 것입니다. 이어서 예수님은 너희 조상 아브라함은 나의 때 볼 것을 즐거워하다가 보고 기뻐하였다고 말씀하고 있습니다.

　　이 말씀에 너희 조상 아브라함이 내가 올 때를 기다리며 보기를 원했다는 것은 아브라함도 예수님이 오셔야 하나님의 생명으로 거듭나 하나님의 아들이 되기 때문입니다. 왜냐하면 마태복음 1장을 보면 아브라함으로부터 다윗까지 14대, 다윗부터 바벨론 까지 14대, 바벨론부터 그리스도 까지 14대, 총 42대를 거쳐서 예수로 탄생했다고 기록되어 있기 때문입니다.

이러한 말씀은 유대인들은 물론 오늘날 기독교인들도 알 수 없고 이해조차 할 수 없는 말씀들입니다.

왜냐하면 오늘날 기독교인들은 예수님께서 이러한 탄생의 과정을 거치지 않고 처녀 마리아의 몸에 성령이 잉태되어 하나님의 아들로 태어났다고 믿고 있기 때문입니다.

[요한복음 8장 57절-59절] 유대인들이 가로되 네가 아직 오십도 못되었는데 아브라함을 보았느냐 예수께서 가라사대 진실로 진실로 너희에게 이르노니 아브라함이 나기 전부터 내가 있느니라 하시니 저희가 돌을 들어 치려하거늘 예수께서 숨어 성전에서 나가시니라.

요 8:57 Ειπον ουν οἱ Ἰουδαῖοι πρὸς αὐτόν, Πεντήκοντα ἔτη οὔπω ἔχεις, καὶ Αβραὰμ ἑώρακας

요 8:58 Ειπεν αὐτοῖς ὁ Ἰησοῦς, Ἀμὴν ἀμὴν λέγω ὑμῖν, πρὶν Ἀβραὰμ γενέσθαι ἐγὼ εἰμί.

요 8:59 Ηραν ουν λίθους ἵνα βόλωσιν ἐπ᾽ αὐτόν Ἰησοῦς·

δὲ ἐκρύβη, καὶ ἐξῆλθεν ἐκ τοῦ ἱεροῦ, διελθὼν διὰ μέσου αὐτῶν· καὶ παρῆγεν οὕτως.

예수님의 말씀을 들은 유대인들이 예수님께 말하되 네가 아직 오십도 못되었는데 아브라함을 보았냐고 말하고 있습니다. 유대인들이 하는 말을 들으신 예수님은 유대인들에게 말씀하시되 진실로 진실로 너희에게 이르노니 아브라함이 나기 전부터 내가 있었다고 말씀하시는 것입니다. 왜냐하면 예수님의 육신은 태어난지 30년 밖에 되지 않았지만 예수님 안에 있는 생명, 즉 성령은 아브라함이 태어나기 전부터 계셨기 때문입니다.

그런데 아직 하나님의 아들로 거듭나지 못해 예수님을 모르고 영의 세계도 모르는 유대인들은 예수님이 하시는 말씀이 너무나 황당하게 들렸던 것입니다. 이러한 예수님의 어처구니없는 말을 듣고 머리끝까지 화가 난 유대인들은 돌을 들어 예수님을 치려 하였고 예수님은 할 수 없이 돌로 치려는 유대인들을 피하여 성전을 떠나가시게 된 것입니다.

인생무상

욕망에 사로잡혔던

허수아비 인생

시절을 좇아 끌려다니며

만족하지 못한 생의 바퀴속에서

늘어진 불평과 불만의 불꽃을 튕기며

불꽃놀이 하던 때가 엊그제

타다만 잿더미속에

이리저리 뒹굴며 발끝에 채이다가

작은 불씨하나 만나서

모두 태워버리고

이제야 잿가루되어

불어오는 바람에 흩날리고

욕정의 자취도 그림자도 사라져버리고

텅빈자리에 다가온

소리없는 그대 고요하여라

제 9장

날 때부터 소경된 자

예수께서 길 가실 때에 날 때부터 소경된 사람을 보신지라

Καὶ παράγων ειδεν ἄνθρωπον τυφλὸν ἐκ γενετῆς.

[요한복음 9장 1절-3절] 예수께서 길 가실 때에 날 때부터 소경된 사람을 보신지라 제자들이 물어 가로되 랍비여 이 사람이 소경으로 난 것이 뉘 죄로 인함이오니이까 자기오니이까 그 부모오니이까 예수께서 대답하시되 이 사람이나 그 부모가 죄를 범한 것이 아니라 그에게서 하나님의 하시는 일을 나타내고자 하심이니라.

요 9·1 Καὶ παράγων ειδεν ἄνθρωπον τυφλὸν ἐκ γενετῆς.

요 9·2 καὶ ἠρώτησαν αὐτὸν οἱ- μαθηταὶ- αὐτοῦ λέγοντες, Ῥαββί, τίς ἥμαρτεν, οὗτος ἢ οἱ- γονεῖς- αὐτοῦ, ἵνα τυφλὸς γεννηθῇ

요 9·3 Ἀπεκρίθη ὁ Ἰησοῦς, Οὔτε οὗτος ἥμαρτεν οὔτε οἱ γονεῖς αὐτοῦ ἀλλ᾽ ἵνα φανερωθῇ τὰ ἔργα τοῦ θεοῦ ἐν αὐτῷ

예수께서 길을 걸어가실 때에 날 때부터 소경된 사람을 보게 되었습니다. 이때 제자들이 예수께 묻되 랍비여 이 사람이 소경으로 난 것이 누구의 죄 때문입니까? 자기 죄 때문입니까? 아니면 그 부모 때문입니까? 하고 묻는 것입니다. 왜냐하면 이 세상에 일어나는 일들은 모두 인과응보로 원인이 있기 때문에 발생하는 것이며 원인이 없이 발생하는 일은 없다고 생각하고 있기 때문입니다. 그러므로 예수님의 제자들은 나면서부터 소경된 자는 누구의 죄 때문인지 궁금하여 예수님께 묻고 있는 것입니다.

제자들의 질문에 예수께서 대답하시기를 이 사람이 소경으로 난 것은 이 사람이나 그 부모의 죄 때문이 아니라 그 소경을 통해서 하나님께서 하시는 일을 나타내려고 소경이 된 것이라 말씀하고 있습니다. 그러면 이 사람이 소경으로 난 것은 어느 누구의 죄 때문이 아니라 하나님께서 하시는 일을 나타내기 위해서 도구로 혹은 희생 제물로 태어났다는 것입니다. 이렇게 이 세상의 인간들은 물론 자연만물도 하나님의 섭리 속에서 계획하시고 운행하시고 창조하시는 피조물들이며 하나님은 창조주이신 것입니다.

[요한복음 9장 4절-7절] 때가 아직 낮이매 나를 보내신 이의 일을 우리가 하여야 하리라 밤이 오리니 그때는 아무도 일할 수 없느니라 내가 세상에 있는 동안에는 세상의 빛이로라 이 말씀을 하시고 땅에 침을 뱉어 진흙을 이겨 그의 눈에 바르시고 이르시되 실로암 못에 가서 씻으라 하시니 (실로암은 번역하면 보냄을 받았다는 뜻이라) 이에 가서 씻고 밝은 눈으로 왔더라

요 9·4 ἐμὲ δεῖ ἐργάζεσθαι τὰ ἔργα τοῦ πέμψαντός με ἕως ἡμέρα ἐστίν· ἔρχεται νὺξ, ὅτε οὐδεὶς δύναται ἐργάζεσθαι.

요 9·5 ὅταν ἐν τῷ κόσμῳ ὦ, φῶς ἐιμι τοῦ κόσμου.

요 9·6 Ταῦτα εἰπὼν, ἔπτυσεν χαμαὶ, καὶ ἐποίησεν πηλὸν ἐκ τοῦ πτύσματος, καὶ ἐπέχρισεν τὸν πηλὸν ἐπὶ τοὺς ὀφθαλμοὺς τοῦ τυφλοῦ

요 9·7 καὶ ειπεν αὐτῷ Ὕπαγε, νίψαι εἰς τὴν κολυμβήθραν τοῦ Σιλωάμ, ὃ ἑρμηνεύεται, ἀπεσταλμένος. ἀπῆλθεν ουν καὶ ἐνίψατο, καὶ ηλθεν βλέπων.

예수님은 제자들에게 "때가 아직 낮이기 때문에 나를 보내신 하나님의 일을 우리가 해야 한다"고 말씀하십니다. 왜냐하면 밤이 속히 오리니 그 때는 아무도 일할 수 없기 때문입니다.

여기서 예수님이 말씀하시는 낮은 빛이신 예수님 자신을 말씀하며 밤은 예수님이 제자들을 떠나 예수님이 없을 때를 말씀하고 있습니다. 때문에 예수님은 내가 세상에 있을 동안에는 세상의 빛이라고 말씀하시는 것입니다.

예수님은 이 말씀을 하시고 땅에 침을 뱉아 진흙을 이겨 소경의 눈에 바르시고 말씀하시되 실로암 못에 가서 씻으라 하시니 (실로암은 번역하면 보냄을 받았다는 뜻이라) 소경이 예수님의 말씀대로 실로암 못으로 가서 눈을 씻으니 눈이 뜨여 밝은 눈으로 오게 된 것입니다.

예수님이 침으로 진흙을 이겨 눈에 바른 진흙은 곧 말씀이 몸으로 들어가 말씀이 육신이 되신 예수님의 입에서 나오는 생명의 말씀을 비유로 말한 것입니다. 왜냐하면 소경의 눈을 뜨게 할 수 있는 것은 오직 예수님의 입에서 나오는 생명의 말씀 이외에는 없기 때문입니다.

이렇게 태어날 때 소경으로 난 이 사람은 예수님을 통해서 하나님의 영광을 드러내기 위해서 그리고 예수님이 소경의 눈을 뜨게 할 수 있는 하나님의 아들이라는 것을 알고 믿을 수 있도록 하기 위한 도구로 사용하신 것입니다.

실로암 못은 하나님께서 보내심을 받았다는 뜻으로 하나님께서 구원자로 보내주시는 하나님의 아들을 비유하여 말씀하고 있는 것입니다. 이렇게 예수님은 빛이며 생명의 말씀으로 소경된 자들의 눈을 열어주는 구원자이시며 치료하시는 의사이신 것입니다.

[요한복음 9장 8절-12절] 이웃 사람들과 및 전에 저가 걸인인 것을 보았던 사람들이 가로되 이는 앉아서 구걸하던 자가

아니냐 혹은 그 사람이라 하며 혹은 아니라 그와 비슷하다 하거늘 제 말은 내가 그로라 하니 저희가 묻되 그러면 네 눈이 어떻게 떠졌느냐 대답하되 예수라 하는 그 사람이 진흙을 이겨 내 눈에 바르고 나더러 실로암에 가서 씻으라 하기에 가서 씻었더니 보게 되었노라 저희가 가로되 그가 어디 있느냐 가로되 알지 못하노라 하니라

요 9:8 Οἱ οὖν γείτονες καὶ οἱ θεωροῦντες αὐτὸν τὸ πρότερον ὅτι τυφλὸς ην ἔλεγον, Οὐχ οὗτός ἐστιν ὁ καθήμενος καὶ προσαιτῶν

요 9:9 Ἄλλοι ἔλεγον, Ὅτι οὗτός ἐστιν· ἄλλοι- δε, Ὅτι ὅμοιος αὐτῷ ἐστιν. Ἐκεῖνος ἔλεγεν, Ὅτι ἐγώ εἰμι.

요 9:10 Ἔλεγον ου αὐτῷ, Πῶς ἀνεῴχθησάν σου οἱ ὀφθαλμοί

요 9:11 Ἀπεκρίθη ἐκεῖνος καὶ ειπεν Ἄνθρωπος λεγόμενος Ἰησοῦς πηλὸν ἐποίησεν καὶ ἐπέχρισέν μου τοὺς ὀφθαλμοὺς, καὶ ειπεν μοι, Ὕπαγε εἰς τὴν κολυμβήθραν τοῦ Σιλωὰμ καὶ νίψαι. ἀπελθὼν δὲ καὶ νιψάμενος ἀνέβλεψα.

요 9:12 Ειπον ουν αὐτῷ, Ποῦ ἐστιν ἐκεῖνος Λέγει, Οὐκ- οι

이 소경을 보고 알고 있던 이웃 사람들과 전에 그가 길에서 구걸하던 걸인이라는 것을 보고 알았던 사람들이 말하되 이는 앉아서 구걸하던 그 사람이라 하며 혹은 아니라 그 소경과 비슷하다 하며 서로 말하거늘 소경이 나서서 "내가 바로 그 소경이다"라고 분명하게 말하고 있습니다.

소경의 말을 들은 사람들이 그 소경에게 그러면 네 눈이 어떻게 하여 뜨게 되었느냐? 고 묻는 것입니다. 소경은 사람들에게 예수라 하는 그 사람이 진흙을 이겨 내 눈에 바르고 나더러 실로암에 가서 씻으라 하기에 가서 씻었더니 보게 되었다고 분명하게 말하고 있습니다. 소경의 말을 들은 사람들이 그러면 너의 눈을 뜨게 한 그 사람이 어디 있느냐고 묻는 것입니다.

사람들이 예수의 행방에 대해서 묻는데 예수님은 이미 그 곳을 떠나 없기 때문에 소경은 나는 알지 못한다고 말하고 있는 것입니다. 앞을 못보고 살아가는 소경들은 꿈에도 소원이 곧 눈을 한번 만이라도 떠서 이 세상을 보는 것입니다. 그런데 소경에는 육신적인 소경만 있는 것이 아니라 하늘의 세계 곧 영의 세계를 보지 못하는 영적소경들이 있습니다.

영적인 소경은 아직 하나님의 생명으로 거듭나지 못한

자들을 말합니다. 그런데 유대인들은 물론 오늘날 기독교인들도 자신이 소경인지 아닌지를 모르고 있으며 알려고도 하지 않고 있습니다.

왜냐하면 유대인들은 아브라함의 자손으로 하나님의 아들이 되어있고 오늘날 기독교인들은 예수를 믿음으로 이미 하나님의 아들로 거듭나 영의 세계를 본다고 착각하고 있기 때문입니다. 그러므로 영의 세계를 본다는 유대인들이나 오늘날 기독교인들에게는 예수님이 아무런 소용이나 필요가 없는 것입니다. 왜냐하면 이런 자들의 구원자는 예수를 믿음으로 자신들의 눈을 뜨게 하여 아들을 만들어 준 자가 목사이기 때문입니다.

[요한복음 9장 13절-21절] 저희가 전에 소경되었던 사람을 데리고 바리새인들에게 갔더라 예수께서 진흙을 이겨 눈을 뜨게 하신 날은 안식일이라 그러므로 바리새인들도 그 어떻게 보게 된 것을 물으니 가로되 그 사람이 진흙을 내 눈에 바르매 내가 씻고 보나이다 하니 바리새인 중에 혹은 말하되 이 사람이 안식일을 지키지 아니하니 하나님께로서 온 자가 아니라 하며 혹은 말하되 죄인으로서 어떻게 이러한 표적을 행하겠느냐 하여 피차 쟁론이 되었더니 이에 소경되었던 자에게 다시 묻되

그 사람이 네 눈을 뜨게 하였으니 너는 그를 어떠한 사람이라 하느냐 대답하되 선지자니이다 한대 유대인들이 저가 소경으로 있다가 보게 된 것을 믿지 아니하고 그 부모를 불러 묻되 이는 너희 말에 소경으로 났다 하는 너희 아들이냐 그러면 지금은 어떻게 되어 보느냐 그 부모가 대답하여 가로되 이가 우리 아들인 것과 소경으로 난 것을 아나이다 그러나 지금 어떻게 되어 보는지 또는 누가 그 눈을 뜨게 하였는지 우리는 알지 못하나이다 저에게 물어보시오 저가 장성하였으니 자기 일을 말하리이다.

요 9·13 Ἄγουσιν αὐτὸν πρὸς τοὺς Φαρισαίους, τόν ποτε τυφλόν.

요 9·14 ην δὲ σάββατον ὅτε τὸν πηλὸν ἐποίησεν ὁ Ἰησοῦς καὶ ἀνέῳξεν αὐτοῦ τοὺς ὀφθαλμούς.

요 9·15 πάλιν ουν ἠρώτων αὐτὸν καὶ οἱ Φαρισαῖοι πῶς ἀνέβλεψεν. ὁ- δὲ ειπεν αὐτοῖς, Πηλὸν ἐπέθηκεν ἐπὶ τοὺς- ὀφθαλμούς- μου, καὶ ἐνιψάμην, καὶ βλέπω.

요 9·16 Ἔλεγον ουν ἐκ τῶν Φαρισαίων τινές, Οὗτος ὁ ἄνθρωπος οὐκ- ἔστιν παρὰ τοῦ θεοῦ, ὅτι τὸ σάββατον οὐ- τηρεῖ. Ἄλλοι ἔλεγον, Πῶς δύναται ἄνθρωπος ἁμαρτωλὸς τοιαῦτα σημεῖα ποιεῖν Καὶ σχίσμα ην ἐν αὐτοῖς.

요 9·17 Λέγουσιν τῷ τυφλῷ πάλιν, Σὺ τί λέγεις περὶ αὐτοῦ, ὅτι ἤνοιξέν σου τοὺς ὀφθαλμούς Ὁ- δὲ ειπεν Ὅτι προφήτης ἐστίν.

요 9·18 Οὐκ- ἐπίστευσαν ουν οἱ Ἰουδαῖοι περὶ αὐτοῦ, ὅτι τυφλὸς ην καὶ ἀνέβλεψεν, ἕως- ὅτου ἐφώνησαν τοὺς γονεῖς αὐτοῦ τοῦ ἀναβλέψαντος·

요 9·19 καὶ ἠρώτησαν αὐτοὺς λέγοντες, Οὗτός ἐστιν ὁ- υἱὸς- ὑμῶν ὃν ὑμεῖς λέγετε ὅτι τυφλὸς ἐγεννήθη πῶς ουν ἄρτι βλέπει

요 9·20 Ἀπεκρίθησαν αὐτοῖς οἱ- γονεῖς- αὐτοῦ καὶ ειπον Οἴδαμεν ὅτι οὗτός ἐστιν ὁ- υἱὸς- ἡμῶν, καὶ ὅτι τυφλὸς ἐγεννήθη·

요 9·21 πῶς- δὲ νῦν βλέπει οὐκ- οἴδαμεν, ἢ τίς ἤνοιξεν αὐτοῦ τοὺς ὀφθαλμοὺς ἡμεῖς οὐκ- οἴδαμεν· αὐτὸς ἡλικίαν- ἔχει, αὐτὸν ἐρωτήσατε, αὐτὸς περὶ αὐτοῦ λαλήσει.

유대인들은 예수님이 어떤 사람인지 알아보기 위해 전에 소경되었던 사람을 데리고 바리새인들에게 갔습니다.

예수께서 진흙을 이겨 소경의 눈에 발라서 눈을 뜨게 한 날은 안식일이었습니다. 유대인들은 안식일을 거룩히 지키기 때문에 안식일은 절대로 일을 하거나 환자가 생겨도 치료를 해서는 안 되는 것입니다. 그런데 예수님이 안식일에 침으로 진흙을 이겨 소경의 눈에 발라서 눈을 뜨게 하셨기 때문에 유대인들은 예수님이 안식일을 범했다는 것입니다. 유대인들은 예수님이 하나님의 아들이라는 것과 예수님이 곧 안식일의 주라는 것을 전혀 모르고 있는 것입니다.

오늘날 기독교인들도 안식일의 실체를 모르기 때문에 안식일을 지키는 안식교인들과 주일을 안식일로 지키는 기독교인들 간에 논쟁이 일어나는 것입니다. 왜냐하면 안식교인들은 하나님께서 지키라고 명하신 안식일을 거룩히 지키기 때문에 천국에 들어가지만 안식일을 임의로 변경하여 주일로 지키는 기독교인들은 천국에 들어가지 못한다고 주장을 하고 있기 때문입니다.

지금 바리새인들은 그 소경이 어떻게 하여 눈을 뜨고 보게 된 것인지 물으니 소경이 말하되 그 사람이 진흙을 내 눈에 바르매 내가 씻고 보게 되었다고 말하는 것입니다. 그러므로 바리새인 중에 어떤 사람은 이 사람이 안식일을 지키지 아니하니 하나님으로부터 온 자가 아니라 하며 어떤 자는 세상의 죄인으로 온 자가 아니라 하며 또 어떤 자는 죄인이 어떻게 이러한 표적을 행하겠느냐 하여 피차 쟁론이 일어난 것입니다. 때문에 바리새인이 소경된 자에게 다시 묻되 그 사람이 네 눈을 뜨게 하였으니 너는 그를 어떠한 사람이라 하느냐고 묻는 것입니다. 바리새인들의 질문에 소경은 그는 선지자라고 대답을 하고 있습니다.

이 세상에서도 자기 병을 고쳐 주는 자가 의사이듯이 눈먼 소경은 자신의 눈을 열어주면 선지자이며 구원자인 것입니다. 때문에 눈을 뜨게 하여주신 예수님이 자신에게는 선지자일 수밖에 없는 것입니다. 그런데 유대인들은 그가 소경으로 있다가 보게 된 것을 믿지 아니하고 그 부모를 불러 확인하기 위해 이 자가 소경으로 났다하는 너희 아들이냐고 물으면서 지금은 어떻게 되어 보느냐고 묻는 것입니다.

유대인들의 말을 들은 소경의 부모는 이자가 우리 아들인 것과 소경으로 난 것이 분명하다고 대답을 하고 있습니다. 그러나 소경되었던 내 아들이 지금 어떻게 되어 보는지 또 누가 그 눈을 뜨게 하였는지 우리는 자세히 알지 못하니 저에게 직접 물어보십시요 저가 장성하였으니 자신에게 일어났던 일을 자세히 말해 줄 것이라고 말하는 것입니다.

유대인들은 예수님이 소경의 눈을 뜨게 한데 관심이 있

는 것이 아니라 어떤 책이라도 잡아서 예수를 고소하려는 것입니다. 왜냐하면 예수님은 자신들이 하지 못하는 일을 행할 뿐만 아니라 자신들에게 걸림이 되는 말씀을 전하시기 때문입니다.

[요한복음 9장 22절-25절] 그 부모가 이렇게 말한 것은 이미 유대인들이 누구든지 예수를 그리스도로 시인하는 자는 출교하기로 결의하였으므로 저희를 무서워함이러라 이러므로 그 부모가 말하기를 저가 장성하였으니 저에게 물어 보시오 하였더라 이에 저희가 소경되었던 사람을 두 번째 불러 이르되 너는 영광을 하나님께 돌리라 우리는 저 사람이 죄인인줄 아노라 대답하되 그가 죄인인지 내가 알지 못하나 한 가지 아는 것은 내가 소경으로 있다가 지금 보는 그것이니이다

요 9·22 Ταῦτα ειπον οἱ γονεῖς αὐτοῦ, ὅτι ἀφοβοῦντο τοὺς Ἰουδαίους· ἤδη- γὰρ συνετέθεεντο οἱ Ἰουδαῖοι, ἵνα ἐάν τις αὐτὸν ὁμολογήσῃ χριστόν, ἀποσυνάγωγος γένηται.

요 9·23 διὰ τοῦτο οἱ γονεῖς αὐτοῦ ειπον Ὁτι ἡλικίαν- ἔχει, αὐτὸν ἐρωτήσατε·

요 9·24 Ἐφώνησαν ουν ἐκ- δευτέρου τὸν ἄνθρωπον ὃς ην

τυφλὸς, καὶ ειπον αὐτῷ, Δὸς δόξαν τῷ θεῷ ἡμεῖς οἴδαμεν ὅτι ὁ ἄνθρωπος οὗτος ἁμαρτωλός ἐστιν.

요 9·25 Ἀπεκρίθη ουν ἐκεῖνος καὶ ειπεν Ει ἁμαρτωλός ἐστιν οὐκ- οιδα ἓν οιδα ὅτι τυφλὸς ὢν ἄρτι βλέπω.

소경이 되었던 그의 부모가 이렇게 말한 것은 유대인들이 누구든지 예수를 그리스도라 시인하는 자는 출교(교회에서 내쫓음) 하기로 결의하였기 때문에 두려워서 예수를 그리스도라 말하지 못한 것입니다. 오늘날 기독교회에서도 누가 하나님께서 보내주신 오늘날의 구원자, 즉 하나님의 아들을 그리스도라 말하면 무조건 이단으로 몰려 그 교회에서 쫓겨나는 것입니다. 그러므로 하나님은 요한일서 4장을 통해서 오늘날 하나님께서 보내주신 예수를 부인하는 자들에게 이렇게 말씀을 하시는 것입니다.

[요한일서 4장 1절-4절] 사랑하는 자들아 영을 다 믿지 말고 오직 영들이 하나님께 속하였나 시험하라 많은 거짓선지자가 세상에 나왔음이니라 하나님의 영은 이것으로 알지니 곧 예수 그리스도께서 육체로 오신 것을 시인하는 영마다 하나님께 속한 것이요 예수를 시인하지 아니하는 영마다 하나님께 속한 것

이 아니니 이것이 곧 적그리스도의 영이니라 오리라 한 말을 너희가 들었거니와 이제 벌써 세상에 있느니라.

　　상기의 말씀은 하나님의 영과 적그리스도의 영에 대해서 자세히 말씀하고 있습니다. 하나님의 영은 하나님께 속한 하나님의 아들들이 전하는 말씀을 말하며 적그리스도의 영은 거짓선지자와 삯꾼목자들이 전하는 말씀을 말하고 있습니다. 그런데 그리스도의 영과 적그리스도의 영을 분별하는 방법은 오늘날 예수님께서 육체를 입고 오신 것을 인정하는 말씀은 그리스도의 말씀이며 오늘날 육체를 입고 오신 예수를 부인하는 말씀은 적그리스도의 말씀이라는 것입니다. 즉 오늘날 육체를 입고 와서 계신 오늘날의 예수님을 시인하는 자는 하나님의 아들이며 오늘날 육체를 입고 오신 예수님을 부인하는 자들은 적그리스도라는 것입니다.

　　문제는 오늘날 목회자들이 오늘날 육신을 입고 오신 예수님을 이단으로 배척을 하며 하나님의 아들로 인정을 하지 않으며 지금도 구름타고 오실 예수님만 기다리고 있다는 것입니다. 그런데 기독교인들이 이천 년이 지나도록 기다리는 예수님은 앞으로 이천 년을 더 기다려도 오시지 않는다는 것입니다. 왜냐하면 구름타고 오신다는 예수님은 이미 말씀이 육신 되어 오셔서 지금 계시기 때문입니다.

상기의 말씀은 너희가 예수님께서 다시 오리라 한 말을 들었거니와 예수님은 지금 벌써 오셔서 계신다고 말씀하고 있습니다. 그런데 이미 오셔서 지금 계신 예수그리스도는 곧 말씀이 육신 되신 분으로 예수님의 영(생명의 말씀)이 육체 안에 오신 분이라 말씀하고 있습니다.

이 말씀은 예수님께서 육체 안에 성령(생명의 말씀)이 임(잉태)하여 말씀이 육신 되어 오셨던 것처럼 지금 오신 예수님도 자신의 육체 안에 예수님의 영(생명의 말씀)이 오셔서 계신다는 뜻입니다. 즉 하나님의 백성들이 기다리고 있는 재림 예수는 이미 사람 안에 성령(생명의 말씀)으로 임(잉태)하여 말씀이 육신 되어 오셔서 지금(현재) 계신다는 뜻입니다. 이것은 예수님의 육체 안에 있던 영(생명)이 사도들의 육체 안에 임하고 사도들 안에 있는 영이 디모데와 디도에게 임하고 디모데와 디도에게 있던 영이 다시 다른 사람에게 계속 임하고 임하면서 지금도 와서 계신다는 것입니다.

이와 같이 예수님의 생명(영)은 낳고 낳고의 역사를 통해서 오늘날 하나님의 생명으로 거듭난 하나님의 아들들 안에 오셔서 계신 것입니다. 이렇게 예수님은 예전에 입고 계셨던 몸만 다를 뿐 지금도 동일한 생명으로 성령(생명의 말씀)이 육신 안에 임하여 지금도 구원자로 와서 계신 것입니다. 그런데 오늘날 목회자들이나 기독교인들은 지금 육체로 오셔서 계신 예수님을 부인하며 이단으로 배척을 하고 있는 것입니다. 때문에 상기의 말씀을 통해서 오늘날 육체로 오신 예수님을 부인하는 자는 적그리스도라 말씀하시는 것입니다.

그런데 오늘날 기독교인들은 지금도 오늘날 말씀이 육신 되어 오신 예수(구원자)를 시인하지 않고 배척을 하면서 미래에 나타날 예수님만 기다리고 있는 것입니다. 이 모두가 거짓선지자와 거짓목자들의 거짓 증거 때문에 나타나는 현상입니다. 때문에 지금까지 수많은 하나님의 백성들이 구원을 받지 못하고 멸망을 당하고 있는 것입니다. 만일 목회자들이 성경적인 현재의 구원자를 올바로 알려주었다면 지금까지 많은 하나님의 백성들이 오늘날의 구원자를 믿고 영접하여 구원을 받아 하나님의 아들로 거듭났을 것입니다.

그러므로 오늘날 기독교인들은 적그리스도의 말씀을 듣지 말고 상기의 말씀대로 오늘날 하나님께서 말씀이 육신이 되어 보내주시는 인간예수를 구원자로 믿고 영접하여야 합니다. 이것이 바로 하나님이 오늘날 하나님의 백성들에게 바라고 원하시고 기뻐하시는 하나님의 뜻입니다. 그러므로 오늘날 기독교인들은 하루속히 거짓선지자와 삯꾼 목자들이 인도하는 멸망의 넓은 길에서 벗어나 참 목자 곧 하나님의 아들이 인도하는 좁고 협착한 생명의 길을 따라가야 합니다. 그러면 오늘날 하나님께서 보내주시는 오늘날의 구원자(참 목자)가 여러분을 구원하고 살려서 하나님의 아들로 거듭나게 해주실 것입니다.

예수님 당시도 예수를 그리스도라 하면 출교를 당하기 때문에 지금 그 부모가 예수님이 그리스도라 말하지 못하고 저가 장성하였으니 저에게 물어 보라고 한 것입니다. 그 부모가 하는 말을 들은 유대인들은 소경되었던 그의 아들을 두 번째 불러 이르되 너는 영광을 하나님께 돌리라 우리는 저 사람이 죄인인줄을 아노라 하니 그 아들이 대답하되 나는 그가 죄인인지 알지 못하나 한 가지 아는 것은 내가 소경으로 있었는데 그가 내 눈을 뜨게 하여 지금 보는 것입니다.

[요한복음 9장 26절-34절] 저희가 가로되 그 사람이 네게 무엇을 하였느냐 어떻게 네 눈을 뜨게 하였느냐 대답하되 내가

이미 일렀어도 듣지 아니하고 어찌하여 다시 듣고자 하나이까 당신들도 그 제자가 되려 하나이까 저희가 욕하여 가로되 너는 그의 제자나 우리는 모세의 제자라 하나님이 모세에게는 말씀하신 줄을 우리가 알거니와 이 사람은 어디서 왔는지 알지 못하노라 그 사람이 대답하여 가로되 이상하다 이 사람이 내 눈을 뜨게 하였으되 당신들이 그가 어디서 왔는지 알지 못하는도다 하나님이 죄인을 듣지 아니 하시고 경건하여 그의 뜻대로 행하는 자는 들으시는 줄을 우리가 아나이다 창세 이후로 소경으로 난 자의 눈을 뜨게 하였다 함을 듣지 못하였으니 이 사람이 하나님께로부터 오지 아니하였으면 아무 일도 할 수 없으리이다 저희가 대답하여 가로되 네가 온전히 죄 가운데서 나서 우리를 가르치느냐 하고 이에 쫓아내어 보내니라.

요 9·26 Ειπον δε αὐτῷ πάλιν, Τί ἐποίησέν σοι πῶς ἤνοιξέν σου τοὺς ὀφθαλμούς

요 9·27 Ἀπεκρίθη αὐτοῖς, Ειπον ὑμῖν ἤδη, καὶ οὐκἠκούσατε· τί πάλιν θέλετε ἀκούειν μὴ καὶ ὑμεῖς· θέλετε αὐτοῦ μαθηταὶ γενέσθαι

요 9·28 Ἐλοιδόρησαν ουν αὐτόν, καὶ ειπον Σὺ ἐ̑ μαθητὴς ἐκείνου· ἡμεῖς· δε τοῦ Μωσέως ἐσμὲν μαθηταί.

요 9·29 ἡμεῖς οἴδαμεν ὅτι Μωσῆ λελάληκεν ὁ θεός· τοῦτον δὲ οὐκ- οἴδαμεν πόθεν ἐστίν.

요 9·30 Ἀπεκρίθη ὁ ἄνθρωπος καὶ ειπεν αὐτοῖς, Ἐν γὰρ τούτῳ θαυμαστόν ἐστιν, ὅτι ὑμεῖς οὐκ- οἴδατε πόθεν ἐστίν, καὶ ἀνέῳξέν μου τοὺς ὀφθαλμούς.

요 9·31 οἴδαμεν- δὲ ὅτι ἁμαρτωλῶν ὁ θεὸς οὐκ- ἀκούει· ἀλλ᾽ ἐάν τις θεοσεβὴς ᾖ, καὶ τὸ θέλημα αὐτοῦ ποιῇ, τούτου ἀκούει.

요 9·32 ἐκ- τοῦ- αἰῶνος οὐκ- ἠκούσθη, ὅτι ἤνοιξέν τις ὀφθαλμοὺς τυφλοῦ γεγεννημένου.

요 9·33 εἰ μὴ ην οὗτος παρὰ θεοῦ οὐκ ἠδύνατο ποιεῖν οὐδέν.

요 9·34 Ἀπεκρίθησαν καὶ ειπον αὐτῷ, Ἐν ἁμαρτίαις σὺ ἐγεννήθης ὅλος, καὶ σὺ διδάσκεις ἡμᾶς Καὶ ἐξέβαλον αὐτὸν ἔξω.

유대인들은 소경되었던 자에게 다시 말하되 그 사람이 네게 무엇을 하였으며 어떻게 하여 네 눈을 뜨게 하였느냐고 묻고 있습니다. 그는 대답하기를 내가 당신들에게 이미 말했어도 듣지 아니하고 어찌하여 다시 듣고자 하십니까? 그러면 당신들도 그 제자가 되려고 하십니까? 하니 저희가 그에게 욕을 하면서 너는 그의 제자이나 우리는 모세의 제자니라 하나님이 모세에게는 말씀하신 줄을 우리가 알거니와 이 사람은 어디서 왔는지 알지 못한다고 말하고 있습니다.

유대인들의 말을 듣고 소경되었던 자가 대답하여 말하되 이상하다 이 사람이 내 눈을 뜨게 하였는데도 당신들은 그가 어디서 왔는지 모르고 있다고 말하면서 하나님은 죄인의 말이나 기도는 듣지 아니 하시고 경건하여 그의 뜻대로 행하는 자의 말이나 기도는 들으시는 줄을 우리는 알고 있습니다. 그럼에도 불구하고 당신들은 이 사람이 어디서 왔는지 모르고 있느냐는 것입니다.

소경되었던 자는 이어서 창세 이후로 지금까지 소경으로 난 자의 눈을 뜨게 하였다 함을 듣지 못하였는데 이 사람이 하나님께로부터 오지 아니하였으면 어떻게 내 눈을 뜨게 할 수 있단 말입니까? 만일 이 사람이 하나님으로부터 오시지 않았으면 내 눈을 뜨게 할 수 없는 것은 물론 아무 일도 할 수 없습니다.

소경되었던 자의 말을 들은 유대인들은 네가 온전히 죄 가운데서 나서 우리를 가르치느냐 하고 소경되었던 자를 밖으로 쫓아버린 것입니다. 이와 같이 소경되었던 자는 예수님이 하나님께로부터 온 구원자, 즉 그리스도라는 것을

338

증거 하다가 유대교에서 출교를 당하게 된 것입니다. 이렇게 하나님께서는 나면서부터 소경된 자를 들어서 유대인들과 바리새인들의 잘못된 신앙을 지적하며 깨우쳐주고 있는 것입니다.

이상의 말씀과 같이 나면서 소경된 자는 자기의 죄나 부모의 죄 때문에 소경으로 태어난 것이 아니라 하나님이 하시는 일을 나타내시고 또한 소경을 통해서 하나님의 영광을 받으시기 위함입니다. 이렇게 하나님은 세상만물을 주관하시며 새롭게 창조하시는 창조주이시며 우리 인간들은 하나님의 아들로 창조 받아야 할 피조물들이며 또한 하나님이 쓰시는 도구라는 것을 알아야 합니다.

[요한복음 9장 35절-41절] 예수께서 저희가 그 사람을 쫓아냈다 하는 말을 들으셨더니 그를 만나사 가라사대 네가 인자를 믿느냐 대답하여 가로되 주여 그가 누구시오니이까 내가 믿고자 하나이다 예수께서 가라사대 네가 그를 보았거니와 지금 너와 말하는 자가 그이니라 가로되 주여 내가 믿나이다 하고 절하는지라 예수께서 가라사대 내가 심판하러 이 세상에 왔으니 보지 못하는 자들은 보게 하고 보는 자들은 소경되게 하려 함이라 하시니 바리새인 중에 예수와 함께 있던 자들이 이 말씀

을 듣고 가로되 우리도 소경인가 예수께서 가라사대 너희가 소
경 되었더면 죄가 없으려니와 본다고 하니 너희 죄가 그저 있
느니라.

요 9·35 Ἤκουσεν ὁ Ἰησοῦς ὅτι ἐξέβαλον αὐτὸν ἔξω· καὶ
εὑρὼν αὐτὸν ειπεν αὐτῷ, Σὺ πιστεύεις εἰς τὸν υἱὸν τοῦ θεοῦ

요 9·3ζ ᾿Απεκρίθη ἐκεῖνος καὶ ει Τίς ἐστιν, κύριε, ἵνα
πιστεύσω εἰς αὐτόν

요 9·37 Ειπεν δὲ αὐτῷ ὁ Ἰησοῦς, Καὶ ἑώρακας αὐτόν, καὶ ὁ
λαλῶν μετὰ σοῦ ἐκεῖνός ἐστιν.

요 9·38 Ὁ- δὲ ἔφη, Πιστεύω, κύριε· καὶ προσεκύνησεν αὐτῷ

요 9·39 καὶ ειπεν ὁ Ἰησοῦς, Εἰς κρίμα ἐγὼ εἰς τὸν κόσμον-
τοῦτον ηλθον ἵνα οἱ μὴ- βλέποντες βλέπωσιν, καὶ οἱ βλέποντες
τυφλοὶ γένωνται.

요 9·40 καὶ ἤκουσαν ἐκ τῶν Φαρισαίων ταῦτα οἱ ὄντες μετ᾿
αὐτοῦ, καὶ ειπον αὐτῷ, Μὴ καὶ ἡμεῖς τυφλοί ἐσμεν

9·41 Ειπεν αὐτοῖς ὁ Ἰησοῦς, Εἰ τυφλοὶ ητε οὐκ- ἂν- εἴχετε
ἁμαρτίαν· νῦν- δε λέγετε, Ὅτι βλέπομεν· ἡ ουν ἁμαρτία ὑμῶν
μένει.

예수께서 유대인들이 소경되었던 사람을 쫓아냈다는 말을 들으시고 그를 찾아가 네가 인자를 믿느냐고 물으셨습니다. 예수님의 말씀을 들은 소경이 말하되 "주여 내 눈을 뜨게 하신 분이 누구입니까? 내가 그분을 믿고자 합니다"라고 예수님께 말씀을 드리고 있습니다.

소경되었던 자의 말을 들으신 예수님은 "네가 그를 보았거니와 지금 너와 말하는 자가 그이라"고 알려주는 것입니다. 예수님의 말씀을 들은 소경은 "주여 내가 당신을 믿습니다"하며 예수님께 절을 하였습니다. 예수께서 모인 무리들 가운데서 말씀하시되 내가 심판하러 이 세상에 왔으니 보지 못하는 자들은 보게 하고 보는 자들은 소경되게 하려 함이라고 말씀 하시니 바리새인 중에 예수와 함께 있던 자들이 이 말씀을 듣고 말하되 "그러면 우리도 소경이란 말인가?" 하며 의아해하는 것입니다.

바리새인들이 하는 말을 들으신 예수님께서 바리새인들에게 말씀하시되 너희가 소경 되었더면 죄가 없으려니와 본다고 하니 너희 죄가 그저 있다고 말씀하시는 것입니다. 예수님이 유대인들에게 하신 말씀은 너희가 소경이라는 것을 알았다면 내가 눈을 열어줄 터인데 너희가 본다고 말하니 너희는 영원히 보지 못한다는 뜻으로 하신 말씀입니다.

오늘날 기독교인들은 예수를 믿음으로 이미 구원을 받고 모두 하나님의 아들이 되어 있습니다. 때문에 예수님은 이미 본다고 하는 바리새인들과 같이 오늘날 하나님의 아들이 되어 있는 기독교인들은 구원하실 수가 없는 것입니다.

만일 오늘날 기독교인들이 자신들은 아직 죄인이요 보지 못하는 소경이라는 것을 알았다면 예수님을 찾을 것이며 또한 기독교인들을 구원하러 오신 예수님은 구원하실 것인데 오늘날 기독교인들은 예수를 믿음으로 이미 하나님의 아들이 되어 있기 때문에 구원하실 수가 없는 것입니다. 이렇게 오늘날 기독교인들은 바리새인들의 말과 같이 소경이 아니라 본다는 의인이기 때문에 예수님은 구원하실 수가 없으며 기독교인들은 지금도 여전히 죄 가운데 머물고 있는 것입니다. 그러므로 오늘날 기독교인들은 의인의 자리에서 내려와 자신은 아직 죄인이요 보지 못하는 소경이요 듣지도 못하는 귀머거리라는 것을 고백하며 오늘날 기독교인들을 구원하러 오신 하나님의 아들을 믿고 그 입에서 나오는 말씀을 듣고 영접해야 합니다. 그러면 하나님께서 모든 죄를 용서해주시고 하나님의 자녀가 될 수 있도록 도와주실 것입니다.

교만

높이 들린 교만한 눈
마음속에 숨어 있는
악을 내 뿜으며
내장이 썩어 가는줄도
모르는 자신은
교활한 숨소리로
정죄 하면서
정죄로 말미암아
죽음을 재촉하듯
입벌리고 있다네

제10장
양의 문

내가 진실로 진실로 너희에게 이르노니 양의 우리에
문으로 들어가지 아니하고 다른데로 넘어가는 자는 절도며 강도요

Ἀμὴν ἀμὴν λέγω ὑμῖν, ὁ μὴ- εἰσερχόμενος διὰ τῆς θύρας εἰς τὴν
αὐλὴν τῶν προβάτων, ἀλλὰ ἀναβαίνων ἀλλαχόθεν,
ἐκεῖνος κλέπτης ἐστὶν καὶ λῃστής·

[요한복음 10잘 1절–6절] 내가 진실로 진실로 너희에게 이르노니 양의 우리에 문으로 들어가지 아니하고 다른데로 넘어가는 자는 절도며 강도요 문으로 들어가는 이가 양의 목자라 문지기는 그를 위하여 문을 열고 양은 그의 음성을 듣나니 그가 자기 양의 이름을 각각 불러 인도하여 내느니라 자기 양을 다 내어 놓은 후에 앞서가면 양들이 그의 음성을 아는고로 따라 오되 타인의 음성은 알지 못하는 고로 타인을 따르지 아니하고 도리어 도망하느니라 예수께서 이 비유로 저희에게 말씀하셨으나 저희는 그 하신 말씀이 무엇인지 알지 못하니라,

요 10·1 Ἀμὴν ἀμὴν λέγω ὑμῖν, ὁ μὴ· εἰσερχόμενος διὰ τῆς θύρας εἰς τὴν αὐλὴν τῶν προβάτων, ἀλλὰ ἀναβαίνων ἀλλαχόθεν, ἐκεῖνος κλέπτης ἐστὶν καὶ λῃστής·

요 10·2 ὁ· δὲ εἰσερχόμενος διὰ τῆς θύρας ποιμήν ἐστιν τῶν προβάτων.

요 10·3 τούτῳ ὁ θυρωρὸς ἀνοίγει, καὶ τὰ πρόβατα τῆς· φωνῆς· αὐτοῦ ἀκούει, καὶ τὰ· ἴδια πρόβατα καλεῖ κατ᾽ ὄνομα, καὶ ἐξάγει αὐτά.

요 10·4 καὶ ὅταν τὰ· ἴδια πρόβατα ἐκβάλῃ ἔμπροσθεν αὐτῶν πορεύεται· καὶ τὰ πρόβατα αὐτῷ ἀκολουθεῖ, ὅτι οἴδασιν τὴν‑ φωνὴν‑ αὐτοῦ.

요 10·5 ἀλλοτρίῳ‑ δὲ οὐ‑ μὴ ἀκολουθήσωσιν, ἀλλὰ φεύξονται ἀπ᾽ αὐτοῦ· ὅτι οὐκ‑ οἴδασιν τῶν ἀλλοτρίων τὴν φωνήν.

요 10·6 Ταύτην τὴν παροιμίαν ειπεν αὐτοῖς ὁ Ἰησοῦς, ἐκεῖνοι‑ δὲ οὐκ‑ ἔγνωσαν τίνα ην ἃ ἐλάλει αὐτοῖς.

요한복음 10장은 예수님께서 양의 문으로 들어가는 참 목자와 다른 문을 통해서 들어가는 삯꾼목자들에 대해서 말씀하고 있습니다. 왜냐하면 양들이 참 목자를 믿고 따라 가면 살 수 있지만 거짓목자를 믿고 따라가면 죽기 때문입 니다. 예수님은 내가 진실로 진실로 너희에게 이르노니 양 의 우리에 문으로 들어가지 아니하고 다른데로 넘어가는 자는 절도며 강도요 문으로 들어가는 이가 양의 목자라고 말씀하고 있습니다. 이 말씀은 예수님께서 오늘날 삯꾼목 자와 참 목자에 대해서 말씀하고 있는 것입니다. 참 목자는 양의 문으로 들어가는 자를 말하며 삯꾼목자는 양의 문이 아닌 다른 문으로 들어가는 자를 말하고 있습니다.

양의 문은 곧 하나님의 아들이신 예수님을 말씀하는데 예수님을 통해서 하나님의 아들로 거듭난 목자는 참 목자이며 예수님 이외에 다른 예수나 다른 복음(비 진리)을 통해서 목자가 된 자들은 절도며 강도며 삯꾼목자라는 것입니다. 왜냐하면 예수님을 통해서 거듭난 하나님의 아들들은 사도들과 같이 오직 죽은 영혼을 구원하고 살리는 일을 하지만 삯꾼목자들은 영혼을 구원하는 데는 관심이 없고 양들을 기복으로 미혹하여 영혼과 재물을 탈취하고 있기 때문입니다.

　이어지는 말씀에 문지기는 양들을 위하여 문을 열고 양은 그의 음성을 듣나니 문지기는 자기 양의 이름을 각각 불러 인도하여 낸다고 말씀하고 있습니다. 여기서 말씀하는 문지기는 참 목자인 예수님을 말하며 목자의 음성을 듣는 양들은 출애굽하여 광야의 훈련을 마치고 요단을 건너 가나안에 이른 예수님의 제자들을 비유하여 말씀하고 있는 것입니다. 왜냐하면 예수님의 음성은 제자들(양)이 듣는 것이며 아직 출애굽을 하지 못한 애굽(세상)교회의 교인들(물고기)은 예수님의 음성을 들을 수 없기 때문에 세상교회의 목회자를 통해서 예수를 믿고 있는 것입니다. 때문에 아직 출애굽하지 못한 세상교회의 교인들은 양이 아니라 물고기의 상태라는 것을 알아야 합니다.

　예수님께서 목자가 자기 양을 다 내어놓은 후에 앞서가

면 양들이 그의 음성을 아는 고로 따라오되 타인의 음성, 즉 삯꾼목자의 음성은 알지 못하는 고로 따라오지 아니하고 도리어 도망한다고 말씀하고 있습니다. 그러나 물고기들은 삯꾼목자를 믿고 따르며 참 목자가 오면 도망하는 것입니다.

이것은 하나님의 백성들이 자기 신앙의 차원과 상태에 따라서 믿는 목자와 먹는 양식이 각기 다르기 때문입니다. 이렇게 애굽교인들은 애굽의 목회자가 주는 유교병(교리)을 먹고 출애굽한 광야교인들은 모세가 주는 무교병(율법)을 먹으며 가나안에 들어간 가나안 교인들은 예수님이 주시는 산 떡(생명의 말씀)을 먹는 것입니다.

이렇게 예수님께서 문과 양에 대해서 유대인들에게 비유로 말씀하셨으나 저들은 양이 아니기 때문에 예수님께서 하신 말씀이 무슨 뜻인지 모르는 것입니다. 때문에 예수님께서 저희는 눈이 있어도 보지 못하고 귀가 있어도 듣지 못한다고 말씀하시는 것입니다. 그런데 오늘날 기독교인들은 아직 출애굽도 못한 물고기의 상태임에도 불구하고 자신들은 모두 하나님의 아들이라고 주장을 하며 오해하고 있는 것입니다.

[요한복음 10장 7절-10절] 그러므로 예수께서 다시 이르시되 내가 진실로진실로 너희에게 말하노니 나는 양의 문이라 나보다 먼저 온 자는 다 절도요 강도니 양들이 듣지 아니하였느니라 내가 문이니 누구든지 나로 말미암아 들어가면 구원을 얻고 또는 들어가며 나오며 꼴을 얻으리라 도적이 오는 것은 도적질하고 죽이고 멸망시키려는 것뿐이요 내가 온 것은 양으로 생명을 얻게 하고 더 풍성히 얻게 하려는 것이라.

요 10·7 Ειπεν ουν πάλιν αὐτοῖς ὁ Ἰησοῦς, Ἀμὴν ἀμὴν λέγω ὑμῖν, ὅτι ἐγώ εἰμι ἡ θύρα τῶν προβάτων.

요 10·8 πάντες ὅσοι πρὸ ἐμοῦ ηλθον κλέπται εἰσὶν καὶ λησταί· ἀλλ᾽ οὐκ- ἤκουσαν αὐτῶν τὰ πρόβατα.

요 10·9 ἐγώ εἰμι ἡ θύρα· δι᾽ ἐμοῦ ἐάν τις εἰσέλθη σωθήσεται, καὶ εἰσελεύσεται καὶ ἐξελεύσεται, καὶ νομὴν εὑρήσει.

요 10·10 ὁ κλέπτης οὐκ- ἔρχεται εἰ- μὴ ἵνα κλέψη καὶ θύση καὶ ἀπολέση· ἐγὼ ηλδον ἵνα ζωὴν ἔχωσιν, καὶ περισσὸν ἔχωσιν.

예수님은 자신이 한 말을 유대인들이 듣지 못하는 것을 아시고 다시 말씀하시되 내가 진실로진실로 너희에게 말하노니 내가 바로 양의 문이라고 말씀하시면서 나보다 먼저 온 자는 다 절도요 강도이기 때문에 양들이 너희의 말을 듣지 않는다고 말씀하고 있습니다. 예수님께서 나보다 먼저 온 자는 모두 절도요 강도라는 것은 예수님이 주시는 생명의 말씀을 먹고 거듭나서 목자가 된 것이 아니라 세상의 삯꾼목자를 통해서 가르침을 받아 목회자가 된 자들을 말하고 있습니다. 때문에 하나님의 양들은 삯꾼목자들의 말은 듣지 않는다는 것입니다.

그러나 아직 애굽교회의 물고기 상태에 머물고 있는 자들은 참 목자가 주는 영적인 말씀은 너무 단단하여 먹을 수가 없기 때문에 삯꾼목자가 교리나 기복으로 가감해서 주는 부드러운 말씀을 즐겨먹는 것입니다. 때문에 예수님은 내가 문이니 누구든지 나로 말미암아 들어가면 구원을 얻고 또는 들어가며 나오며 꼴을 얻을 수 있다고 말씀하고 있습니다.

예수님의 말씀과 같이 오늘날도 하나님께서 보내주시는 오늘날의 구원자(예수), 즉 하나님의 아들을 믿고 그 입에서 나오는 생명의 말씀을 먹으면 구원을 얻을 수 있고 또 들어가며 나오며 말씀을 먹게 된다는 것입니다. 그러나 도적, 즉 삯꾼목자가 오는 것은 교인들을 도적질하고 죽이고 멸망시키려는 것뿐이며 내가 온 것은 양으로 생명을 얻게 하고 더 풍성히 얻게 하려는 것이라 말씀하고 있습니다.

　　예수님의 말씀과 같이 예수님을 구원자로 믿고 따른 양, 즉 예수님의 열두 제자들은 구원을 받아 하나님의 아들로 거듭나서 사도들이 되었지만 예수님을 이단자로 배척하고 핍박을 하며 삯꾼목자를 믿고 따라간 유대인들은 모두 멸망당한 것입니다.

　　때문에 오늘날 기독교인들도 구원을 받고 영생을 얻어 하나님의 아들로 거듭나려면 하루속히 삯꾼목자에게서 벗어나 참 목자를 찾아가야 합니다.

[요한복음 10장 11절-15절] 나는 선한 목자라 선한 목자는 양들을 위하여 목숨을 버리거니와 삯꾼은 목자도 아니요 양도 제 양이 아니라 이리가 오는 것을 보면 양을 버리고 달아나니 이리가 양을 늑탈하고 또 헤치느니라 달아나는 것은 저가 삯군인 까닭에 양을 돌아보지 아니함이나 나는 선한 목자라 내가 내 양을 알고 양도 나를 아는 것이 아버지께서 나를 아시고 내가 아버지를 아는 것 같으니 나는 양을 위하여 목숨을 버리노라

요 10·11 Ἐγώ εἰμι ὁ ποιμὴν ὁ καλός· ὁ ποιμὴν ὁ καλὸς τὴν- ψυχὴν- αὐτοῦ τίθησιν ὑπὲρ τῶν προβάτων.

요 10·12 ὁ- μισθωτὸς- δέ, καὶ οὐκ- ὢν ποιμήν, οὗ οὐκ εἰσὶν τὰ πρόβατα ἴδια, θεωρεῖ τὸν λύκον ἐρχόμενον, καὶ ἀφίησιν τὰ πρόβατα καὶ φεύγει· καὶ ὁ λύκος ἁρπάζει αὐτὰ καὶ σκορπίζει τὰ πρόβατα.

요 10·13 ὁ- δὲ μισθωτὸς φεύγει ὅτι μισθωτὸς ἐστιν, καὶ οὐ- μέλει- αὐτῷ περὶ τῶν προβάτων.

요 10·14 ἐγώ εἰμι ὁ ποιμὴν ὁ καλός· καὶ γινώσκω τὰ ἐμά, καὶ γινώσκομαι ὑπὸ τῶν ἐμῶν.

요 10·15 καθὼς γινώσκει με ὁ πατήρ, κἀγὼ γινώσκω τὸν πατέρα· καὶ τὴν- ψυχήν- μου τίθημι ὑπὲρ τῶν προβάτων.

예수님은 이어서 나는 선한 목자라고 하시면서 선한 목자는 양들을 위하여 목숨을 버리지만 삯꾼은 목자도 아니며 양도 제 양이 아니기 때문에 이리가 오는 것을 보면 양을 버리고 달아나 이리가 양을 늑탈하고 또 헤친다고 말씀하고 있습니다. 선한 목자는 자신에게 위험이 다가와도 양들을 살리기 위해서 최선을 다하며 목숨까지 버리지만 삯꾼목자는 위험이 닥치거나 혹은 자신에게 유리한 조건이 생기면 양들을 버리고 달아나 악한 이리가 와서 양들의 영혼을 늑탈하고 그동안 가지고 있던 말씀까지 모두 헤쳐 버린다는 것입니다.

오늘날 목회자들이 갑자기 교회를 팔아 넘기며 양들을 버리고 잠적을 하거나 외국으로 떠나가는 것은 바로 이 때문입니다. 이렇게 삯꾼목자가 양을 버리고 달아나는 것은 저희가 양들을 구원하고 살리는 목자가 아니라 삯, 즉 돈을 위해 목회하는 삯꾼이기 때문에 양을 돌아보지 않는 것이라 말씀하고 있습니다. 그러나 나는 선한 목자이기 때문에 나는 내 양을 알고 양도 나를 아는 것인데 이는 아버지께서 나를 아시고 내가 아버지를 아는 것과 같다고 말씀하시면서 나는 언제든지 양을 위하여 목숨을 버린다고 말씀하고 있습니다.

예수님께서 나는 내 양을 알고 양도 나를 안다는 것은 마치 포도나무에 가지가 붙어서 나무의 진액을 먹고 살듯이 양들은 언제나 목자를 따르며 그 입에서 나오는 말씀을 먹으며 살고 있기 때문입니다. 그리고 참 목자를 믿고 따르는 양들은 모두 친 자식과 같아서 목자는 양들을 보호하고 살리기 위해서 모든 희생을 아끼지 아니하며 목숨까지 바친다는 것입니다.

[요한복음 10장 16절-18절] 또 이 우리에 들지 아니한 다른 양들이 내게 있어 내가 인도하여야 할 터이니 저희도 내 음성을 듣고 한 무리가 되어 한 목자에게 있으리라 아버지께서 나를 사랑하시는 것은 내가 다시 목숨을 얻기 위하여 목숨을 버림이라 이를 내게서 빼앗는 자가 있는 것이 아니라 내가 스스로 버리노라 나는 버릴 권세도 있고 다시 얻을 권세도 있으니 이 계명은 내 아버지에게서 받았노라 하시니라.

요 10:16 καὶ ἄλλα πρόβατα ἔχω, ἃ οὐκ· ἔστιν ἐκ τῆς· αὐλῆς· ταύτης· κἀκεῖνά με δεῖ ἀγαγεῖν, καὶ τῆς· φωνῆς· μου ἀκούσουσιν· καὶ γενήσεται μία ποίμνη, εἷς ποιμήν.

요 10:17 διὰ· τοῦτο ὁ πατήρ με — ἀγαπᾷ, ὅτι ἐγὼ τίθημι τὴν· ψυχήν· μου, ἵνα πάλιν λάβω αὐτήν.

요 10:18 οὐδεὶς αἴρει αὐτὴν ἀπ᾽ ἐμοῦ, ἀλλ᾽ ἐγὼ τίθημι αὐτὴν ἀπ᾽ ἐμαυτοῦ. ἐξουσίαν ἔχω θεῖναι αὐτήν, καὶ ἐξουσίαν ἔχω πάλιν λαβεῖν αὐτήν· ταύτην τὴν ἐντολὴν ἔλαβον παρὰ τοῦ· πατρός· μου.

예수님은 계속해서 이 우리에 들지 아니한 다른 양들이 내게 있어 내가 인도하여야 할 터이니 저희도 내 음성을 듣고 한 무리가 되어 한 목자에게 있을 것이라고 말씀하고 있습니다. 예수님의 우리 안에 있는 양들은 예수님의 제자들을 말하며 우리밖에 있는 양들은 앞으로 예수의 음성을 듣고 예수를 따르며 제자들과 연합할 양들을 말합니다. 이렇게 예수님이 구원할 대상은 예수님의 제자들뿐만 아니라 흩어져 있는 영적인 나그네, 고아, 과부들입니다.

나그네는 집이 없는 자이며 고아는 부모가 없는 자이며 과부는 남편이 없는 자를 말하는데 이들은 처음에 모두 자기 집도 있고 자기 부모도 있고 자기 남편도 있던 자들인데 신앙이 성장하면서 자기 집이 아니라는 것과 자기 부모가 아니라는 것과 자기 남편이 아니라는 것을 알고 진정한 자기 집과 자기 부모와 자기 남편을 찾고 있는 자들을 말합니다.

예수님이 찾고 있는 자들이 바로 이러한 나그네, 고아, 과부입니다. 왜냐하면 자기 집이 있고 자기 부모가 있고 자기 남편이 있어 지금 행복하게 신앙생활을 하는 자들은 예수님을 찾지 않기 때문입니다.

예수님은 이어서 아버지께서 나를 사랑하시는 것은 내가 다시 목숨을 얻기 위하여 목숨을 버리기 때문이라는 것입니다. 문제는 예수님이 다시 목숨을 얻기 위해서 버리는 목숨이 어떤 목숨이냐 하는 것입니다. 왜냐하면 예수님이 버린다고 하는 목숨이 원문에 영(프뉴마)이 아니라 혼(푸쉬케)이라 기록되어 있기 때문입니다.

오늘날 기독교인들은 지금까지 예수님은 성령으로 잉태되어 몸이나 몸속에 있는 생명이 모두 성령이라 믿고 있는데 예수님은 다시 목숨(영의 생명)을 얻기 위해 지금 가지고 있는 목숨(혼의 생명)을 버린다고 너무나 충격적인 말씀을 하고 있는 것입니다.

그러나 오늘날 기독교인들이 예수님의 실체나 우리가 하나님의 생명으로 거듭나서 영생을 얻는 과정을 구체적으로 알게 된다면 이것은 당연한 일이라 생각하게 될 것입니다. 만일 예수님이 지금 가지고 있는 목숨(생명)을 버리지 않는다면 절대로 그리스도의 생명(영생)으로 부활이 될 수 없다는 것을 알아야 합니다. 이어서 예수님은 내 목숨을 내게서 빼앗는 자가 있는 것이 아니라 내가 스스로 목숨을 버린다고 말씀하고 있습니다.

왜냐하면 나는 버릴 권세도 있고 다시 얻을 권세도 있기 때문인데 이 계명(권세)은 내 아버지에게서 받았다고 말씀하고 있습니다. 이렇게 예수님이 자신의 목숨을 스스로 버리는 것은 영원한 생명인 그리스도로 부활되기 위함인데 만일 예수님이 지금 가지고 있는 목숨을 버리지 않는다면 그리스도로 부활 될 수 없는 것입니다.

[요한복음 10장 19절-21절] 이 말씀을 인하여 유대인 중에 다시 분쟁이 일어나니 그 중에 많은 사람이 말하되 저가 귀신 들려 미쳤거늘 어찌하여 그 말을 듣느냐 하며 혹은 말하되 이 말은 귀신들린 자의 말이 아니라 귀신이 소경의 눈을 뜨게 할 수 있느냐 하더라.

요 10·19 Σχίσμα ουν πάλιν ἐγένετο ἐν τοῖς Ἰουδαίοις διὰ τοὺς- λόγους- τούτους.

요 10·20 ἔλεγον δὲ πολλοὶ ἐξ αὐτῶν, Δαιμόνιον ἔχει καὶ μαίνεται· τί αὐτοῦ ἀκούετε

요 10·21 Ἄλλοι ἔλεγον, Ταῦτα τὰ ῥήματα οὐκ- ἔστιν δαιμονιζομένου· μὴ δαιμόνιον δύναται τυφλῶν ὀφθαλμοὺς ἀνοίγειν

예수님이 하신 말씀 때문에 유대인 중에 다시 분쟁이 일어났는데 그 중에 대부분의 사람이 말하되 저가 귀신들려 미쳤거늘 어찌하여 그의 말을 듣느냐고 하며 또 어떤 사람들은 말하되 이 말은 귀신들린 자의 말이 아니다 왜냐하면 귀신이 소경의 눈을 뜨게 할 수 있느냐고 예수님을 두둔하고 있는 것입니다. 이렇게 예수님은 가는 곳마다 그리고 전하는 말씀마다 유대인들은 흠을 잡으려 하거나 혹은 올무를 놓아 예수님을 잡으려고 하는 것입니다. 그러나 다행히 예수님의 말씀을 듣는 무리 가운데 예수님의 말씀을 긍정하며 예수님을 믿는 자가 더러 있다는 것입니다. 때문에 예수님은 무리 가운데서 예수님의 음성을 듣고 믿고 따르는 자를 한 명이라도 구원하기 위해 이러한 고난과 위험을 무릅쓰고 찾고 있는 것입니다.

　이러한 현상은 오늘날 기독교의 현실 가운데에도 동일하게 일어나고 있는 일이라는 것입니다. 왜냐하면 오늘날도 참 목자가 와서 성경을 들어서 진실을 말하면 교리에 어긋난다고 이단으로 배척을 하며 온갖 핍박을 하기 때문입니다. 그러므로 목자가 살아남으려면 교리나 거짓을 말해야 하며 성경을 통해 진실을 말하면 죽는 세상이 되어 버린 것입니다. 그러나 오늘날 참 목자는 지금도 온갖 핍박을 받아가며 기존교회에서 이단으로 버림받고 소외되어 방황하고 있는 나그네, 고아, 과부를 찾고 있는 것입니다.

[요한복음 10장 22절–27절] 예루살렘에 수전절이 이르니 때는 겨울이라 예수께서 성전 안 솔로몬 행각에서 다니시니 유대인들이 에워싸고 가로되 당신이 언제까지나 우리 마음을 의혹케 하려나이까 그리스도여든 밝히 말하시오 하니 예수께서 대답하시되 내가 너희에게 말하였으되 믿지 아니하는도다 내가 내 아버지의 이름으로 행하는 일들이 나를 증거하는 것이어늘 너희가 내 양이 아니므로 믿지 아니하는도다 내 양은 내 음성을 들으며 나는 저희를 알며 저희는 나를 따르느니라.

요 10:22 Ἐγένετο δὲ τὰ ἐγκαίνια ἐν τοῖς Ἱεροσολύμοις, καὶ χειμὼν ἦν·

요 10:23 καὶ περιεπάτει ὁ Ἰησοῦς ἐν τῷ ἱερῷ ἐν τῇ στοᾷ τοῦ Σολομῶντος.

요 10:24 ἐκύκλωσαν οὖν αὐτὸν οἱ Ἰουδαῖοι, καὶ ἔλεγον αὐτῷ Ἕως πότε τὴν ψυχὴν ἡμῶν αἴρεις εἰ σὺ εἶ ὁ χριστός, εἰπὲ ἡμῖν παρρησίᾳ.

요 10:25 Ἀπεκρίθη αὐτοῖς ὁ Ἰησοῦς, Εἶπον ὑμῖν, καὶ οὐ πιστεύετε. τὰ ἔργα ἃ ἐγὼ ποιῶ ἐν τῷ ὀνόματι τοῦ πατρός μου, ταῦτα μαρτυρεῖ περὶ ἐμοῦ·

요 10:26 ἀλλ᾽ ὑμεῖς οὐ πιστεύετε· οὐ γάρ ἐστε ἐκ τῶν

προβάτων τῶν ἐμῶν, καθὼς ειπον ὑμῖν.

요 10·27 τὰ πρόβατα τὰ ἐμὰ τῆς- φωνῆς- μου ἀκούει, κἀγὼ γινώσκω αὐτά· καὶ ἀκολουθοῦσίν μοι,

예루살렘에 수전절이 되었는데 수전절은 성전을 새롭게 보수하여 깨끗이 단장한 날을 기념하는 절기로 추운 겨울철입니다. 예수께서 수전절에 성전 안에 있는 솔로몬 행각에서 거니시니 유대인들이 예수님을 에워싸고 말하되 당신은 언제까지 우리의 마음을 의혹케 하려는 것이냐고 물으며 이제는 당신이 그리스도인지 아닌지를 분명히 밝히라고 말하고 있는 것입니다. 왜냐하면 유대인들은 오늘날 기독교인들 처럼 오실 메시야, 즉 유대인들을 구원할 하나님의 아들을 학수고대 기다리고 있기 때문입니다.

예수님은 이들에게 대답하시되 내가 너희에게 이미 말을 하였는데 너희가 믿지 않는다고 말씀하고 있습니다. 그러시면서 내가 내 아버지의 이름으로 행하는 모든 일들이 내가 그리스도라는 것을 증명하는 것인데 너희가 내 양이 아니므로 나를 믿지 않는 것이라 말씀하고 있습니다.

예수님은 가나 혼인잔치에서 물로 포도주를 만드셨고 나면서 소경된 자의 눈을 열어주셨고 지금까지 감추어져 있던 하늘의 영적인 비밀들을 밝히 드러내셨습니다.

예수님께서 행하신 이러한 일들이 곧 예수님이 그리스
도라는 것을 증명하고 있는 것인데 유대인들은 예수님의
양들이 아니기 때문에 예수님에게 네가 누구냐고 분명히
말하라는 것입니다. 유대인들이 하는 말에 예수님은 내 양
은 내 음성을 듣고 나를 알고 있기 때문에 나를 그리스도라
믿으며 따라오지만 너희는 내 양이 아니기 때문에 나를 모
르는 것이라 말씀하시는 것입니다. 때문에 하나님께서는
지금이라도 하나님이 보내주시는 하나님의 아들을 믿고 그
입에서 나오는 말씀을 영접하면 하나님의 자녀가 되는 권
세를 주시겠다고 말씀하시는 것입니다.

[요한복음 10장 28절-33절] 내가 저희에게 영생을 주노니
영원히 멸망치 아니할 터이요 또 저희를 내 손에서 빼앗을 자
가 없느니라 저희를 주신 내 아버지는 만유보다 크시매 아무도
아버지 손에서 빼앗을 수 없느니라 나와 아버지는 하나이니라
하신대 유대인들이 다시 돌을 들어 치려 하거늘 예수께서 대답
하시되 내가 아버지께로 말미암아 여러 가지 선한 일을 너희에
게 보였거늘 그 중에 어떤 일로 나를 돌로 치려하느냐 유대인
들이 대답하되 선한 일을 인하여 우리가 너를 돌로 치려는 것

이 아니라 참람함을 인함이니 네가 사람이 되어 자칭 하나님이
라 함이로라.

요 10·28 κἀγὼ ζωὴν αἰώνιον δίδωμι αὐτοῖς· καὶ οὐ- μὴ
ἀπόλωνται εἰς τὸν αἰῶνα, καὶ οὐχ- ἁρπάσει τις αὐτὰ ἐκ τῆς-
χειρός- μου.

요 10·29 ὁ πατήρ- μου ὃς δέδωκέν μοι μείζων πάντων ἐστίν·
καὶ οὐδεὶς δύναται ἁρπάζειν ἐκ τῆς χειρὸς τοῦ- πατρός- μου.

요 10·30 ἐγὼ καὶ ὁ πατὴρ ἕν ἐσμεν.

요 10·31 Ἐβάστασαν ουν πάλιν λίθους οἱ Ἰουδαῖοι ἵνα
λιθάσωσιν αὐτόν.

요 10·32 ἀπεκρίθη αὐτοῖς ὁ Ἰησοῦς, Πολλὰ καλὰ ἔργα
ἔδειξα ὑμῖν ἐκ τοῦ πατρός- μου· διὰ ποῖον αὐτῶν ἔργον
λιθάζετέ με

요 10·33 Ἀπεκρίθησαν αὐτῷ οἱ Ἰουδαῖοι λέγοντες, Περὶ
καλοῦ ἔργου οὐ- λιθάζομέν σε, ἀλλὰ περὶ βλασφημίας, καὶ
ὅτι σὺ ἄνθρωπος ὢν ποιεῖς σεαυτὸν θεόν.

예수님은 내가 저희에게 영원한 생명을 주신다고 말씀
하시면서 이 생명을 받는 자는 영원히 멸망치 않으며 또 저

희는 내 손에서 빼앗아 갈 수 없다고 말씀하십니다. 왜냐하면 내 안에 아버지가 계시고 나는 아버지 안에 있어 아버지와 나는 한 몸이기 때문이라는 것입니다. 이렇게 예수님이 하시는 말씀을 들은 유대인들이 다시 돌을 들어 예수님을 치려고 하는 것입니다. 이때 예수께서 유대인들에게 말씀하시되 내가 아버지께로 말미암아 여러 가지 선한 일을 너희에게 보였거늘 그 중에 어떤 일로 나를 돌로 치려하느냐고 말씀하고 있습니다.

예수님의 말씀에 유대인들이 말하기를 네가 행한 선한 일로 인하여 우리가 너를 돌로치려는 것이 아니라 참람함을 인함이니 네가 사람이 되어 자칭 하나님이라 말하기 때문이라 말하고 있습니다. 유대인들이 예수님을 돌로 치려는 것은 예수님이 행하신 선한 일 때문이 아니라 네가 사람의 신분임에도 불구하고 교만하게 하나님이라고 말하기 때문인 것입니다.

오늘날 기독교인들도 누가 하나님의 생명으로 거듭나서 내가 하나님의 아들이다 혹은 내가 예수라고 말하면 난리가 나며 정신이 돌았다고 정신병자 취급을 하거나 이단으로 몰아 상종도 하지 않는 것입니다. 문제는 유대인들이나 오늘날 기독교인들이 날마다 성경을 보고 공부를 하면서도 하나님이 어떤 분인지 그리고 하나님의 아들이신 예수님이 어떤 분인지를 모르고 있는 것입니다. 이것은 지금까지 유대인이나 기독교인들 중에 하나님의 생명으로 거듭난 하나님의 아들이 없었다는 것을 말해주는 것입니다.

왜냐하면 성경을 통해서 하나님께서 말씀하듯이 사람이 하나님의 생명으로 거듭나면 하나님의 아들이 되는 것이며 또한 하나님의 생명으로 거듭난 하나님의 아들 안에는 하나님이 계시기 때문에 당연히 하나님(성자하나님)이신 것입니다. 왜냐하면 예수님은 물론 예수님의 제자들도 예수로 말미암아 하나님의 아들로 거듭나서 예수가 되고 하나님이 되어서 예수님과 동일한 말씀과 동일한 일을 하였기 때문입니다.

이렇게 진정으로 하나님의 생명으로 거듭난 하나님의 아들들은 하나님이 안에 계시기 때문에 예수라는 것은 물론 하나님이라 말할 수 있는 것입니다. 이것은 34절에 예수님이 하시는 말씀을 보면 더 확실하게 알 수 있습니다.

[요한복음 10장 34절-39절] 예수께서 가라사대 너희 율법에 기록한바 내가 너희를 신이라 하였노라 하지 아니하였느냐 성경은 폐하지 못하나니 하나님의 말씀을 받은 사람들을 신이라

하셨거든 하물며 아버지께서 거룩하게 하사 세상에 보내신 자가 나는 하나님 아들이라 하는 것으로 너희가 어찌 참람하다 하느냐 만일 내가 내 아버지의 일을 행치 아니하거든 나를 믿지 말려니와 내가 행하거든 나를 믿지 아니할찌라도 그 일은 믿으라 그러면 너희가 아버지께서 내 안에 계시고 내가 아버지 안에 있음을 깨달아 알리라 하신대 저희가 다시 예수를 잡고자 하였으나 그 손에서 벗어나 나가시니라.

요 10:34 Ἀπεκρίθη αὐτοῖς ὁ Ἰησοῦς, Οὐκ- ἔστιν γεγραμμένον ἐν τῷ- νόμῳ- ὑμῶν Ἐγὼ ειπα θεοί ἐστε

요 10:35 Ει ἐκείνους ειπεν θεούς, πρὸς οὓς ὁ λόγος τοῦ θεοῦ ἐγένετο, καὶ οὐ- δύναται λυθῆναι ἡ γραφή·

요 10:36 ὃν ὁ πατὴρ ἡγίασεν καὶ ἀπέστειλεν εἰς τὸν κόσμον, ὑμεῖς- λέγετε, Ὅτι βλασφημεῖς, ὅτι ειπον Υἱὸς τοῦ θεοῦ εἰμι

요 10:37 εἰ οὐ- ποιῶ τὰ ἔργα τοῦ- πατρός- μου, μὴ- πιστεύετέ μοι·

요 10:38 εἰ- δὲ ποιῶ, κἂν ἐμοὶ μὴ- πιστεύητε, τοῖς ἔργοις πιστεύσατε, ἵνα γνῶτε καὶ πιστεύσητε ὅτι ἐν ἐμοὶ ὁ πατὴρ, κἀγὼ ἐν αὐτῷ

요 10:39 Ἐζήτουν ουν πόλιν αὐτὸν πιάσαι· καὶ ἐξῆλθεν ἐκ

τῆς χειρὸς αὐτῶν.

예수님께서 나는 아버지와 하나라는 말을 듣고 분개하며 참람하다고 하는 유대인들에게 너희의 율법에 너희를 신이라 기록되어 있지 않느냐고 말씀하시면서 성경은 폐할 수 없나니 하나님의 말씀을 받은 사람들을 신이라 하셨거든 하물며 아버지께서 거룩하게 하사 세상에 보내신 자가 나는 하나님의 아들이라 하는 것으로 너희가 어찌 참람하다 하느냐고 말씀하고 있습니다.

율법에 너희를 신이라 기록되어있는 "신"이라는 단어는 구약성경 원문에 "엘로힘(하나님)"으로 기록되어 있고 신약성경에는 "데오스(하나님)"이며 뜻은 "하나님"을 말씀하고 있습니다.

그러므로 하나님께서는 하나님의 말씀을 받은 자, 곧 예수님과 같이 말씀이 육신 된 하나님의 아들은 모두 하나님이라 말씀하고 있는 것입니다. 그런데 유대인들은 물론 오늘날 기독교인들도 이러한 말씀의 뜻을 모르기 때문에 내가 하나님의 아들이라거나 예수라고 하면 무조건 이단으로 몰거나 귀신들린 사람처럼 취급을 하며 상종조차 하지 않는 것입니다.

이어서 예수님은 만일 내가 내 아버지의 일을 행치 아니하거든 나를 믿지 말려니와 내가 아버지의 일을 행하거든 나는 믿지 아니할지라도 내가 하는 일은 믿으라고 말씀하시면서 내가 아버지의 일을 행하는 것을 알게 된다면 너희가 아버지께서 내 안에 계시고 내가 아버지 안에 있음을 깨달아 알게 될 것이라 말씀하시는 것입니다.

하나님께서 행하시는 일은 죽어가는 영혼들을 죄 가운데서 구원하여 하나님의 아들로 창조하시는 것입니다. 때문에 하나님의 아들이신 예수님도 이 세상에 오셔서 죄 가운데서 죽어가는 영혼들을 구원하여 영원한 생명을 주시는 일을 하고 계신 것입니다. 그런데 유대인들이나 오늘날 기독교인들이 이러한 하나님의 뜻도 모르면서 자신들은 이미 의인이 되어 하나님의 아들의 자리에 앉아서 예수님을 판단하고 정죄하고 있는 것입니다.

예수님께서 이러한 말씀을 하시기 때문에 유대인들은 예수님을 다시 잡고자 하였으나 예수님은 유대인들이 자기를 잡으려는 것을 이미 아시고 그곳을 떠나가신 것입니다.

[요한복음 10장 40절-42절] 다시 요단강 저편 요한이 처음으로 세례 주던 곳에 가사 거기 거하시니 많은 사람이 왔다가

말하되 요한은 아무 표적도 행치 아니하였으나 요한이 이 사람을 가리켜 말한 것은 다 참이라 하더라 그리하여 거기서 많은 사람이 예수를 믿으니라.

요 10·40 Καὶ ἀπῆλθεν πάλιν πέραν τοῦ Ἰορδάνου, εἰς τὸν τόπον ὅπου ην Ἰωάννης τὸ πρῶτον βαπτίζων· καὶ ἔμεινεν ἐκεῖ.

요 10·41 καὶ πολλοὶ ηλθον πρὸς αὐτόν, καὶ ἔλεγον, Ὅτι Ἰωάννης μὲν σημεῖον ἐποίησεν οὐδέν· πάντα- δὲ ὅσα εἰπεν Ἰωάννης περὶ τούτου, ἀληθῆ ην.

요 10·42 Καὶ ἐπίστευσαν πολλοὶ ἐκεῖ εἰς αὐτόν.

예수님께서 다시 요단강 저편 요한이 처음으로 세례 주던 곳으로 가서서 그곳에 계시니 많은 사람이 예수님께 와서 말하되 요한은 아무 표적도 행치 아니하였으나 요한이 이 사람에 대해서 말한 것은 모두 진실이라 말하는 것입니다.

그러므로 예수님을 찾아 온 많은 사람들이 예수를 믿게 되었다고 말씀하고 있습니다. 문제는 예수님께서 행하신 오병이어의 표적이나 물로 포도주를 만드신 표적이나 소경의 눈을 뜨게 한 표적을 보고 수많은 사람들이 예수를 믿고 따랐으나 끝까지 실족하지 않고 예수님을 믿고 따른 자는 예수님의 열두 제자 이외에는 별로 없었다는 것입니다.

왜냐하면 하나님과 예수님을 믿고 따르는 목적이 모두 기복, 즉 자신의 욕심을 채우기 위함이며 예수님이 주시는 구원과 영생을 얻기 위해 믿는 자는 극히 적기 때문입니다. 그러므로 오늘날 기독교인들이 구원을 받고 영생을 얻어 천국으로 들어가려면 지금이라도 전통교리와 기복신앙에서 벗어나 예수님과 같은 참 목자를 찾아가야 합니다. 이것이 곧 삯꾼목자가 인도하는 넓고 평탄한 멸망의 길에서 벗어나 참 목자가 인도하는 좁고 협착한 생명의 길로 가는 것입니다.

오늘날 참 목자 곧 오늘날 하나님이 보내주시는 하나님의 아들은 지극히 평범한 인간의 모습으로 여러분 가까이 계십니다.

요한복음 하권 (요한복음 11장에서 21장)은 곧 출간될 예정입니다.

의증서원 도서안내

❖ 천국 문을 여는 다윗의 열쇠 (요한계시록 해설집)
　　글/둘로스 데우 C 301쪽 /신국판 양장 정가 8,000원

❖ 천지창조의 진실과 허구
　　글/둘로스 데우 C 331 쪽 /신국판 양장 정가 15,000원

❖ 십계명 (십계명 해설집)
　　글/둘로스 데우 C 345쪽 /신국판 양장 정가 15,000원

❖ 주기도문 (주기도문 해설집)
　　글/둘로스 데우 C 295쪽 /신국판 양장 정가 13,000원

❖ 지옥문 앞에서 슬피 울고 있는 자들
　　글/둘로스 데우 C 285쪽 /신국판 양장 정가 8,000원

❖ 도마복음 (도마복음 해설집)
　　글/둘로스 데우 C 565쪽 /신국판　양장 30,000원

❖ 하늘에서 온 그리스도의 편지
　　글/둘로스 데우 C 359쪽 /신국판 양장 정가 9,500원

❖ 사랑이 머무는 곳
　　글/이명자 195쪽 /4x6(칼라)판 양장 정가 7,000원

❖ 불교와 기독교의 허구와 진실
　　글/둘로스 데우 C 395쪽 /신국판 양장 정가 22,000원

❖ 성경에 나타난 전생과 윤회의 비밀
　　글/둘로스 데우 C 317쪽 /신국판 양장 정가 12,000원

❖ 영으로 기록한 답변서(이병철 회장의 24가지 질문)
　　글/둘로스 데우 C 361쪽 /신국판 정가 18,000원

❖ 사와생
　　글/둘로스 데우 C 297쪽 /신국판 정가 8,000원

천국문을 여는 다윗의 열쇠

요한계시록은 영적인 비유와 비사로 기록되어 있기 때문에 계시록의 비밀들이 지금까지 베일에 싸여 깊이 감추어져 있었습니다. 본서는 특히 구름타고 오시는 예수님의 실체와 세상의 종말, 그리고 천국문을 여는 다윗의 열쇠에 대하여 자세히 기록하고 있습니다.

불교와 기독교의 허구와 진실

본서는 수 천년 동안 인간들에게 진리의 빛으로 양대 맥을 이어오고 있는 불교와 기독교의 근본사상과 그 근원을 서술적으로 읽기 쉽고 이해하기 쉽게 풀어가고 있습니다.

십계명(십계명 해설집)

본서는 창세 이후 지금까지 신학자들이 풀지 못했던 창세기 속에 깊이 감추어져 있던 하나님의 비밀들을 밝히 드러내고 있습니다. 특히 천지창조의 비밀과 하나님의 백성으로 거듭나는 과정을 구체적으로 나타내고 있습니다.

주기도문 (주기도문 해설집)

　본 주기도문 해설집은 원어성경을 근거로 하여 지금까지 기독교인들에게 깊이 감추어져 있던 주기도문의 영적인 뜻과 그 비밀을 모두 드러내어 기록한 것입니다. 특히 본서는 인생의 진정한 의미와 십일조와 헌물에 대하여 기록하고 있어 신앙생활에 많은 도움을 주게 됩니다.

지옥문 앞에서 슬피울고 있는 자들

　오늘날 기독교회는 예수를 믿기만 하면 모두 천국에 들어갈 수 있다고 말합니다. 그렇다면 지옥문 앞에서 슬피울고 있는 자들은 과연 누구일까요? 본서는 성경 말씀을 통하여 천국으로 들어가는 자들과 지옥으로 들어가는 자들을 분명하게 제시하고 있습니다.

하늘에서 온 그리스도의 편지

　이 편지는 하나님께서 오늘날 이 세대를 살아가면서 자신의 존재나 인생의 진정한 의미를 모르고 무지 속에 죽어가는 사람들과 신앙생활을 열심히 하면서도 하나님의 뜻이나 천국으로 가는 길조차 모르고 있는 기독교인들을 위해서 보내주신 편지입니다.

도마복음 (도마복음 해설서)

본 도마복음 해설집은 바로 인간의 몸을 입고 오신 인간예수에 대해서 말씀하고 있습니다. 만일 본서를 통해서 인간예수를 만나보신다면 놀라움과 더불어 그 동안 복음서에서 발견하지 못했던 수많은 영적인 비밀들을 알게 될 것입니다.

사랑이 머무는 곳

본 시집은 인간들이 감지할 수 없는 영적인 세계를 한편의 시에 담아 드러내고 있어 보는 자들로 하여금 많은 감동을 자아내게 합니다.

천지창조의 진실과 허구

본서에 기록된 천지창조의 비밀과 잠언, 십계명 그리고 욥기서 등 그동안 말씀 속에 깊이 감추어졌던 영적인 비밀들을 밝히 드러내시며 하나님의 비밀들을 이렇게 공개하시는 것은 이 말씀을 통해서 지금까지 잘못된 신앙을 깨닫고 하루속히 넓고 평탄한 멸망의 길에서 좁고 협착한 생명의 길로 돌아오라는 뜻에서 입니다..

요한복음 해설서

그 동안 요한복음 속에 감추어져 있던
영적인 비밀들

글 · 둘로스 데우 · C

초판 1쇄 2013 .07. 17

●

펴낸이 · 이용재   발행처 · 의증서원

●

등록 · 1996. 1. 30 제 5-524

●

서울시 동대문구 답십리 5동 530-11 의증빌딩 4층

정가 20,000원

도서출판 의증서원

전화. 02)2248-3563 . 011-395-4296 . 팩스.02)2214-9452

우리은행 : 812-026002-02-101 . 예금주: 이용재

홈페이지 : www.ejbooks.com